新编高等院校公共课类精品规划教材

高职体育与健康

主　编　李　凯　徐　通
副主编　包瑞江　顾亚平　刘　斌　赵　辉

天津大学出版社
TIANJIN UNIVERSITY PRESS

内 容 提 要

本书紧紧围绕帮助学生树立“健康第一”的主题，将体育和健康有机地融合在一起，在介绍体育基本知识和基本技能的基础上，力求处理好体育技能、健康知识、卫生保健、体育欣赏与提高学生综合能力的关系，着重突出人文体育精神。

本书可作为高职院校学生的参考用书，也可为从事相关工作或有兴趣者提供一些借鉴。

图书在版编目（CIP）数据

高职体育与健康／李凯，徐通主编. —天津：天津大学出版社，2014.4（2017.6 重印）
新编高等院校公共课类精品规划教材
ISBN 978-7-5618-5024-4

Ⅰ.①高…　Ⅱ.①李…　②徐…　Ⅲ.①体育—高等职业教育—教材　②健康教育—高等职业教育—教材
Ⅳ.①G807.4

中国版本图书馆 CIP 数据核字（2014）第 067462 号

出版发行　天津大学出版社
地　　址　天津市卫津路 92 号天津大学内（邮编：300072）
电　　话　发行部：022-27403647
网　　址　publish.tju.edu.cn
印　　刷　昌黎县佳印印刷有限责任公司
经　　销　全国各地新华书店
开　　本　185mm×260mm
印　　张　15
字　　数　374 千
版　　次　2014 年 4 月第 1 版
印　　次　2017 年 6 月第 4 次
定　　价　30.00 元

前　言 Preface

《中共中央国务院关于深化教育改革全面推进素质教育的决定》中指出："健康体魄是青少年为祖国和人民服务的基本前提，是中华民族旺盛生命力的体现。学校教育要树立健康第一的指导思想，切实加强体育工作。"新出台的《中共中央国务院关于加强青少年体育增强青少年体质的意见》也对学校体育工作提出了新的要求。

为了更好地贯彻落实中央的指示精神，加强高等职业院校体育课程建设工作，提高体育课程教学质量，促进高职院校学生的健康水平，我们编写了这本《高职体育与健康》教材。

本书紧紧围绕帮助学生树立"健康第一"的主题，将体育和健康有机地融合在一起，在介绍体育基本知识和基本技能的基础上，力求处理好体育技能、健康知识、卫生保健、体育欣赏与提高学生综合能力的关系，着重突出人文体育精神。

本书在编写中体现了以下特点：以学生发展为本，重在提高学生体能素质和体育技能；知识面广，针对性强，既有理论知识的阐释，又有基本技能的介绍；为适应新疆地区高职院校体育教学的需求，将反映新疆少数民族民俗的、具有较大趣味性和可操作性的部分传统体育项目进行了改编、加工，传承和发展了民族文化，拓展了学生的社会交往能力；本书的认知体系安排符合学生的认识规律，在内容选择上尽量做到与中学体育教材的自然衔接，并在每一章的最后加入了相关网站的链接，有助于学生利用网络资源进行知识探索并拓展视野。

本教材共十章。参与本书编写工作的有李凯（第一章、第四章）；徐通（第二章、第九章）；包瑞江（第六章、第十章）；顾亚平（第三章、第八章）；刘斌（第七章）；赵辉（第五章）。本书由李凯、徐通担任主编，负责全书统稿。

本书在编写过程中参考了大量的相关文献资料，在此一并向这些作者表示感谢。

由于编者水平和能力有限，书中难免有疏漏或谬误之处，恳请广大师生给予指正，以便今后加以完善和提高。

编　者

2014 年 1 月

前 言 Preface

目录 CONTENTS

体育理论篇

体育实践篇

体育理论篇

第一章　体育与健康概论

> 体育并非想象中那么简单，它维系生命且又促进健康，让你尽享生活的无限乐趣，感受奋勇拼争的无上荣光，使你心中燃起激情的火焰，鼓起勇气翱翔在浩渺苍穹。
>
> ——体育物语

在人类走过的漫长历程中，有许多因素为推进社会发展做出了贡献，也铸就了我们今日的辉煌。体育作为诸多因素之一在其中发挥了独特的作用，因为无论是人类的起源，或是学会生存，乃至后来文明的产生，都只有通过头、手、臂、腿的运动才能实现。而体育本身蕴涵的竞争意识、团队精神、伦理道德和法制观念等文化内涵，包括它向人们展示的生命动力、健康美丽、公平正义、勇气力量、集体荣誉、人生乐趣、强壮体魄、生活方式与和谐相处等方面，无不显示作为人类宝贵物质和精神财富之一的体育的价值。

第一节　体育的概念与功能

一、体育的概念

体育是指人们根据生产和生活的需要，遵循人体的生长发育、生理机能、活动能力变化与适应性的规律以及动作技能形成规律与认识事物的一般规律，以身体练习（体育动作）为基本手段，结合日光、空气、水等自然因素和卫生措施，达到全面发展身体、增进健康、增强体质、提高运动成绩水平、丰富社会文化娱乐生活等目的的一种教育进程和社会文化活动。

体育由三个部分组成，即学校体育、竞技体育、社会（群众）体育。三者的目的、作用、对象虽不尽相同，却相互联系、相互依存。

二、体育的功能

（一）体育开创了人类教育

翻开人类进化的历史篇章，原始人类为了获取最基本的赖以生存的食物，只有依靠原始体能和最简单的狩猎技巧，才得以在极其恶劣的自然环境中存活。后来出于“种族繁衍”的需要，原始人类又通过各种身体训练，使自己跑得更快、跳得更高、投得更远，并把支撑、悬垂、攀登、爬越、负重、涉水、越障等技巧传给下一代，在这种传、帮、带的作用下，以身体训练开创的原始教育就这样应运而生了。

（二）体育的健身功能

一个人体质的强弱受遗传变异和后天营养、劳动、环境等条件以及生命规律的影响。其中，科学的体育锻炼是增强体质、增进健康最积极有效的方法。

1. 促进人体正常生长发育，提高人体的机能水平

体育锻炼不仅能促进人体发育，使肌肉粗壮有力、各关节更加灵活，还能使心肌发达，搏动有力；可以使呼吸系统功能大大提高；促使神经系统发育，提高神经系统的灵活性。

2. 体育锻炼可以全面发展人的体能

体能是指人体各器官系统的功能在肌肉活动中表现出来的能力。这些能力包括：身体素质，即力量、速度、耐力、灵敏、柔韧等；身体基本活动能力，即走、跑、跳、投、攀登、爬越、举重物等。

3. 体育锻炼可以增强人体的适应能力

人体的适应能力指人体在适应外界环境中所表现出的机能能力，它包括对外界环境（如严寒、酷暑、风雨、雪、空气稀薄等）的适应能力和对疾病的抵抗能力。

4. 体育锻炼提高人的心理调节能力

现代社会激烈的竞争、快节奏的生活与工作方式以及层出不穷的新信息给人带来了无形的心理压力，而通过体育锻炼可以减小和转移心理压力。同时，体育锻炼还可以增强人的意志品质，提高心理承受能力，催人奋发进取，培养团队意识，协调人际关系，有利于排除各种不健康的心理因素，使人体与环境在和谐统一中变得轻松愉快，达到精神健康的目的。

（三）体育的政治功能

体育是通过竞赛的胜利来展示国家或地区实力的舞台，是提高政治声望、振兴民族精神的载体。

1. 体育能够振奋民族精神，加强民族凝聚力

体育被看做是民族精神的橱窗，是民族繁荣、国家昌盛、文化发达的标志。竞赛成绩的优劣直接关系到国家的声誉，因此，像奥运会这样重大的国际比赛，往往举世瞩目，各国人民都关注着本国比赛的胜负。比赛中运动员的优异表现会振奋整个国家的民族精神。这种体育在政治上的作用是不可估量的。

2. 促进国际间交往，增进各国人民之间的团结、友谊与合作

体育让世界各国的人民之间、国家之间的合作与文化交流得到加强。竞赛在形式上有超越政治的特点，将不同政治观点、不同肤色人种、不同民族的人们聚集在一起，促进人们通过比赛发展国际友谊，加强各国人民之间的联系。

3. 体育可作为外交手段

古代奥运会的精神是和平与友谊，当时古希腊人利用恢复奥林匹克运动会的机会，在与统治者周旋下，确定了奥林匹克《神圣休战条约》，由此开创了体育为和平政治服务的先河。在现代国际体育比赛中，我国曾在1956年为抗议制造两个中国的政治阴谋，断然宣布不参加第16届奥运会；为抗议种族歧视，非洲国家体育组织集体抵制1976年的蒙特利尔奥运会。利用体育来提高国际地位、达到某种政治目的，为本国外交服务的也不乏其例，中国的“乒乓球外交”在促使中美关系正常化方面起到了重要作用。

知识窗

古代奥运会开创的《神圣休战条约》

古希腊人出于对神灵的虔诚和尊敬，一直延续以竞技形式祈求众神庇护的宗教习俗，并开创了古代奥林匹克运动会。但随着古希腊城邦交战愈演愈烈，为了保证奥运会的顺利进行，当时的伊利斯城国王依菲斯特想到一个办法，即以“神”的名义向各城邦进行政治斡旋，建议在奥运会召开的前后一个月，既不允许任何战争行为发生，也不得有人携带武器进入奥运会圣地。如果有人不遵守此项规定，则被认为违背了神的意志，不仅要处以巨额罚金，还可能受到其他更加严厉的制裁。由于这一建议最终被城邦各国所接受，遂使著名的《神圣休战条约》得以名传至今。

4. 体育有加强民族和睦、人民团结的政治功能

从中华民族的历史看，凡是民族和睦、人民团结的年代，社会就安定团结，经济就高度发展。体育运动是一种社会集体项目，大家聚在一起交流思想、交流经验、互相帮助，促进个人之间、邻里之间、集体之间、民族之间的了解，增进团结与友谊。在促进祖国统一大业方面，体育也常常走在前列。体育组织与民间体育团体奔走在海峡两岸，目的在于消除隔阂和误解，架起一道相互沟通的桥梁。

（四）体育的经济功能

体育是容量巨大的文化消费活动，是21世纪潜力最大的文化市场之一。曾几何时，体育在我国被认为是纯消费事业，它投入的是物质，产出的是精神，体育的社会经济功能没有得到开发。随着改革开放和社会的发展进步，体育的经济功能已被越来越多的人所理解和重视。一方面，现代生产结构的改变引起人们生活结构的改变，人们的物质生活富足，闲暇时间增加，产生了强烈的追求文化生活的欲望。同时，为了强身健体、延年益寿，越来越多的人将体育运动作为生活中不可缺少的部分，于是体育健身、休闲体育等产业蓬勃兴起。另一方面，现代体育运动职业化和商业化发展势头迅猛，已成为时代潮流。四年一届的奥林匹克运动会给主办国带来了无限商机，世界各国火爆的球市和商业比赛日益频繁，都能为其开拓经济效益。据不完全统计，我国目前有各类体育经营企业26000多家，总投资额约为2500亿元，营业收入约为6700亿元。1988年，美国体育产业总值就已达到630亿美元，超过了同年美国石油、化工、汽车及航空等重要工业部门，位居美国国

民经济各行业第22位；而意大利以足球彩票为基础的“足球产业”已成为国民经济的主要支柱产业。

（五）体育的军事功能

体育军事功能的存在，主要是由于战争和训练士兵的需要。从远古时期部落间为了争夺土地和牧场引起的暴力冲突，到原始社会末期以掠夺财产为目的的奴隶战争，再到封建统治者为争夺领地引起的频繁战争，这些战争不仅推动着武器的演进，为以后的健身活动提供了广泛的运动器材，更促使人们积极从事军事训练和与之相关的身体训练，从而使体育和军事的结合愈加紧密。到了资本主义时期，西方体育将跑、跳、投掷、摔跤等活动引入学校，要求学生掌握未来军事生活所必需的基本技能。同期，欧洲的军事体操风靡一时，这种身体活动对培养动作技能有极大的帮助，可使行动一致，在战争中发挥了重要的作用。

随着军事科技的发展，尖端的武器与新型的战略、战术都要求士兵在短时间内掌握复杂的军事技能，并最大限度地调动人的精神和体力。因此，在进行体育训练的同时，掌握部分体现军事实效的体育项目就显得尤为重要，如游泳、爬山、攀岩、摔跤、格斗、拳击等。

（六）体育的娱乐功能

体育运动是运动员竞技能力的较量和表演，极具观赏价值。体育运动的游戏性、竞争性和艺术性，使其具有娱人娱己的功能，起到丰富社会文化生活、满足人们精神需求的作用。

体育的娱乐功能给人们增添了许多生活乐趣，有利于陶冶情操，培养高尚品格，给社会带来进步。现代“奥林匹克之父”皮埃尔·德·顾拜旦满腔热情地歌颂道：“啊！体育，你就是乐趣；想起你，内心充满欢喜；血液循环加剧；思路更加开阔；条理更加清晰。你可使忧伤的人散心解闷，你可使快乐的人生活更加甜蜜。”的确，在现代生活中，体育越来越成为人们生活中不可缺少的组成部分，它给个人、家庭和社会带来了乐趣和幸福。

寓言故事

有一个船夫在激流的河中驾驶小船，上面坐着一个想渡到对岸的哲学家，于是发生了下面一段有趣又意味深长的对话。

哲学家：船夫，你懂得历史吗？

船　夫：不懂！

哲学家：那你就失去了一半生命！

哲学家：你研究过数学吗？

船　夫：没有！

哲学家：那你就失去了一半以上的生命。

哲学家刚刚说完这句话，风就把小船吹翻了，哲学家和船夫两人都落入水中。

船　夫：你会游泳吗？

哲学家：不会。

船　夫：那你就失去了整个生命。

第二节　体育与健康课程

高等职业学院是培养新时期德智体美全面发展、具有高素质职业技能人才的基地。高职学生在校期间，要将完善身心健康和增强职业体能作为投身现代化建设的自我需求和必备条件，自觉、积极地参与各项体育活动，努力锻炼身体，塑造健全的体格。要达到此目的，首先要认真学习体育与健康课程，在课内课外的体育锻炼中达到身心的全面健康。

一、课程性质

体育与健康课程，是大学生以身体练习为主要手段，通过合理的体育教育和科学的体育锻炼，达到增强体质、增进健康、提高体育文化素养为主要目标的必修课程。

体育与健康课程是高职院校体育课程的基本组织形式，是促进身心和谐发展以及思想品德教育、体育文化教育、生活与体育技能教育有机结合的综合教育过程，是实施素质教育、培养全面发展人才的重要途径。

二、课程目标

课程目标决定体育教学的方向。高职院校体育课程的目标，既面向全体学生，又针对学生的个性发展因材施教。现代课程目标领域扩大，内容丰富全面。大学生应该在运动参与、运动技能、身体健康、心理健康、社会适应五大目标领域的学习和实践中，自觉努力地提高体育文化素养和体质健康水平。

（1）运动参与目标　培养体育兴趣，积极主动地参与各种体育活动，形成良好的体育锻炼习惯，加强“终身体育”意识。

（2）运动技能目标　学习体育基本知识，具备一定的体育文化欣赏能力；熟练掌握两项以上健身运动的方法与技能，能科学、安全、有效地进行体育锻炼，具有一定的野外生存能力。

（3）身体健康目标　能自我测试和评价身体健康状况；掌握全面发展体能的知识与方法；发展良好的身体素质；懂得一定的环境与营养卫生知识；养成良好的行为习惯，形成健康的生活方式；具有健康的体魄。

（4）心理健康目标　认识体育活动对身心健康的积极影响，并能自觉利用体育活动调节和改善心理状态、克服心理障碍、充实课余生活，养成积极乐观的生活态度；体验参与运动和运动成功的乐趣，培养坚强的心理意志品质。

（5）社会适应　在体育活动中，养成良好的体育道德、行为习惯和合作精神，培养和谐的人际关系；正确处理竞争与合作的关系。

以上课程学习目标是有机联系的整体，主要是通过运动主线（运动参与、运动技能）来提高健康主线的水平（身体与心理健康和社会适应）。实现以上目标，不仅靠体育课内的锻炼，还要在课外体育活动、运动竞赛中互相促进，共同发展。

三、课程结构

（1）课程类型结构　根据课程的目标和自身规律，面向全体学生，开设基础课，界定选项课和非限定选项课（课外活动），使之具有多样性、灵活性、整体性、开放性等特征，形成课内外一体化的大课程体系。

（2）课程内容结构　掌握体育和健康理论知识，加强身体素质练习，提高基本运动技能；结合身体健康、心理健康和社会适应的教育，实施《国家学生体质健康标准》（以下简称《标准》）等，并在学习中遵循体育健身性和文化性相结合、选择性与实效性相结合、科学性和可接受性相结合、民族性和世界性相结合的原则。

（3）课程评价结构　对学生的学习效果进行评价，由重甄别、选拔功能转向重激励、发展功能，即重视考核评价与重视过程评价相结合，由重运动成绩转向重全面发展。

（4）课程评价内容　包括体能、知识与技能、学习态度与行为等。

课程评价领域的拓宽，评价内容与课程目标保持一致，体现了素质教育的基本要求，即注重学生的全面发展。对不同体育基础的学生，尤其对体能较差的学生，给予客观的评价，具有更好的激励作用。

四、明确自己的学习目标

（一）第一学年的学习目标

新生进入高职院校，首先应该关心一下学校有哪些体育设施，因为它是三年体育学习的重要活动场所之一；另外有必要准备一套运动服。下面提出的学习建议，可以让新生的学习目标更加具体和清晰。

1. 提高体能素质

开始上第一堂体育课时，老师会告知提高体能素质是本学年要完成的主要任务。因为新生还处在青春发育期，为了促进身体的正常生长与发育，通过田径、体操类项目来提高力量、耐力、速度等体能素质就显得尤为重要。另外，还必须按照国家要求，结合开展全国亿万学生阳光体育运动和冬季长跑活动，使自己达到《标准》中的基本要求。

2. 提高认知水平

为了科学指导自己的体育实践，让自己主动、积极地参与其中，除了通过健康教育专题讲座，在听、学和讨论中，了解一般常用的健康和保健知识以及与职业特点、环境有关的职业病防治知识，还应该着眼于反省过去学习体育的经历，查明漠视体育锻炼的原因，是因为个性、兴趣、认识方面的问题，还是另有别的原因。如果体质较弱、饮食睡眠不佳、学习精神不够、不爱结交朋友，或总出现一些小毛病，那么大都与极少从事体育锻炼有关。

3. 涉足体育文化

如上述内容仍很难引起对体育课程的学习兴趣，还可利用游戏调动自己参与运动的积极性。足球、篮球、排球三大球类运动作为其中的典范，不仅具有强大的吸引力，也为集体参与、在相互竞争中彼此交流与合作提供了良机。新生可充分利用这个机会，使自己在参与中享受与同伴合作的乐趣，重点挖掘沟通交流、团队合作、组织协调、遵守法规、竞争意识和道德品质等文化内涵，使之有利于提高未来就业所必需的合作能力和创新精神。

4. 完成达标任务

按国家提出的要求，高职院校学生尤其是新生，应积极参与全国亿万学生阳光体育运动、冬季长跑活动以及通过经常性的体育锻炼来提高自己的体能素质，使自己达到《标准》中的基本要求。

（二）第二学年的学习目标

在第一学年学习的基础上，进一步拓宽自己的学习领域，尝试继续学习新的运动技能，享受参与运动给自己带来的乐趣，检验遇到困难时的信心和勇气。学会如何评价自己的成功，懂得欣赏体育并领悟其中蕴涵的人生哲理，能主动学习与自己未来职业有关的体育技能，并为提高职业素质去寻求体育的帮助。

1. 享受运动乐趣

通过第一学年较为艰苦的体能锻炼，在“达标”的基础上，还应该学会放松神经和消除疲劳，最好选择两三项自己擅长或感兴趣的运动，采取与同伴一起锻炼的方式，尝试在情绪体验中享受乐趣，只要有瞬间使自己的自然天性得以释放并感受到心情愉快，或摆脱掉一些学习带来的重负，这种尝试就算有了一分收获。

2. 提高职业素质

源于生产劳动的体育，原本就对提高职业素质具有普遍意义，尤其是体能、技能、信心和勇气以及竞争意识和团队精神等，都是从业必须具备的职业素质。但对某些特殊职业来说，还必须通过掌握与职业直接有关的技能，才能达到提高职业素质的目的。

3. 领悟人生哲理

在这一阶段的学习中，应该设法通过体育锻炼来提升自己的生活品位，从欣赏和参与两个方面去探索体育中的文化内涵，领悟其中蕴藏的人生哲理，懂得它对自己未来的工作、生活、交友和处事可能提供的帮助。

4. 学会自我评价

通过两个学年的体育与健康教育，为了总结经验以发扬自己的长处、克服自己的短处，并从中找到某些缺憾，还应该学会一些简单的自我评价方法，对体能素质、健康状况、生命活力、生活质量、职业素质和体育文化的提高与改善进行判断。这些指标有些可以量化，有些则要凭自己的感觉或从他人的评价中受益。

5. 提高达标水平

达到《标准》的基本要求是学生毕业的必要条件，为了检验两学年在体育学习中的得失，在学习《标准》实施办法的基础上，应想方设法提高达标水平，使自己达到优秀等级。

要牢记

《标准》及格是学生毕业的必要条件

学生《标准》测试成绩达到良好及以上者，方可参加三好学生、奖学金评选；成绩达到优秀者，方可获体育奖学分。《标准》成绩不及格者，在本学年度准予补测一次，补测仍不及格，则学年《标准》成绩为不及格。普通高中、中等职业学校和普通高等学校学生毕业时，《标准》测试的成绩达不到50分者按肄业处理。

——《国家学生体质健康标准实施办法》

第三节　21世纪的健康观

一、健康的定义

健康是人类最大的财富，其重要性几乎人人皆知。然而，对于什么是健康，真正说得清的人却为数不多。通常人们认为，一个人只要不生病、不吃药、不打针就是健康的。随着社会的进步与发展，人们对健康有了更加深刻和全面的认识。世界卫生组织（WHO）于1948年在其《组织法》中指出："健康不仅是没有疾病或不虚弱，而且是身体上、精神上和社会适应方面的完美状态。"1989年，世界卫生组织将健康重新定义为："心理健康、身体健康、道德健康和社会适应良好。"

（1）身体健康　指躯体结构和功能正常，具有生活自理能力。

（2）心理健康　指个体能够正确认识自己，及时调整自己的心态，使心理处于良好的状态，以适应外界的变化。

（3）道德健康　指能够按照社会规范的准则和要求来支配行为，能为人类的幸福做出贡献。

（4）社会适应良好　指能以积极的态度和行为去适应社会生活的各种变化。

由此可见，真正意义上的健康应该是确保高质量生活的一种最佳身心状态。

随着社会的进步，人们还在不断地对健康赋予新的内涵。健康是现代社会最重要的目标，现代健康的概念不仅仅是指个体的健康，而且还应包括所有人群乃至全社会的健康。

二、健康五要素

对于健康的认识，美国学者劳森（Lawson）还提出了"健康五要素"的概念。他认为，当身体、精神、智力、情绪、社交五个方面都处于健康和完美状态时，才能称为真正的健康。

要牢记

21 世纪的健康人

有力的心脏，　　聪慧的头脑；
匀称的体形，　　强健的体魄；
规律的睡眠，　　充沛的精力；
良好的免疫，　　和谐的人际；
美好的心境，　　快乐的生活。

（一）身体健康

身体健康不仅指无病，而且还包括充足的体能。后者是一种满足生活需要并有足够的能量完成各种活动、任务的能力。具备这种能力就可以预防疾病，增进健康，提高生活质量。

（二）精神健康

精神健康主要包括理解生活基本目的的能力以及关心和尊重所有生命体的能力。

（三）智力健康

智力健康是指在长期的学习和生活中，大脑能始终保持活跃的思维状态。有许多方法可以使大脑活跃、思维敏捷，如听课，与朋友讨论问题和阅读报刊、书籍等。努力学习和勤于思考还能使人有一种成就感和满足感。

（四）情绪健康

情绪涉及对自己的感受和对他人的感受。情绪健康的主要标志是情绪的稳定性。所谓情绪稳定性，是指个体应对日常生活中人际关系和环境压力的能力。当然，生活中偶尔情绪高涨或情绪低落均属正常，关键是生活的大部分时间里要保持情绪稳定。

（五）社交健康

社交健康是指形成与保持和谐人际关系的能力，此能力使人在人际交往中有自信感和安全感。与人友好相处，也会使人少生烦恼、心情舒畅。

健康的五个要素相互联系、相互影响。例如，身体不健康会导致情绪不健康；缺乏精神上的健康会引起身体和智力上的不健康。

三、HELP 哲学观与健康

如何保障当今人类的健康生存？HELP 哲学观的提出为当今社会保障人类健康生存提供了理论基础。理解 HELP 理论的内涵将有助于人们培养健康的生存方式，并获益终生。

（1）HELP 中的 H 代表健康，即 Health。健康是生命的根本，要使人们认识到健康的重要性，认识到健康的生活习惯是肌体健康的根本保证，只有从根本上理解和认识健康的含义，才能有效地付诸行动，并形成良好的生活习惯。而良好的生活习惯将会有效地促进身心健康的发展，并使肌体具有良好的体质。

(2) HELP 中的 E 代表每个人，即 Everyone。具备追求健康的意识很重要，但关键是要使每个人认识到健康的重要性，进而保证使每个人都能有良好的生活习惯，并影响周围的人。健康效果的显现滞后于生活习惯和行为的改变。体育运动并非运动员的专利，也不是为了艺术欣赏而出现的，体育运动的根本目的是为了健康。这里强调每个人，最终目的是消除国民的健康差距，促进全民健康。

(3) HELP 中的 L 代表一生，即 Lifetime。年轻时人们可能并没有意识到吸烟、酗酒、运动不足等不利健康的行为对肌体危害的严重性。只有等到疾病发生时，才意识到这种行为的后果。要使人们认识到不良健康行为具有累积性，应在生命的早期就开始重视健康行为，树立终生体育意识。健康的生活习惯实施的时间越早、越长，肌体的受益时间就越持久。长期的健康生活习惯甚至还能改变某些疾病的遗传性。

(4) HELP 中的 P 代表个人，即 Personal。迄今为止，世界上还没有一种能包治百病的灵丹妙药。同样，增强身心健康、提高身体素质也没有单一的行为或运动处方。健康的生活习惯应基于个人需求，每个人都要根据个人的习惯，对自身行为做出调整。指导者要了解被指导者的具体情况，做到因人而异，并循序渐进。

四、亚健康

(一) 亚健康的概念

现代医学根据人的身体健康情况，把健康人称为“第一种人”，把患病者称为“第二种人”，把处于健康与疾病之间的人称为“第三种人”，又称这种状态为第三状态或亚健康状态。亚健康状态是指肌体虽无明确的疾病，却呈现出活力降低、功能减退的一种生理状态。它是一种暂时性的生理功能失调，常常会造成精神紧张综合征、疲劳综合征、疼痛综合征等。亚健康状态的主要表现有：疲乏无力、焦虑不安、易怒、情绪不稳定、适应能力差、失眠、胃口不佳、懒散、注意力不集中、理解判断能力差、社交障碍等。世界卫生组织的一项全球性调查结果表明，全世界真正健康的人仅占 5%，经医生诊断患病的人占 20%，75% 的人处于亚健康状态。

(二) 亚健康状态的调控

(1) 改变不良的生活习惯，如戒烟、戒酒等，从而减少或避免来自外界的恶性刺激。

(2) 保持体内生物钟的稳定，做到劳逸结合、作息规律，防止重新加重身心疲惫。

(3) 适度增加体力活动的强度和体育锻炼的时间，给肌体增加一些“负荷”，不仅可以增强心肺功能，还能使心里产生愉悦之感。

(4) 加强营养，定时进餐，尤其要重视早餐，注意提高早餐的质量。

(5) 通过旅游活动，如春踏青、夏赏花、秋登山、冬赏雪等，经受大自然的洗礼，增强体质、陶冶情操。

(6) 通过自我心理调适，逐渐提高对外来刺激的承受能力，增强心理抗病力，以心理健康带动生理健康。

（7）广交朋友，尽量将自己置于“朋友快乐世界”中去，成为他们中的一员。调查表明，有些处于亚健康状态的人就是被朋友的友谊之手拉回到健康者行列的。

（8）症状重不能自拔时，应及时寻求医生的帮助，必要时进行一些对症治疗，以中药为宜。

http://www.titan24.com	体坛网
http://liuxiang.sports.cn	华奥星空　刘翔全球个人官方网站
http://www.hoopchina.com	虎扑NBA—努力做好的NBA网站！

第二章　体育锻炼与身心健康

体育和运动可以增进人体的健康和人的乐观情绪，而乐观情绪却是长寿的一项必要条件。

——（苏联）勒柏辛斯卡娅

第一节　体育锻炼与生理健康

一、体育锻炼对神经系统的影响

人体的神经系统由脑、脊髓和它们发出的神经组成，是肌体在遇到环境变化时，实现快速、精确调节的结构基础。经常参加体育运动能够改善神经系统的平衡性和灵活性，提高大脑的分析能力和综合能力。

（一）体育锻炼能改善神经系统的调节机能

人体在运动时，神经系统要调节运动系统来完成准确的动作。运动动作的完成，主要是各肌肉群协调收缩并作用于骨骼的结果，各肌肉群之间的协调活动都是在神经系统调节下进行的。因此，经常参加体育锻炼能提高神经系统的分析、综合和控制能力。人体在运动时，身体各部位所处的空间位置以及肌肉收缩的状况，每时每刻都在发生着变化。这些变化的信息以神经冲动的形式传向中枢，到达大脑皮层的特定感觉区域，产生相应的感觉，并通过中枢神经系统的分析和综合，对体内外情况进行判断，并控制动作。经常参加运动，反复强化某些刺激，促进人体各种感觉分析能力的提高，使其具有敏锐的肌肉感觉，以保证动作的准确完成。经常参加运动的人，在平时的生活、学习中，动作灵活、敏捷，大脑反应快，身体的适应能力和工作能力也会得到加强。

（二）体育运动可以提高神经过程的灵活性

神经过程的灵活性是指兴奋和抑制两个神经过程转化的速度，经常运动可以促进二者的转化。

二、体育锻炼对心血管系统的影响

（一）体育锻炼可改善心脏的形态结构和机能

体育锻炼时，心脏的工作量增加，心肌的血液代谢过程加强。长期锻炼的运动员心肌纤维增粗、心壁增厚、心脏增大，以左心室增大最为多见，而且训练水平越高，这种变化越显著。这样，不但能使心脏具有更大的心缩力，而且还能增加心脏的容量，从而使心脏的每搏输出量和每分钟输出量增加。心容量可由一般人的765~785 mL增加到1015~1027 mL。每搏输出量由安静时的50~70 mL增至100 mL左右。到中老年时，还可延缓肌纤维退化。

（二）体育锻炼可影响血管的结构和改变血管在器官内的分布

动物实验证明，体育锻炼可使动脉血管壁的中膜增厚，平滑肌细胞和弹力纤维增加，而在大动脉（主动脉）处，弹力纤维占优势，在中等动脉（腰动脉）处，平滑肌细胞占优势。动物实验还证明，体育锻炼能使骨骼肌的毛细血管分布数量增加，分支吻合、丰富。这些变化都有利于改善器官供血，增强物质与能量的交换。

动物实验研究证明，体育锻炼能够反射性地引起冠状动脉扩张，使冠状动脉口径增粗，改善冠状动脉循环，心肌的毛细血管数量增加。心肌中肌红蛋白含量也增高，可以增强心脏在缺氧条件下的工作能力，对预防冠心病有着重要的意义。

（三）体育锻炼可促使大量毛细血管开放

体育锻炼对人体组织细胞的物质代谢过程，特别是脂质代谢以及增加血管壁的弹性，都起着良好的作用。

（四）体育锻炼可显著降低血脂含量（胆固醇、脂蛋白、三酰甘油）

体育锻炼会使低密度脂蛋白减少，高密度脂蛋白增加，对防治动脉硬化有着重要意义。另外，从事体育锻炼还可增强血液中抗凝血系统的功能，降低血液中的尿酸含量，预防血小板的聚集，以免发生血管栓塞。

（五）体育锻炼可使安静时脉搏徐缓和血压降低

通常人安静时脉搏每分钟70~80次，经过长期体育锻炼后，可使安静时脉搏减慢到每分钟50~60次。脉搏频率的减少能使心脏收缩后有较长的休息时间，为心脏提供了储备力量。这样当人体进行激烈运动时，心脏就能承受大运动量的负荷。

运动时，经常锻炼的人每分钟脉搏次数增加较少，而且恢复较快；不常进行体育锻炼的人脉搏次数增加较多，恢复也慢。正常人轻度运动时，脉搏增加越少，恢复时间越短，说明心血管机能越好。

经过长期的体育锻炼，在完成定量工作时，心血管机能变化呈现以下特点。

（1）动员快　完成一定量的工作或劳动时，能迅速动员心血管的机能活动，以适应肌体承受负荷的需要。

（2）潜力大　在极度紧张的劳作中，心血管系统可发挥最大的机能潜力，充分调动人体的储血力量。

（3）恢复快　在体力活动之后，虽然心血管机能变化很大，但能很快地恢复到安静状态的水平。每次搏动及每分钟输出量增加时，自静脉流入心脏的血液也随之增加。

血液具有维持内环境的相对稳定作用、运输作用及防御作用，在体育锻炼的影响下，血液的成分及生化方面都可发生改变。适量的体育锻炼，首先能使血红蛋白和红细胞数量增加，这就增加了血液的溶氧量。苏联学者研究证实，长期锻炼可使肌体碱储备增加，因而也增加了血液的缓冲性，在进行剧烈的肌肉活动时，虽有大量代谢的酸性产物进入血液，但血液也能在比较长的时间内保持正常反应，而不致造成酸性产物对各器官组织的刺激。

三、体育锻炼对呼吸系统的影响

体育锻炼能提高呼吸机能，主要表现为呼吸肌发达，收缩力增强，最大通气量增大，肺活量增大。呼吸差区别较大，一般人为 6 ~ 8 cm，经常锻炼的人为 9 ~ 16 cm。安静时，一般人呼吸浅而缓，每分钟 8 ~ 12 次，一般成人肺活量为 2500 ~ 4000 mL，而经常锻炼的人可达 4500 ~ 6500 mL。一般人最大通气量每分钟 80 L 左右，最大吸氧量为 2.5 ~ 3.5 L，只比安静时大 10 倍；而经常锻炼的人每分钟通气量可达 100 ~ 120 L，最大吸氧量可达 4.5 ~ 5.5 L，比安静时大 20 倍。

此外，由于长期坚持锻炼，负氧量增大，对缺氧耐受力强，氧的吸收利用率也较高，调节呼吸的节奏和形式的能力也较强。

四、体育锻炼对消化系统的影响

体育锻炼对提高消化器官的机能有良好的作用。它能使胃肠的蠕动加快，消化液的分泌增多，因而使消化和吸收的能力提高，从而增加食欲。但是，进食后即进行比较剧烈的运动或比较剧烈的运动后立即进食，都会对消化系统产生不良影响。因为在剧烈运动时，大脑皮层运动中枢兴奋占优势，以致减弱和抑制了其他部位的活动，使消化中枢处于受抑制状态，因而减弱了胃肠的蠕动，并减少了消化液的分泌。

五、体育锻炼对运动系统的影响

体育锻炼能保持肌张力，减少肌萎缩和退行性变化，保持韧带的弹性和关节的灵活性，使脊柱的外形保持正常，从而防止和减少肌肉、韧带、关节等器官的损伤和退化，使运动系统功能得到改善。

体育锻炼时骨的血液供给得到改善，骨的形态结构和性能发生了良好的变化，骨密质增厚使骨变粗，骨小梁的排列更加整齐而有规律，骨骼表面肌肉附着的突起更加明显，这些变化使骨变得更加粗壮和坚固，从而提高了骨的抗折、抗弯、抗压缩和抗扭转等方面的能力。

（一）体育锻炼对关节的影响

体育锻炼既可增强关节的稳固性，又可提高关节的灵活性。关节稳固性的加大，主要是增强了关节周围肌肉力量的结果，同时与关节和韧带的增厚也有密切的关系。关节灵活性的提高，主要是关节囊韧带和关节周围肌肉伸展性加大的结果。例如，游泳或体操运动时，肩、肘、手、足等关节运动幅度都加大，从而使灵活性提高。人体的柔韧性提高了，肌肉活动的协调性加强，有助于适应各种复杂运作的要求。

（二）体育锻炼对肌纤维的影响

（1）肌纤维变粗，肌肉体积增大，因而肌肉显得发达、结实、健壮、匀称而有力。正常人的肌肉占体重的35%～40%，而经常从事体力劳动和体育锻炼的人，肌肉可占体重的45%～55%。

（2）肌肉组织的化学成分可发生变化，如肌肉中的肌糖原、肌球蛋白、肌动蛋白和肌红蛋白等含量都有所增加。肌球蛋白、肌动蛋白是肌肉收缩的基本物质。这些物质增多不仅能提高肌肉的收缩能力，而且还使三磷酸腺苷酶的活性增强、分解速度加快并增加供给肌肉的能量。肌红蛋白具有与氧结合的能力，肌红蛋白含量增加，则肌肉内的氧储备量就增加，有利于肌肉在氧供应不足的情况下继续正常工作。

（3）体育锻炼有助于增强肌肉的耐力。因为肌纤维内线粒体的大小和数量成倍增加能产生更多的能量，使肌肉中的毛细血管大量开放（安静时肌肉每平方毫米开放的毛细血管不过80条左右，剧烈运动时可增加到2000～3000条）。长期坚持锻炼，可使肌肉的毛细血管形态结构发生变化，出现囊泡状，从而增加了肌肉的血液供应量。

第二节　体育锻炼与心理健康

健康是幸福人生的载体，是颐养天年的保证。众所周知，体育有健身功能，有利于增强体质、体能，但我们还需要认知体育锻炼对心理健康的促进作用。人生道路是曲折的，人们在生活、学习和工作中，都要面对不同的压力和挫折，容易出现心理障碍。通过体育锻炼可以改善情绪，消除心理障碍。现代青年学生，应努力在体育锻炼中促进心理健康，达到生理、心理、社会适应三位一体的完美状态。

一、心理健康的定义和评价标准

（一）心理健康的定义

1946年国际心理卫生联合会将心理健康定义为“在身体、智能及情感上与他人心理健康不相矛盾的范围内，将个人心境发展成最佳状态”。

健康诸要素之间的关系实际上就是身心之间的关系，两者关系密切，相互作用，相互依存，身体健康有助于心理健康，心理健康维护身体健康。

（二）高职学生心理健康的标志

1. 智力正常

智力是各种能力的总和，包括观察、记忆、思维、想象、操作等能力，是生活、学习、工作的基本条件，也是适应社会环境的保证。智力正常的人才能进取，并得到满足和快乐。

2. 具有情绪控制能力

人的情绪是所有心理活动的背景条件和其他心理过程的体验，是心理健康与否的标志。心理健康的高职学生应该经常保持愉快、开朗、知足的心境，对未来充满希望，能主动调节、适度表达和控制过激情绪。

3. 能对自己做出客观的评价

客观地评价自己，对自我状态、环境、未来的发展方向有一个清醒的认识，摆正位置，自信、自觉地发展自己。

4. 保持良好的人际关系

人际关系最能体现和反映心理健康状况。心理健康的学生乐于也善于与人交往，对别人尊重、信任、友爱、宽容、理解，具有协调、合作精神，助人为乐，诚信至上。

5. 心理行为符合年龄特征

不同年龄阶段有不同的心理行为表现。心理健康的人，其认知、情感、言行、举止都符合现所在年龄段。高职学生应该是精力充沛、勤奋好学、反应敏捷、喜欢探索的时代骄子。

知识窗

美国心理学家马斯洛和密特尔曼提出的心理健康十大标准

（1）有充分的自我安全感。

（2）对自己有较充分的了解，并能恰当地评价自己。

（3）生活理想切合实际。

（4）与周围环境保持良好的接触。

（5）能保持自身人格的完善与和谐。

（6）具备从经验中学习的能力。

（7）保持良好的人际关系。

（8）能适度地宣泄和控制自己的情绪。

（9）能在符合肌体要求的前提下，有限度地发挥个性。

（10）在不违背道德规范的情况下，适当满足个人的基本需要。

二、体育锻炼促进心理健康

体育锻炼与心理健康，两者相互统一，相互促进。体育锻炼对心理健康的促进作用是多方面的，概括起来有以下几点。

（一）改善情绪状态

情绪状态是衡量体育锻炼对心理健康影响的主要标志。人们生活在错综复杂的社会环境中，经常会出现忧愁、紧张、压抑等情绪反应，体育锻炼可以转移不愉快的情绪，使人摆脱烦恼和痛苦。高职学生要面对学习、考试、求职的压力，经常参加体育锻炼可消除焦虑，缓解压力。

（二）提高智力水平

经常参加体育锻炼，注意力、记忆力、反应、思维和想象等能力都能得到提高，也能使情绪稳定，性格开朗，疲劳缓解，对人的智力有很大的促进作用。

（三）确立良好的自我意识

自我意识是个人主观上对自己的身体、思想和情感的整体认识。它由许多要素组成，包括“我是怎样的人”“我主张什么”“我喜欢什么”等。坚持体育锻炼可强壮体格，改善身体表象，提高自尊心、自信心。

（四）培养坚强的意志品质

意志品质是指人的果断性、坚韧性、自制力以及勇敢顽强和主动独立等精神。体育锻炼能使人在不断克服客观困难（不良气候、完成动作不力和意外障碍等）和主观困难（胆怯、畏惧、疲劳、运动损伤等）的过程中，培养坚强的意志品质，并将这一品质发扬到日常的学习、生活和工作中去。

（五）消除疲劳

疲劳是综合性症状，与人的生理、心理因素有关。当一个人的情绪消极或任务繁重时，都会感到生理与心理疲劳。高职学生为理想奋斗，学习压力大，极易造成身心疲劳和神经衰弱。体育锻炼能使身心得到放松，疲劳得到缓解或消除。

（六）治疗心理疾病

体育锻炼本身就是心理治疗的良方和手段。美国一项调查显示，在 1750 名心理医生中，80% 认为体育锻炼是治疗抑郁症的有效手段，60% 的人认为应该将体育锻炼作为消除焦虑症的治疗方法。有不少高职学生由于在学习上和其他方面的挫折引发了焦虑和抑郁症，体育锻炼能减缓或消除这些心理疾病。

第三节 《国家学生体质健康标准》测试

进入 21 世纪以来，我国的综合国力有了极大的提高，人民的生活水平发生了翻天覆地的变化，越来越多的中国人开始享受科学技术和现代文明所带来的便捷、舒适的现代生活。现代文明在带给人们充分的物质享受的同时，也给人类的健康带来了新的威胁。由于精神紧张、营养过剩、运动不足、环境污染等因素所引发的非传染性疾病在全球不断蔓延，处于“亚健康状态”的人群不断扩大。对于学生来说，升学压力大、睡眠不足正成为影响他们身心健康的重要因素；生活水平的普遍改善，热量、脂肪等摄入过多及食物结构的不尽合理，加上营养科学知识的宣传普及滞后，特别是沉重的课业压力使得学生余暇锻炼时间减少，导致了肥胖率的不断增加。

为了解决这些问题，适应社会发展以及人们对健康的迫切需要和对生活质量的不断追求，必须从儿童、青少年的健康抓起。因此，2002 年 7 月教育部、国家体育总局联合下发了《学生体质健康标准（试行方案）》，作为《国家体育锻炼标准》在学校的具体实施，并在第一条指出了它的目的和意义：贯彻《中共中央国务院关于深化教育改革全面推进素质教育的决定》提出的“学校教育要树立健康第一的指导思想，切实加强体育工作”的精神，促进学生积极参加体育锻炼，养成经常锻炼身体的习惯，提高自我保健能力和体质健康水平。2007 年 4 月 4 日，教育部、国家体育总局在认真总结试行《学生体质健康标准（试行方案）》的基础上，经修改和完善，重新颁布了《国家学生体质健康标准》（以下简称新《标准》）。新《标准》是测量学生体质健康状况和锻炼效果的评价标准，适用于所有普通高等学校的在校学生。

一、评价指标与分值

新《标准》设置了学生体质健康标准的评价指标与分值，具体如表 2-1 所示。

表 2-1　大学生体质健康标准评价与分值

评价指标（测试项目）	分 值	备 注
身高标准体重	10	必 测
肺活量体重指数	20	必 测
1000 m 跑（男）、800 m 跑（女）、台阶试验	30	选测一项
坐位体前屈、掷实心球、仰卧起坐（女）、引体向上（男）、握力体重指数	20	选测一项
50 m 跑、立定跳远、跳绳、篮球运球、足球运球、排球垫球	20	选测一项

注：身高标准体重测试项目为身高、体重，肺活量体重指数测试项目为肺活量，握力体重指数测试项目为握力。

二、《标准》测试方法

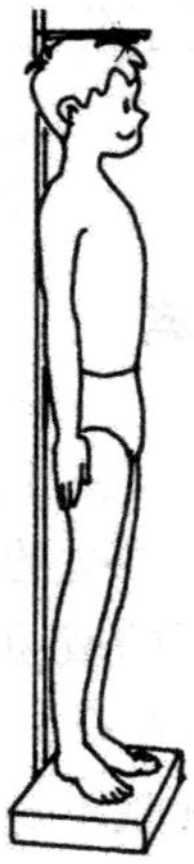

图 2-1　身高、体重测量

（一）身高

测试目的：测试学生身高，与体重测试相配合，评定学生的身体匀称度，评价学生生长发育的水平及营养状况。

测试方法：受试者赤足，立正姿势站在身高计的底板上（上肢自然下垂，足跟并拢，足尖分开成 60°角）。足跟、骶骨部及两肩胛区与立柱相接触，躯干自然挺直，头部正直，耳屏上缘与眼眶下缘呈水平位（见图 2-1）。

（二）体重

测试目的：测试学生的体重，与身高测试相配合，评定学生的身体匀称度，评价学生生长发育的水平及营养状况。

测试方法：测试时，杠杆秤应放在平坦地面上，调整0点至刻度尺水平位。受试者赤足，男性受试者身着短裤；女性受试者身着短裤、短袖衫，站在秤台中央（见图2-1）。

（三）肺活量

测试目的：测试学生的肺通气功能，是肺功能的重要指标之一。有关资料统计，我国男子平均肺活量为3620 mL，女子为2750 mL。肺活量的大小除受先天因素的影响外，很大程度上与受试者的体型、体育锻炼情况有关。

测试方法：房间通风良好；使用干燥的一次性口嘴（如是非一次性口嘴，则每换一个测试对象需消毒一次，每测一人后从口嘴下倒出唾液并注意消毒后必须使其干燥）。令被测试者面对仪器站立，手持吹气口嘴，面对肺活量计站立试吹1～2次，深吸气（避免耸肩提气，应该像闻花时的慢吸气），屏住气向口嘴处慢慢呼出至不能再呼为止，防止此时从口嘴处吸气，测试中不得中途二次吸气。

（四）台阶试验

测试目的：测试学生在定量负荷后的心率变化情况，评价学生的心血管机能。

测试方法：男生用高40 cm台阶、女生用高35 cm的台阶做踏台上下运动。被测试者从预备姿势开始，依次完成下列动作：①被测试者一只脚踏在台阶上；②踏台腿伸直成台上站立；③先踏台的脚先下地；④还原成预备姿势。用2 s上、下一次的速度（按节拍器的节律来做）连续做3 min（见图2-2）。做完后，保持静止休息状态，测量运动结束后的1～1.5 min、2～2.5 min、3～3.5 min的3次脉搏数，并用下列公式求得评定指数。

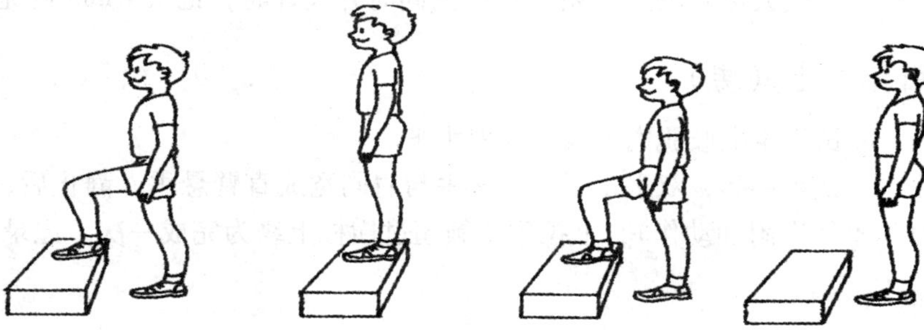

图2-2　台阶试验

$$评定指数 = \frac{踏台上下运动的持续时间（s）\times 100}{2 \times 3\ 次测定脉搏的和}$$

注意：心脏有疾的人不能测试。

（五）800 m跑（女）或1000 m跑（男）

测试目的：测试学生耐力素质的发展水平，特别是心血管呼吸系统的机能及肌肉耐力。

测试方法：受试者至少两人一组进行测试，站立式起跑。当听到“跑”的口令后开始起跑。

（六）坐位体前屈

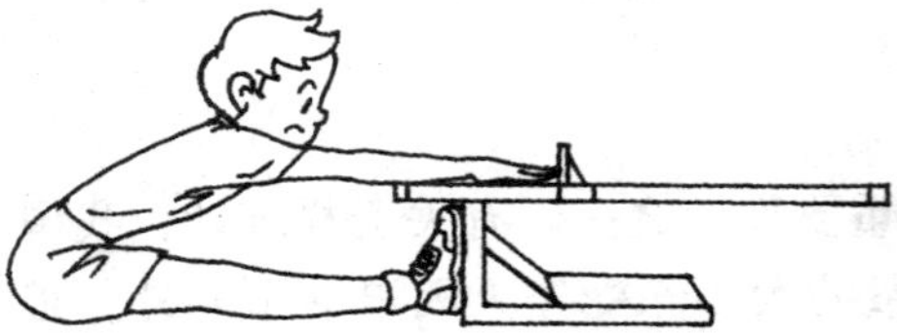
图 2-3　坐位体前屈

测试目的：测量学生在静止状态下的躯干、腰、髋等关节可能达到的活动幅度，主要反映这些部位的关节、韧带和肌肉的伸展性和弹性以及学生身体柔韧素质的发展水平。

测试方法：受试者坐在平地上，两腿伸直，两脚平蹬测试纵板，两脚分开 10 ~ 15 cm，上体前屈，两臂伸直前，用两手中指尖逐渐向前推动游标，直到不能前推为止（见图 2-3）。

（七）掷实心球

测试目的：测试学生的上肢爆发力。

测试方法：测试时受试者站在起掷线后，两脚前后或左右开立，身体面对投掷方向，双手举球至头上方稍后仰，原地用力把球向前方掷出。如两脚前后开立投掷，当球出手的同时后脚可向前迈出一步，但不得踩线。

（八）仰卧起坐（女）

测试目的：测试学生的腹肌耐力。

测试方法：受试者仰卧于垫上，两腿稍分开，屈膝约呈 90°角，两手指交叉贴于脑后。同伴压住其踝关节，以固定下肢。受试者坐起时两肘触及或超过双膝为完成一次。仰卧时两肩胛必须触垫。测试人员发出“开始”口令的同时开表计时，记录 1 min 内完成次数。

（九）引体向上（男）

测试目的：测试学生上肢肌肉力量的发展水平。

测试方法：受试者跳起，双手正握杠，两手与肩同宽成直臂悬垂。静止后，两臂同时用力引体（身体不能有附加动作），上拉到下颌超过横杠上缘为完成一次。记录引体次数。

（十）握力

测试目的：测试学生上肢肌肉力量的发展水平。

测试方法：受试者两脚自然分开成直立姿势，两臂自然下垂。一手持握力计全力紧握（此时握力计不能接触受试者的衣服和身体）。

（十一）50 m 跑

测试目的：测试学生速度、灵敏素质及神经系统灵活性的发展水平。

测试方法：受试者至少两人一组测试。站立起跑，受试者听到“跑”的口令后开始起跑，用全力冲过终点。

（十二）立定跳远

测试目的：测试学生下肢爆发力及身体协调能力的发展水平。

测试方法：受试者两脚自然分开站立，站在起跳线后，脚尖不得踩线。两脚原地同时起跳，不得有垫步或连跳动作。

（十三）跳绳

测试目的：测试学生的下肢爆发力和身体协调能力。

测试方法：两人一组，一人测试，一人记数。受试者将绳的长短调至适宜长度，听到“开始”口令后开始跳绳，动作规格为正摇双脚跳绳，每跳跃一次且摇绳一回环（一周圈）计为一次。听到结束信号后停止，测试员报数并记录受试者在 1 min 内的跳绳次数。测试单位为次。

（十四）篮球运球

测试目的：测试学生的综合身体素质和篮球基本技能水平。

测试方法：受试者在起点线后持球站立，听到出发口令后，单手运球依次过杆，每次过杆时需换手运球。

（十五）足球运球

测试目的：测试学生的足球基本技能水平。

测试方法：受试者站在起点线后准备，听到出发口令后开始向前运球依次过杆，不得碰杆。受试者和球均越过终点线即为结束。

（十六）排球垫球

测试目的：测试学生的排球基本技能水平。

测试方法：受试者在规定的测试区域内原地将球抛起，个人连续正面双手垫球，要求手形正确、击球部位准确，达到规定的高度，球落地即为测试结束，按次计数。受试者每次垫球应达到的高度，男生为 2.43 m，女生为 2.24 m。

三、测试的成绩评定

测试的成绩评定依据《标准》评分表进行（见表 2-2、表 2-3、表 2-4、表2-5）。等级评价为优秀、良好、及格、不及格四个等级：优秀，总分 90 分以上；良好，总分 75 分～89 分；及格，总分 60 分～74 分；不及格，总分 59 分以下。成绩计算公式：身高标准体重查表得分 ×0.1＋肺活量体重指数查表得分 ×0.2＋第一类选测项目查表得分 ×0.3＋第二类选测项目查表得分 ×0.2＋第三类选测项目查表得分 ×0.2。

表 2-2　大学男生身高标准体重（体重单位：kg）

身高段（cm）	营养不良	较低体重	正常体重	超重	肥胖
	50 分	60 分	100 分	60 分	50 分
144～144.9	<41.5	41.5～46.3	46.4～51.9	52.0～53.7	≥53.8
145～145.9	<41.8	41.8～46.7	46.8～52.6	52.7～54.5	≥54.6

续表

身高段（cm）	营养不良	较低体重	正常体重	超重	肥胖
	50 分	60 分	100 分	60 分	50 分
146~146.9	<42.1	42.1~47.1	47.2~53.1	53.2~55.1	≥55.2
147~147.9	<42.4	42.4~47.5	47.6~53.7	53.8~55.7	≥55.8
148~148.9	<42.6	42.6~47.9	48.0~54.2	54.3~56.3	≥56.4
149~149.9	<42.9	42.9~48.3	48.4~54.8	54.9~56.6	≥56.7
150~150.9	<43.2	43.2~48.8	48.9~55.4	55.5~57.6	≥57.7
151~151.9	<43.5	43.5~49.2	49.3~56.0	56.1~58.2	≥58.3
152~152.9	<43.9	43.9~49.7	49.8~56.5	56.6~58.7	≥58.8
153~153.9	<44.2	44.2~50.1	50.2~57.0	57.1~59.3	≥59.4
154~154.9	<44.7	44.7~50.6	50.7~57.5	57.6~59.8	≥59.9
155~155.9	<45.2	45.2~51.1	51.2~58.0	58.1~60.7	≥60.8
156~156.9	<45.6	45.6~51.6	51.7~58.7	58.8~61.0	≥61.1
157~157.9	<46.1	46.1~52.1	52.2~59.2	59.3~61.5	≥61.6
158~158.9	<46.6	46.6~52.6	52.7~59.8	59.9~62.2	≥62.3
159~159.9	<46.9	46.9~53.1	53.2~60.3	60.4~62.7	≥62.8
160~160.9	<47.4	47.4~53.6	53.7~60.9	61.0~63.4	≥63.5
161~161.9	<48.1	48.1~54.3	54.4~61.6	61.7~64.1	≥64.2
162~162.9	<48.5	48.5~54.8	54.9~62.2	62.3~64.8	≥64.9
163~163.9	<49.0	49.0~55.3	55.4~62.8	62.9~65.3	≥65.4
164~164.9	<49.5	49.5~55.9	56.0~63.4	63.5~65.9	≥66.0
165~165.9	<49.9	49.9~56.4	56.5~64.1	64.2~66.6	≥66.7
166~166.9	<50.4	50.4~56.9	57.0~64.6	64.7~67.0	≥67.1
167~167.9	<50.8	50.8~57.3	57.4~65.0	65.1~67.5	≥67.6
168~168.9	<51.1	51.1~57.7	57.8~65.5	65.6~68.1	≥68.2
169~169.9	<51.6	51.6~58.2	58.3~66.0	66.1~68.6	≥68.7
170~170.9	<52.1	52.1~58.7	58.8~66.5	66.6~69.1	≥69.2
171~171.9	<52.5	52.5~59.2	59.3~67.2	67.3~69.8	≥69.9
172~172.9	<53.0	53.0~59.8	59.9~67.8	67.9~70.4	≥70.5
173~173.9	<53.5	53.5~60.3	60.4~68.4	68.5~71.1	≥71.2
174~174.9	<53.8	53.8~61.0	61.1~69.3	69.4~72.0	≥72.1
175~175.9	<54.5	54.5~61.5	61.6~69.9	70.0~72.7	≥72.8
176~176.9	<55.3	55.3~62.2	62.3~70.9	71.0~73.8	≥73.9

续表

身高段（cm）	营养不良	较低体重	正常体重	超重	肥胖
	50 分	60 分	100 分	60 分	50 分
177 ~ 177. 9	<55. 8	55. 8 ~ 62. 7	62. 8 ~ 71. 6	71. 7 ~ 74. 5	≥74. 6
178 ~ 178. 9	<56. 2	56. 2 ~ 63. 3	63. 4 ~ 72. 3	72. 4 ~ 75. 3	≥75. 4
179 ~ 179. 9	<56. 7	56. 7 ~ 63. 8	63. 9 ~ 72. 8	72. 9 ~ 75. 8	≥75. 9
180 ~ 180. 9	<57. 1	57. 1 ~ 64. 3	64. 4 ~ 73. 5	73. 6 ~ 76. 5	≥76. 6
181 ~ 181. 9	<57. 7	57. 7 ~ 64. 9	65. 0 ~ 74. 2	74. 3 ~ 77. 3	≥77. 4
182 ~ 182. 9	<58. 2	58. 2 ~ 65. 6	65. 7 ~ 74. 9	75. 0 ~ 77. 8	≥77. 9
183 ~ 183. 9	<58. 8	58. 8 ~ 66. 2	66. 3 ~ 75. 7	75. 8 ~ 78. 8	≥78. 9
184 ~ 184. 9	<59. 3	59. 3 ~ 66. 8	66. 9 ~ 76. 3	76. 4 ~ 79. 4	≥79. 5
185 ~ 185. 9	<59. 9	59. 9 ~ 67. 4	67. 5 ~ 77. 0	77. 1 ~ 80. 2	≥80. 3
186 ~ 186. 9	<60. 4	60. 4 ~ 68. 1	68. 2 ~ 77. 8	77. 9 ~ 81. 1	≥81. 2
187 ~ 187. 9	<60. 9	60. 9 ~ 68. 7	68. 8 ~ 78. 6	78. 7 ~ 81. 9	≥82. 0
188 ~ 188. 9	<61. 4	61. 4 ~ 69. 2	69. 3 ~ 79. 3	79. 4 ~ 82. 6	≥82. 7
189 ~ 189. 9	<61. 8	61. 8 ~ 69. 8	69. 9 ~ 79. 9	80. 0 ~ 83. 2	≥83. 3
190 ~ 190. 9	<62. 4	62. 4 ~ 70. 4	70. 5 ~ 80. 5	80. 6 ~ 83. 6	≥83. 7

注：身高低于表中所列出的最低身高段的下限值时，身高每低 1 cm，实测体重需加上 0. 5 kg，实测身高需加上 1 cm，再查表确定分值。身高高于表中所列出的最高身高段时，身高每高 1 cm，其实测体重需减去 0. 9 kg，实测身高需减去 1 cm，再查表确定分值。

表 2-3　大学女生身高标准体重（体重单位：kg）

身高段（cm）	营养不良	较低体重	正常体重	超重	肥胖
	50 分	60 分	100 分	60 分	50 分
140. 0 ~140. 9	<36. 5	36. 5 ~42. 4	42. 5 ~50. 6	50. 7 ~53. 3	≥53. 4
141. 0 ~141. 9	<36. 6	36. 6 ~42. 9	43. 0 ~51. 3	51. 4 ~54. 1	≥54. 2
142. 0 ~142. 9	<36. 8	36. 8 ~43. 2	43. 3 ~51. 9	52. 0 ~54. 7	≥54. 8
143. 0 ~143. 9	<37. 0	37. 0 ~43. 5	43. 6 ~52. 3	52. 4 ~55. 2	≥55. 3
144. 0 ~144. 9	<37. 2	37. 2 ~43. 7	43. 8 ~52. 7	52. 8 ~55. 6	≥55. 7
145. 0 ~145. 9	<37. 5	37. 5 ~44. 0	44. 1 ~53. 1	53. 2 ~56. 1	≥56. 2
146. 0 ~146. 9	<37. 9	37. 9 ~44. 4	44. 5 ~53. 7	53. 8 ~56. 7	≥56. 8
147. 0 ~147. 9	<38. 5	38. 5 ~45. 0	45. 1 ~54. 3	54. 4 ~57. 3	≥57. 4
148. 0 ~148. 9	<39. 1	39. 1 ~45. 7	45. 8 ~55. 0	55. 1 ~58. 0	≥58. 1
149. 0 ~149. 9	<39. 5	39. 5 ~46. 2	46. 3 ~55. 6	55. 7 ~58. 7	≥58. 8
150. 0 ~150. 9	<39. 9	39. 9 ~46. 6	46. 7 ~56. 2	56. 3 ~59. 3	≥59. 4
151. 0 ~151. 9	<40. 3	40. 3 ~47. 1	47. 2 ~56. 7	56. 8 ~59. 8	≥59. 9

续表

身高段（cm）	营养不良	较低体重	正常体重	超重	肥胖
	50 分	60 分	100 分	60 分	50 分
152.0 ~152.9	<40.8	40.8 ~47.6	47.7 ~57.4	57.5 ~60.5	≥60.6
153.0 ~153.9	<41.4	41.4 ~48.2	48.3 ~57.9	58.0 ~61.1	≥61.2
154.0 ~154.9	<41.9	41.9 ~48.8	48.9 ~58.6	58.7 ~61.9	≥62.0
155.0 ~155.9	<42.3	42.3 ~49.1	49.2 ~59.1	59.2 ~62.4	≥62.5
156.0 ~156.9	<42.9	42.9 ~49.7	49.8 ~59.7	59.8 ~63.0	≥63.1
157.0 ~157.9	<43.5	43.5 ~50.3	50.4 ~60.4	60.5 ~63.6	≥63.7
158.0 ~158.9	<44.0	44.0 ~50.8	50.9 ~61.2	61.3 ~64.5	≥64.6
159.0 ~159.9	<44.5	44.5 ~51.4	51.5 ~61.7	61.8 ~65.1	≥65.2
160.0 ~160.9	<45.0	45.0 ~52.1	52.2 ~62.3	62.4 ~65.6	≥65.7
161.0 ~161.9	<45.4	45.4 ~52.5	52.6 ~62.8	62.9 ~66.2	≥66.3
162.0 ~162.9	<45.9	45.9 ~53.1	53.2 ~63.4	63.5 ~66.8	≥66.9
163.0 ~163.9	<46.4	46.4 ~53.6	53.7 ~63.9	64.0 ~67.3	≥67.4
164.0 ~164.9	<46.8	46.8 ~54.2	54.3 ~64.5	64.6 ~67.9	≥68.0
165.0 ~165.9	<47.4	47.4 ~54.8	54.9 ~65.0	65.1 ~68.3	≥68.4
166.0 ~166.9	<48.0	48.0 ~55.4	55.5 ~65.5	65.6 ~68.9	≥69.0
167.0 ~167.9	<48.5	48.5 ~56.0	56.1 ~66.2	66.3 ~69.5	≥69.6
168.0 ~168.9	<49.0	49.0 ~56.4	56.5 ~66.7	66.8 ~70.1	≥70.2
169.0 ~169.9	<49.4	49.4 ~56.8	56.9 ~67.3	67.4 ~70.7	≥70.8
170.0 ~170.9	<49.9	49.9 ~57.3	57.4 ~67.9	68.0 ~71.4	≥71.5
171.0 ~171.9	<50.2	50.2 ~57.8	57.9 ~68.5	68.6 ~72.1	≥72.2
172.0 ~172.9	<50.7	50.7 ~58.4	58.5 ~69.1	69.2 ~72.7	≥72.8
173.0 ~173.9	<51.0	51.0 ~58.8	58.9 ~69.6	69.7 ~73.1	≥73.2
174.0 ~174.9	<51.3	51.3 ~59.3	59.4 ~70.2	70.3 ~73.6	≥73.7
175.0 ~175.9	<51.9	51.9 ~59.9	60.0 ~70.8	70.9 ~74.4	≥74.5
176.0 ~176.9	<52.4	52.4 ~60.4	60.5 ~71.5	71.6 ~75.1	≥75.2
177.0 ~177.9	<52.8	52.8 ~61.0	61.1 ~72.1	72.2 ~75.7	≥75.8
178.0 ~178.9	<53.2	53.2 ~61.5	61.6 ~72.6	72.7 ~76.2	≥76.3
179.0 ~179.9	<53.6	53.6 ~62.0	62.1 ~73.2	73.3 ~76.7	≥76.8
180.0 ~180.9	<54.1	54.1 ~62.5	62.6 ~73.7	73.8 ~77.0	≥77.1
181.0 ~181.9	<54.5	54.5 ~63.1	63.2 ~74.3	74.4 ~77.8	≥77.9
182.0 ~182.9	<55.1	55.1 ~63.8	63.9 ~75.0	75.1 ~79.4	≥79.5
183.0 ~183.9	<55.6	55.6 ~64.5	64.6 ~75.7	75.8 ~80.4	≥80.5

续表

身高段（cm）	营养不良	较低体重	正常体重	超重	肥胖
	50 分	60 分	100 分	60 分	50 分
184.0 ～184.9	<56.1	56.1 ～65.3	65.4 ～76.6	76.7 ～81.2	≥81.3
185.0 ～185.9	<56.8	56.8 ～66.1	66.2 ～77.5	77.6 ～82.4	≥82.5
186.0 ～186.9	<57.3	57.3 ～66.9	67.0 ～78.6	78.7 ～83.3	≥83.4

注：身高低于表中所列出的最低身高段的下限值时，身高每低 1 cm，实测体重需加上 0.5 kg，实测身高需加上 1 cm，再查表确定分值。身高高于表中所列出的最高身高段时，身高每高 1 cm，其实测体重需减去 0.9 kg，实测身高需减去 1 cm，再查表确定分值。

表 2-4　大学男生评分标准

等级	单项得分	肺活量体重指数	1000 m 跑	台阶试验	立定跳远（m）	掷实心球（m）	握力体重指数	引体向上（次）	坐位体前屈（cm）	跳绳（次/min）	篮球运球（s）	足球运球（s）	排球垫球（次）
优秀	100	84	3′27″	82	2.66	15.7	92	26	23.0	198	8.6	6.3	50
	98	83	3′28″	80	2.65	15.2	91	25	22.6	193	9.0	6.5	49
	96	82	3′31″	77	2.63	14.4	90	24	22.0	186	9.6	6.9	46
	94	81	3′33″	74	2.62	13.6	89	23	21.4	178	10.3	7.3	44
	92	80	3′35″	71	2.60	12.5	87	22	20.6	168	11.1	7.7	41
	90	78	3′39″	67	2.58	11.5	86	21	19.8	158	12.0	8.2	38
良好	87	77	3′42″	65	2.56	11.3	84	20	18.9	152	12.4	8.5	37
	84	75	3′45″	63	2.52	10.9	81	19	17.5	144	12.9	8.9	34
	81	73	3′49″	60	2.48	10.5	79	18	16.2	136	13.5	9.3	32
	78	71	3′53″	57	2.43	10.0	75	17	14.3	124	14.3	9.9	29
	75	68	3′58″	53	2.38	9.5	72	16	12.5	113	15.0	10.4	26
及格	72	66	4′05″	52	2.35	9.3	70	15	11.3	108	15.6	10.7	25
	69	64	4′12″	51	2.31	8.9	66	14	9.5	101	16.6	11.2	23
	66	61	4′19″	50	2.26	8.5	63	13	7.8	94	17.5	11.7	21
	63	58	4′26″	48	2.20	8.0	59	12	5.4	85	18.8	12.3	18
	60	55	4′33″	46	2.14	7.5	54	11	3.0	75	20.0	12.9	15
不及格	50	54	4′40″	45	2.12	7.3	53	9	2.4	71	20.6	13.3	14
	40	52	4′47″	44	2.09	7.0	51	8	1.4	64	21.6	13.8	12
	30	51	4′54″	43	2.06	6.7	49	7	0.5	58	22.5	14.3	10
	20	49	5′01″	42	2.03	6.2	47	6	−0.8	49	23.8	15.0	8
	10	47	5′08″	40	1.99	5.8	44	5	−2.0	40	25.0	15.7	5

表 2-5　大学女生评分标准

等级	单项得分	肺活量体重指数	800 m 跑	台阶试验	立定跳远(m)	掷实心球(m)	握力体重指数	仰卧起坐(次/min)	坐位体前屈(cm)	跳绳(次/min)	篮球运球(s)	足球运球(s)	排球垫球(次)
优秀	100	70	3′24″	78	2.07	8.6	74	52	21.1	190	11.2	7.3	46
	98	69	3′27″	75	2.06	8.5	73	51	20.8	184	11.5	7.8	44
	96	68	3′29″	72	2.05	8.4	72	50	20.3	175	12.0	8.6	41
	94	67	3′32″	69	2.03	8.2	71	49	19.8	166	12.6	9.4	38
	92	65	3′35″	64	2.01	8.0	69	47	19.2	154	13.3	10.5	34
	90	64	3′38″	60	1.99	7.8	67	45	18.6	142	14.0	11.5	30
良好	87	63	3′42″	59	1.97	7.7	66	44	17.7	137	14.6	11.9	29
	84	61	3′46″	57	1.93	7.6	63	43	16.3	130	15.6	12.5	27
	81	59	3′50″	55	1.89	7.5	61	42	15.0	122	16.5	13.2	25
	78	57	3′54″	52	1.84	7.4	58	40	13.1	112	17.8	14.0	23
	75	54	3′58″	49	1.79	7.2	55	38	11.3	102	19.0	14.9	20
及格	72	53	4′03″	48	1.76	7.1	53	37	10.1	98	19.8	15.6	19
	69	51	4′08″	47	1.72	7.0	50	35	8.3	92	20.9	16.7	17
	66	49	4′13″	46	1.69	6.8	48	33	6.5	86	22.0	17.8	15
	63	46	4′18″	44	1.63	6.6	44	31	4.1	78	23.5	19.3	13
	60	43	4′23″	42	1.58	6.4	40	28	1.7	70	25.0	20.8	10
不及格	50	42	4′30″	41	1.56	6.2	39	27	1.5	66	25.8	21.2	9
	40	41	4′37″	40	1.53	6.0	38	26	1.3	59	26.9	21.9	8
	30	39	4′44″	39	1.50	5.7	36	25	1.0	53	28.0	22.5	7
	20	37	4′51″	38	1.46	5.4	34	23	0.6	44	29.5	23.4	6
	10	35	5′00″	36	1.42	5.0	32	21	0.2	35	31.0	24.3	4

http://jink.cn　　金健康网

http://www.csh.edu.cn　　中华人民共和国教育部学生体质健康网

第三章 体育卫生保健

最完善的东西就最不容易受外来变动的影响。举例来说，身体最强健的人不容易受饮食或劳作的影响，最茁壮的草木也不容易受风日的影响。

——（古希腊）柏拉图

体育与卫生保健是研究人在体育运动过程中与卫生、健康、疾病、损伤的关系。卫生是指卫生学所拟定的各种指标和措施的具体实行；健康是指身体、精神、社会的完全良好状态。不能说无疾病就是健康，而疾病的发生是在一定的致病因素的作用下，肌体原来的平衡遭到破坏，肌体的组织、器官、代谢和结构上发生了病理变化，进而影响健康和运动能力。

第一节 体育与卫生保健

讲究卫生可减少致病因素对肌体的作用，从而预防疾病，保障健康和运动能力。体育锻炼可增强肌体对疾病的抵抗力，进而达到保障健康的目的。而卫生保健的目的在于运用卫生学和医学的知识和技能，对运动参加者进行医务监督和指导，使体育锻炼达到最佳效果。

一、人体卫生

（一）个人卫生

1. 生活制度

稳定而有规律的日常生活制度，对于增进健康、提高工作和学习效率、提高运动成绩有良好的作用。在条件允许的情况下，一般应尽量保持生活制度的相对稳定。当然，随着工作、学习、锻炼情况的改变，生活制度也可做相应的调整。

2. 早锻炼

早锻炼的目的在于消除因睡眠留下的抑制状态，提高肌体各系统的机能活力，为一天的学习、工作做好准备。学生应养成良好的生活习惯，早晨起床后，应进行早锻炼。早锻炼的内容可根据自己的健康状况进行做操、跑步等活动，运动量不宜过大。

3. 服装

个人服装平时应保持清洁、美观、大方、合身。运动时的服装应符合运动项目和运动卫生的要求。冬季服装应轻便保暖；夏季服装应宽松、吸汗、透气性能好；内衣、内裤应柔软；运动鞋应大小适宜、富于弹性；炎夏在阳光直射下应戴遮阳帽。

4. 皮肤和牙齿卫生

皮肤既是感觉器官又是身体的保护器官。皮肤里的汗腺会排出一部分代谢产物，能调节体温；皮肤里的皮脂腺会分泌皮脂以保持皮肤的滑润。当汗腺和皮脂腺孔堵塞时，细菌繁殖，就会引起皮肤上的毛囊炎或疖肿。所以，皮肤必须清洁干净。脚趾间皮肤易脏，最易产生糜烂，也易感染脚癣，要特别注意清洁。患脚癣要积极治疗，不要与他人共用鞋袜和洗涤用具，以免传染。

牙齿上经常有食物残渣，是细菌繁殖的“温床”，易引起牙病和口腔疾病，应早晚各刷牙一次。刷牙时应沿着牙缝上下刷，切忌用力横刷，以免损伤牙齿表面的牙釉和牙龈。

5. 饮食

“早吃好、午吃饱、晚吃少”被视为科学的进食原则。

早餐是极为关键的一餐。一日之计在于晨，早餐应当保证营养充足，主食以奶类、面包、鸡蛋为好，辅以花生、黄豆、核桃仁等蛋白质含量较高的健脑食品。食物量应占全天食物量的 30% 。

午餐要吃饱，因为它起着承上启下的作用，既要补充上午活动消耗的能量，又要为下午的活动储备能量，所以午餐不能马虎。午餐最好以米饭、面食及其他杂粮为主，副食应当有羊、牛、鸡、鱼等肉类，并有足够的绿叶蔬菜。午餐的食物量应为全天食物量的 40% 。

晚餐不必吃得过饱、过油腻，因为晚间的活动量较小，能量消耗不大，食物的消化吸收较慢。晚餐的进食量大约为全天饮食量的 30% 。节制晚餐是一项非常重要的健康措施。

6. 睡眠

睡眠是人的生理要求，是消除肌体其他器官疲劳最有效的方法。睡眠之前不宜做剧烈的运动，避免进食刺激性的饮料，如浓茶、咖啡等；卧室空气应流通；白昼较长、运动量较大或学习负担较重时，应适当增加午睡时间。

7. 心理卫生

心理卫生是根据心理活动的规律，采取各种措施，保护和增强心理健康，提高对社会的适应能力，预防身心疾病的发生。心理健康的主要标志有以下八个方面：① 情绪稳定，没有压迫感和不安全感；②具有较强的适应能力；③具有同情心和丰富的感情；④能表现出与生理发育阶段相适应的情绪；⑤能够克制个人需要和受客观环境限制的欲望；⑥热爱生活并能与人和睦相处；⑦具有自信心，有坚强的意志；⑧具有敏捷的智慧。

8. 用眼卫生

视力不良和近视的发生受多种因素的影响，有先天遗传的因素，也与环境条件和生活、学习习惯有关。

（二）自我身体检查

自我身体检查是指运动参加者在锻炼或训练过程中，主动观察自己的身体机能状态，并进行记录，以便观察锻炼的效果，并根据肌体的反应情况及时地调整运动量。自我检查的内容包括主观感觉（自我感觉、睡眠、食欲等）和客观指标（脉搏、体重、肺活量、肌力、月经等）。

1. 主观感觉

（1）自我感觉　在运动时是精神饱满、愉快、愿意锻炼，还是精神不振，不想练；锻炼中有无肌肉酸痛、头昏、恶心、腹痛等情况；锻炼后疲劳消除的快慢，睡眠、饮食、肌体反应等状况怎样。可按“良好”、“一般”、“不良”记录。

（2）睡眠　是否能迅速入睡、熟睡、多梦；早晨醒来是否感觉精神好，全身是否有力。可记录睡眠时间、熟睡程度等。

（3）食欲　可记录为“良好”、“正常”、“一般”。

2. 客观指示

（1）脉搏　正常情况下，每日早晨起床前测得的基础脉搏数大致相同，或随着锻炼效果的增强而稍有减慢。如果有明显的增加或减慢，应考虑有无过度疲劳或疾病的征兆。若出现心律不齐，应查明原因。

（2）体重　一般在锻炼后的前几周，体重可下降 2 ~ 5 kg，以后肌肉体积增加，体重可稍回升，然后稳定在某一水平上，这是正常的现象。若体重持续性地下降，则提示过度疲劳、能量消耗过大或营养摄入不足。

（3）肺活量　正常时，肺活量应保持在某一水平，或稍有增加；肌体不良时，肺活量可能持续下降。

（4）肌力　在系统锻炼之后，肌力（握力、背力）应增加，疲劳时则下降。

（5）月经　女生进行体育锻炼时要注意观察月经周期是否正常，经期长短、经血量多少，是否有痛经等不良反应。

（三）疲劳及消除疲劳的方法

1. 疲劳的表现

由于活动使工作能力及身体机能暂时降低的现象称为疲劳。疲劳一般可分为肌肉疲劳、神经疲劳和内脏疲劳三类。当肌肉疲劳时，常出现肌肉僵硬、肿胀、疼痛以及肌力下降等现象；当神经疲劳时，常表现为反应迟钝、判断错误、注意力不能集中、动作协调性受到破坏等；当内脏疲劳时，常出现呼吸节律紊乱，呼吸浅而快，心悸、胸痛、恶心、呕吐以致心电图改变等。

2. 消除疲劳的措施

合理的睡眠是消除疲劳、恢复体力的最好方式；锻炼结束后进行温水浴和局部热敷是简单易行的消除疲劳的方法；按摩是消除疲劳的重要手段；积极性休息如音乐欣赏、合理营养等也是消除疲劳不可缺少的措施。此外，为了尽快消除运动后的疲劳，适当地选用一些药物是必要的，如维生素 B1、B6、B12，维生素 C 以及刺五加、三磷酸腺苷（ATP）等。有条件者可采用氧气和负离子吸入。

（四）学校传染病的预防

1. 学校常见的传染病

传染病是由病原体引起的，能在人与人之间、动物与动物之间，或人与动物之间相互传播的疾病。学校是传染病的集散场所，易于发生传染病的暴发和流行，且具明显的季节性。例如，冬、春季节多发呼吸道传染病，夏、秋季则以肠道感染病为主，同时，春、秋季开学后传染病的流行出现高峰。学校常见的传染病主要有流行性感冒（简称流感）、病毒性肝炎（简称肝炎）、细菌性痢疾（简称菌痢）、流行性腮腺炎（俗称痄腮）、沙眼、蛔虫病、疥癣等。

2. 传染病的预防

传染病在人群中的传播，必须具备传染源、传播途径、易感人群三个基本环节。缺少任何一个环节，新的传染就不可能继续发生。所以预防传染病的流行可针对这三个环节采取以下措施。

（1）传染源的管理　传染源是指病人、病原携带者和受感染了的动物。传染源的管理主要包括检疫，传染病人的早发现、早诊断、早隔离治疗，对带菌者的隔离等。

（2）切断传播途径　各种传染病有不同的传播途径。例如，呼吸道传染的传播途径主要是空气；消化道传染病的传播途径主要是食物及饮水；还有些传染病是通过媒介昆虫传播，如苍蝇可传播痢疾与伤寒，蚊子可传播疟疾等。有些传染病是直接接触传播的，如疥癣等。传染病的预防，除由卫生机构根据其传播途径制定相应措施外，个人也应保持公共场所的空气新鲜，提倡戴口罩，不饮、不食不洁食物和水，饭前便后洗手，不随地吐痰，驱除媒介昆虫时防止直接与传染源接触等。

（3）保护易感人群　易感人群是指对某种疾病缺乏免疫力的人群。积极参加体育锻炼，合理摄取营养，讲究个人卫生，保持良好的生活习惯，可以提高肌体对疾病的抵抗能力；预防接种也是提高肌体免疫能力的有效手段。

二、运动卫生

（一）运动建筑设备的一般卫生要求

运动建筑设备的一般卫生要求包括运动场馆修建时位置的选择、坐落的方向、采光与照明以及通风、采暖与降温。

（1）位置的选择　位置选择要合理，注意避开环境污染区，要交通方便，利于群众进行体育活动，便于绿化，靠近水源。

（2）坐落方向　室外运动场的方位最好是长轴与子午线平行（正南北方向）或长轴与主导风向垂直。室内场馆利用自然采光时，最好坐北朝南；若采用人工照明，则一般不考虑坐落方向。

（3）采光与照明　可分为自然采光和人工照明。自然采光是利用窗户射入室内场馆的自然光线，其评定指标为采光系数和自然照度系数。采光系数即窗户面积与室内地面面积的比例，其标准是1:3～1:5。自然照度系数即指在散射光线的条件下，室内照度与室外照度的百分比（用照度计测量），系数越大，光线越好。人工照明系数指利用电灯照明。人工照明的卫生要求是光线必须充足，室内照度不能小于50lx，且光线均匀、不闪烁、不炫目刺眼、不产生浓影、不污染空气、不显著提高湿度，放射光谱最好接近日光光谱。

（4）通风　运动建筑物必须有良好的通风设施，以排出室内污浊的空气，保持室内空气清新。通风可采用门、窗、通风孔或风扇、空调等方法。

（5）采暖与降温　建筑物的采暖、降温设备应尽量保证室内有适宜的气温（23～25℃），并保证室内各处室温相对均匀、稳定（温差不超过2.5℃），我国东、西、南、北自然气候差异很大，采暖与降温的方法应尽量适应当地的自然条件。

（二）室外运动场地与设备的卫生要求

1. 田径场

田径场应首先考虑合理布局，既要考虑每个项目有足够的合乎规格的场地，又要考虑教学、训练和比赛的方便。田径场的跑道应平整结实，富有弹性、无浮土，晴天保持一定的湿度，雨天应便于雨水的渗透，防止积水，场内应有100 m以上的直线跑道，有条件的地方可采用全天候跑道。跳跃场地的助跑道卫生要求除同于跑道外，其方向应避开阳光的垂直照射；踏跳板应与地面平齐；沙坑的边缘宜为木质并与地面平齐；坑内应填满三份锯末与七份干净沙子的混合物，使用前应撅松、耙平。跳高或撑竿跳高的沙坑内应放置较厚的锯末屑或海绵包，并高出地面。投掷区必须与其他运动场地分开，不允许同时面对面投掷，铁饼和链球场地应设置护笼，以确保安全。室外单双杠、高低杠、爬竿、吊环等固定器械要经常检查有无螺丝锈蚀、松动或断裂，发现问题要及时修理。

2. 球场

球类场地中，篮球、排球场地应平坦结实、无碎石、无浮土、不滑、地面软硬适宜（水泥场地地面硬度较大，三合土地面硬度较合适）。足球场最好有草皮（或人工草皮）。球场四周2～2.5 m范围内不应设置任何障碍物，以免撞伤。

3. 游泳池

游泳池最重要的卫生要求是池水清洁。利用江河做游泳池，首先要注意水源无污染，水流速度不超过0.5 m/s，水深1～1.8 m，池底无淤泥、树桩、水草、大石块等。每日对游泳池水质做一次化学及细菌检查。池边应有简易更衣间、淋浴间、洗脚池和厕所设备。游泳池应配备救护人员。

（三）室内运动建筑设备卫生要求

1. 体操馆

体操馆使用面积人均占地4 m^2 以上。木质地板平坦而坚固，无裂缝。墙壁应平坦，无突出部分或雕刻装饰。馆内光线充足，符合采光系数标准和人工照明要求。室内最好用吸尘器或湿式抹扫，以保持清洁。不能用滑石粉代替镁粉。进馆应穿软底鞋。体操器械安装牢固、平稳，必要处应钉上防滑胶皮。器械下方应安装海绵垫，两块垫间不能留有空隙，以防止运动损伤。注意采暖与降温。

2. 球类馆

馆内地面必须平整、结实，不滑，无浮土，安装木质地板。球类馆内光线要明亮，采用人工照明时，室内灯光安装距地面的高度，篮球馆最少不低于7.5 m，排球馆最少不低于8.5 m。必须经常通风换气，保持室内新鲜空气。球场边线至墙壁距离最少不小于2 m。

3. 游泳馆（池）

其格局顺序应是更衣室→存衣室→厕所→准备活动室→淋浴室→涉水室→游泳池。游泳池的深、浅水区应严格分开；人均使用池水面积至少5 m^2；水质标准为pH值7.0～7.8；游离余氯含量0.4～0.6 mg/L，化合性余氯大于1.0 mg/L；细菌总数不超过1000个/mL，大肠杆菌不超过18个/L；水温应为26～29℃，室温为24～25℃；池壁、池底应平整、光滑、无破损；岸上有供准备活动的平整空地；应有必要的急救设备和救生人员。

三、锻炼卫生

肌体与外界环境通常保持平衡状态，但也时常受到外界因素如阳光、空气和水的影响。经常进行户外锻炼能增强肌体对感冒、上呼吸道感染疾病的抵抗力，增强肌体对外界环境的适应力。但进行锻炼时必须循序渐进，遵循全面锻炼原则，并根据自己的年龄、健康状况、运动水平选择锻炼方法。

1. 日光浴

日光浴主要是利用日光的温度和生物化学作用来增强肌体代谢，杀灭细菌，促进维生素D的合成。从事日光浴前应体检，凡有出血倾向或发烧现象的人都不宜进行。日光浴时间最好选择每日上午9—11时或下午1—5时，夏天在上午8—10时或下午4—6时进行；饭前、饭后1～1.5小时内不宜进行。日光浴必须遮盖头面部。

2. 水浴

锻炼方法有擦身、冲洗、淋浴、游泳等。主要利用水的温度、机械作用和化学作用，以达到训练体温调节中枢、增强新陈代谢、按摩身体及水疗等目的。其中肌体对冷水浴刺激反应最强烈。冷水浴锻炼宜从夏季开始，一开始温度不能太低，应逐渐降低水温，水浴时间不宜过长，一般不超过5 min。

3. 空气浴

利用空气温度、湿度、气流、气压及空气中的电离作用，达到刺激中枢神经系统、加强新陈代谢、提高肌体抵抗力的目的。空气浴不受时间、地点限制，简单易行。

四、体育活动中的某些医学保健问题

1. 运动与心血管疾病

一般慢性心脏病患者只能从事中小运动量的体育活动。心肌炎等疾病的急性期应停止运动，并进行治疗。心脏杂音应区别是有害性杂音还是无害性杂音，如是后者，不应限制体育活动。高血压患者能否参加运动，应视高血压程度以及合并症情况而定。血压轻度增高，无自觉症状，心、肾亦无病变，则限制不必过严，可参加适当的运动并积极配合治疗。血压较高且有自觉症状者应避免剧烈运动，特别要避免用力闭气、低头、旋转头颈等运动，可参加慢跑、游泳等运动。

2. 运动与呼吸系统疾病

肺结核患者呼吸循环机能极易疲劳，因此进行体育锻炼时必须十分慎重。肺结核活动期禁止参加运动，陈旧性病灶已钙化多年又无自觉症状，多数人可从事剧烈运动，但仍要注意定期体检。淋巴结核原则上同于肺结核。

胸膜炎急性期应积极治疗，使积液完全吸收，以免发生胸膜粘连，妨碍呼吸机能。患结核性胸膜炎病愈后一年内禁止参加运动。已形成胸膜肥厚时，可参加一般性体育活动。

慢性气管炎、肺气肿、哮喘病患者均应避免大运动量，冬季过度寒冷或大风天气时，应避免长时间的室外活动。平时可多做呼吸体操，以改善呼吸机能。咯血者必须停止一切体育活动。

3. 运动与消化系统疾病

溃疡病、胃炎常反复发作，在病性不稳定或有合并症时应停止运动进行医治，间歇期可参加正常体育活动，平时应注意饮食。

传染性肝炎急性期应隔离治疗，停止运动，卧床休息，肝炎愈后 1 ~ 2 月内尽量保持安静，避免运动。以后根据检查肝功能结果和患者自我感觉，逐渐增加运动量。

4. 运动与骨关节病

骨折已完全愈合可参加正常体育运动。风湿性关节炎急性期严禁运动。治愈后无关节肿痛，无活动障碍，全身情况正常，“血沉”现象正常可参加正常运动。

关节风湿症患者有运动后痛或天气变化时痛等情况时，但无关节肿胀畸形，可做小量活动，病情好转后可逐渐增加运动量。

类风湿性关节炎应进行医疗体育活动，增强肌力，防止肌肉萎缩，预防或矫正畸形。

5. 运动与其他疾病

急性中耳炎和慢性中耳炎发作时，禁止参加体育运动。慢性中耳炎应设法根治，根治前可参加中小运动量活动，游泳时要防水入耳。

慢性鼻窦炎患者不宜在严寒、大风气候下从事室外运动。冬季室外运动应注意正确的呼吸方法，且运动时间不宜过长。

高度近视者应避免参加激烈运动，特别是跳跃运动，以免发生视网膜剥离。

急性肾炎患者应绝对休息，一年以内应避免运动；轻度慢性肾炎者，也应避免长时间的剧烈运动。月经不规则、痛经者，如体格检查无其他异常，既往又有运动习惯者，可参加正常体育活动，但月经期运动量酌减，症状较重者应进行医疗体育和临床治疗。

五、运动与营养卫生

（一）营养

生命的存在、有肌体的生长发育、各种生理活动及体力活动的进行，都有赖于体内的物质代谢过程。物质代谢必须不断地从外界摄取一定数量的新物质，获得并利用的物质即为营养。

（二）运动与营养的关系

体育运动和营养两者都是维持身体健康的主要因素。体育运动可以增强肌体活动的功能，营养对运动则有很重要的意义。运动参加者体内代谢加剧，能量消耗较大，所以必须供给充足的能量才能满足肌体的需要。若单纯运动而缺乏必要的营养保证，体内消耗的营养物质得不到补偿，会引起身体消瘦、体力下降、运动能力降低、抵抗力减弱，且导致运动性伤、病的发生。反之，若只注意营养而缺乏体育锻炼，就会使人体肌肉松弛，肥胖无力，活动能力减弱。可见，科学的锻炼与合理的营养相结合，才能更有效地增强体质和提高运动水平并加速运动后体力的恢复。

运动参加者必须根据自己的具体运动项目、运动量大小及运动季节等情况合理安排自己的膳食，使摄入量和消耗量相适应，使各种营养素比例适宜。

六、女子体育卫生

（一）女子生理特点及一般体育卫生要求

1. 体形

女子体形一般似纺锤形，即肩部较窄，骨盆较宽，下肢较短，躯干相对较长，身体重心低，有利于做下肢支撑平衡的动作，如体操的平衡木等。但对速度运动、跳高、跳远等动作不利。

2. 肌力

女子骨骼肌重量占体重的比例较男子小 5% 左右，且肌肉力量较弱，特别是女子的肩带部和上肢肌力较差，加之肩窄，故女子做悬垂、支撑、摆荡等动作较为困难。因此，应加强发展肩带肌力的练习，练习时需加强保护。

3. 脂肪

女子体内脂肪约占体重的 28%（男子约占 18%），皮下脂肪较多，利于游泳等运动。但女子下腹部对冷的刺激很敏感，故在月经期及冬季锻炼时要注意下腹部的保暖。

4. 关节韧带

女子各关节韧带的弹性及伸展性较好，特别是脊柱椎间盘较厚，因此女子身体的柔韧性及各关节的灵活性较男子好。体育活动中适宜做“桥”和“劈叉”等动作。但女子的柔韧性会随着年龄的增长而降低，在体育锻炼中应注意保持和发展其柔韧性和灵活性。

5. 心血管系统和呼吸系统

女子心脏的体积、容积、每搏输出量、心肌收缩力均较男子小而弱，运动时主要靠加快心率来增加心脏的每分钟输出量。此外，女子的血容量、红血球、血红蛋白含量都低于男子，因此，女子血液运输氧的能力不及男子。

女子胸廓、肺容积较男子小，肺活量、最大摄氧量也小于男子，女子呼吸肌力较弱，以胸式呼吸为主且胸廓活动度较小，所以女子在安静或运动时的呼吸频率较快。

鉴于女子心血管系统和呼吸系统的功能较男子差，因此运动量应比男子相对小些。

（二）月经期体育卫生要求

健康女子月经期一般不必完全停止体育锻炼，适当的锻炼，可以改善盆腔血液循环，减轻充血现象。而且在运动时腹肌和盆腔底肌的收缩和放松活动，能对子宫起到柔和的按摩作用，有助于经血排出。由于月经期生殖器官抗菌能力降低，容易感染，所以要注意下列要求。

（1）适当减轻运动量，并避免震动大的跑跳动作和力量练习，以免引起流血过多和子宫移位；锻炼时间不宜太长；注意循序渐进，逐步养成月经期锻炼的习惯。

（2）月经期间应避免冷和热的刺激，不宜参加游泳、冷水浴和阳光暴晒等活动，注意下腹的保暖，以免引起卵巢功能错乱，导致月经失调。

（3）如有月经错乱、量过多或过少、痛经、经期严重不准、炎症等情况，应暂停体育锻炼。

综上所述，女子应该根据自己的特点，自觉参加体育锻炼，以促进身体的生长发育，提高各器官、系统的机能水平，保持匀称健美的体形。

第二节　运动损伤的预防及简易处置

运动过程中发生的各种损伤称为运动损伤。其损伤部位与运动项目以及专项技术特点有关。例如，体操运动员受伤部位多是腕、肩及腰部，这与体操动作中的支撑、转肩、跳跃、翻腾等技术有关。网球肘多发生于网球运动员与标枪运动员，损伤的主要原因是：训练水平不够，身体素质差，动作不正确，缺乏自我保护能力；运动前不做准备活动或准备活动不充分，身体状态不佳，缺乏适应环境的训练以及教学、竞赛工作组织不当。运动损伤中急性多于慢性，急性损伤治疗不当、不及时或过早参加训练等均可能转化为慢性损伤。

伤后的锻炼与治疗原则：①合理安排伤后训练，保持运动员已获得的良好训练状态，防止因伤后突然停训而引起“停训综合征”；②练习时合理使用保护带，以防止发生劳损、再伤或肌腱韧带的松弛；③加强局部治疗，改善伤部代谢，消除水肿，防止深痕粘连与收缩。预防应遵从运动训练原则，科学安排运动量，提高身体素质，加强医务监督与安全教育。同时，在教学中还应提高学生相互保护及自我保护的能力。

一、运动损伤的分类

运动损伤的分类方法较多，常用的有以下五种。①按损伤组织的种类分，有肌肉肌腱损伤、滑囊损伤、关节囊和韧带损伤、骨折、关节脱位、内脏损伤、脑震荡、神经损伤等。②按损伤的轻重程度分：伤后不丧失工作能力的为轻伤；伤后失去工作能力 24 小时以上，需在门诊治疗的为中等伤；伤后需住院治疗的为重伤。这种分类法适用于工矿、机关、学校和农村等开展群众体育活动中的损伤情况。③按运动能力丧失的程度分：伤后仍能按照教学训练计划进行体育锻炼的为轻伤；伤后不能按照教学训练计划进行体育锻炼，需减少或停止患部活动的为中等伤；伤后完全不能运动的为重伤。这种分类法适用于集训队、业余体校和体育院系，因为某些不妨碍日常生活和工作、只在运动训练时出现症状的损伤，采用这种分类方法能正确估计损伤后果，提出预防措施并合理安排伤后体育活动。④按有无创口和外界相通分：伤部皮肤或黏膜破裂，创口与外界相通，有组织液渗出或血液自创口流出，称为开放性损伤，如擦伤、刺伤等；伤部皮肤或黏膜完整，无创口与外界相通损伤后的出血积聚在组织内，称为闭合性损伤，如关节韧带扭伤、肌肉拉伤等。⑤按发病的缓急分，瞬间遭受直接或间接暴力而造成的称为急性损伤，发病急、病程短、病症骤起；因局部长期负担过度，由反复微细损伤积累而成的称慢性损伤，发病缓慢、症状渐起、病程较长。

二、运动损伤的预防

（一）预防运动损伤的意义

参加体育锻炼是为了增强体质，增强身心健康，促进德、智、体全面发展，更好地为建设和保卫社会主义祖国服务。如果在体育锻炼时，不重视运动损伤的预防工作，没有采取积极的预防措施，就可能发生各类伤害事故，轻者影响学习和工作，重者可造成残疾甚至危及生命，对国家和个人带来不应有的损失；亦严重妨碍运动技术水平的提高，并造成不良的心理影响。因此积极预防运动损伤对广泛开展群众性体育运动、体育教学和运动训练都有重要的意义，从而对增强人民群众的身体素质和迅速提高我国运动技术水平都具有积极的作用。

（二）运动损伤的预防原则

1. 加强思想教育

平时要加强安全教育，在体育教学、运动训练和体育比赛中，克服麻痹思想，认真贯彻以预防为主的方针，发扬良好的体育道德风貌。

2. 合理安排教学、训练和比赛

教师要根据学生的年龄、性别、健康状况和运动技术水平，认真研究教材，估计哪些动作不易掌握、哪些技术动作容易发生损伤，做到心中有数，事先采取相应的预防措施。加强全面训练和基本技术教学，在学校体育工作中，要运用各种形式的身体练习方法，全面提高学生的身体素质。合理安排运动负荷，尤其要注意运动器官的局部负担量和伤后体育活动安排，要避免单一的训练方法，防止引起局部负担量过大。要遵守“循序渐进、个别对待”的教学训练原则：运动负荷要逐渐增加；在学习新动作时，要注意正确示范，做到从易到难、从简到繁、从分解动作到完整动作的教学；在一节体育课中要把较难的、费力大的动作练习放在基本部分的前面或中间；练习的强度和重复练习的次数等，要根据学生的情况区别对待。

3. 认真做好准备活动

剧烈运动前要认真做好准备活动。准备活动的内容，要根据教学训练和比赛的内容而定，既有一般性准备活动，又有专项活动，使准备活动最后部分的内容与课（或比赛）的基本内容相似。对运动中负担较大和易伤部位，要特别注意做好准备活动，适当地做一些力量性和伸展性练习。

准备活动的量，要根据学生的特点、气象条件和教学训练或比赛的具体情况而定。一般来说，兴奋性较低、锻炼基础或训练水平较高、运动持续时间较短或天气寒冷时，准备活动的强度可稍大些，时间可稍长些。相反，体育锻炼者年龄小、锻炼基础较差、运动持续时间较长或天气炎热时，准备活动强度宜小些，时间可短些。已伤部位的准备活动要谨慎小心。全套准备活动应循序渐进。准备活动的量，以身体感到发热，微微出汗为宜。

4. 加强易伤部位的训练

循序渐进地加强易伤部位或相对较弱部位的训练，提高它们的功能，是预防损伤的一种积极手段。例如，为了预防髌骨劳损，可采用“站桩”的方法以增强股四头肌和髌骨功能；为了预防腰部损伤，除加强腰背肌训练外，还应加强腹肌力量训练，有助于防止脊柱过伸而造成的腰部损伤；为了预防股后肌群拉伤，要加强股后肌群的力量和伸展性练习等。

5. 加强保护和自我保护

保护在器械体操练习中十分重要，因为它是一项复杂多变、空中动作较多的项目，很容易发生技术错误或失手跌下。在进行器械体操练习特别是学习新动作时，都应该有人做好保护和帮助。

每个参加体育锻炼的人，都应掌握自我保护的方法，如身体失去平衡时，应立即向前或向后跨出一大步，以保持身体平衡；当人体快要跌倒时，要立即低头、曲肘、团身，以肩背部着地顺势做滚翻动作，而不可直臂撑地；从高处跳下时，要用前脚掌先着地并同时屈膝，以增强缓冲作用等。教师要把保护和自我保护的知识与方法传授给学生。

6. 加强保健指导

对学生和经常参加体育锻炼的人，都要定期进行体格检查；参加重大比赛的前后，要进行补充检查或复查，以了解体育锻炼或比赛前后的身体变化。对患有各种慢性疾病的人，更要加强医学观察和定期或不定期的体格检查。禁止伤病患者或身体不合格的人参加剧烈运动或比赛。要做好自我保健工作，身体若有不良反应，应认真分析原因，必要时请医生做医学检查。

要认真地做好运动场地、器械设备和个人防护用具的管理和安全卫生检查，对已损害的场地设备要及时维修，禁止穿着不合适的服装和鞋子参加运动。

平时要加强体育保健知识的宣传和教育，增强自我保健意识，提高遵守体育卫生要求的自觉性。

三、运动损伤的处理原则

伤后及时采取正确的处理方法，是促进康复的重要手段。掌握简易而有效的治疗措施，对个人锻炼都有较大的现实意义。

（一）运动损伤的一般处理方法

1. 冷热疗法

冷热疗法是运用低于或高于人体温度的物理因子刺激，进行治疗的一种物理疗法。

1）冷敷法

冷敷能降低局部组织的温度，使血管收缩，减轻局部充血，抑制神经的感觉，具有止血、镇痛、防止或减轻肿胀的作用，常用于急性闭合性软组织损伤的早期，伤后立即使用。冷敷后应加压包扎并抬高伤肢。

冷敷时一般使用冰袋或寒冷气雾剂。冰袋或用冰块入塑料袋内做伤部冷敷约 20 min，如用寒冷气雾剂作局部喷洒时（面部不宜采用），喷射出的细流应与皮肤垂直，瓶口距皮肤 20～30 cm，每次约 10 s，不可喷射太多，以防止发生冻伤。如条件限制，也可用冷毛巾置于伤部，2～3 min 更换一次。

2）热疗

热疗包括热敷、红外线照射等，它能扩张局部血管，增强血液和淋巴循环，提高组织的新陈代谢，解除肌肉痉挛，加速淤血和渗出液的吸收，促进损伤组织的修复，具有消肿、解痉，减少粘连和促进愈合的作用。常用于急性闭合性软组织损伤的中后期和慢性损伤的治疗。

热敷时一般采用热水袋或热毛巾，每天 1～2 次，每次 20～30 min。毛巾无热感时要更换，热敷的温度要适当，以防发生烫伤。红外线照射治疗时，先把红外线灯预热 2～5 min，然后把红外线灯移向伤部的上方或侧方，一般距伤部 30～50 cm，照射剂量以伤员有舒适热感、皮肤出现桃红色均匀红斑为度。伤员自觉温度过高时要适当增大灯距，汗液应擦去。

高热、恶性肿瘤、活动性肺结核、有出血倾向者均不宜进行热疗，红外线治疗时要避免直接照射眼部。

2. 按摩疗法

按摩是治疗软组织损伤的重要方法，不仅治疗效果显著，而且经济、简单、易懂、易学、易于推广，只要使用方法得当，不会产生任何副作用。下面介绍的是一些比较常用的局部按摩疗法。

1）踝关节扭伤的按摩

踝关节损伤的发生率占关节扭伤的首位，其中以外侧副韧带扭伤最为常见，受伤 24～48 小时后可进行按摩治疗。

（1）踝关节矫正法　由于踝关节多因外翻致伤，治疗手法应向相反方向矫正。患者取坐位，按摩者双手十指交叉抱住患者足跖部，先使足背伸，用力拉开关节并外翻，常可听到“喀嚓”声。局部做向心轻揉，以促进血肿的吸收，最后用绷带做“8”字包扎，把足固定于中立位。

（2）踝关节揉捏法　患者取卧位或坐位，按摩者一手固定足的远端，使关节呈中立位，另一手的拇指及其余四指从伤处自下而上至踝上做揉捏动作，重复数遍，然后按揉及弹拨韧带，以分解和软化粘连的瘢痕组织。每次按摩 2～3 min。

（3）痛点推、揉、切法　在痛点及淤血处，用拇指做推、揉、切法，促使淤血消散。此法较痛，需要患者配合方可。

（4）揉跟腱法　患者取卧立位，两脚伸直，踝前垫一小枕，足呈中立位，按摩者双手拇指分别放于跟腱两侧，自上而下用力均匀地向跟骨结推按，重复数遍。

（5）摇踝法　患者取坐位，患肢屈膝，按摩者一手握住小腿下 1/3 处，另一处握住足拓部，左右摇动踝关节 5～10 次，最后再做屈伸动作。

2）落枕

落枕是因睡眠姿势不正，或枕头高低不适，或受风寒，出现急性颈部肌肉紧张、僵直、局部酸胀，以致颈部转动失灵的一种症状。轻者可自行痊愈，重者可延至数周。按摩治疗效果较好。

（1）揉摩法　患者反骑坐在椅子上，两手臂搭放在椅背上，按摩者立于患者背后，先用双手小鱼肌在颈部和肩部依次揉 5～10 遍，再用单手揉捏颈后肌 5～10 遍。

（2）提拿法　按摩者站在患者背后，用双手拇、食、中指分别提拿颈后肌和斜方肌，一拿一松，3～5 次为度。手法的强度因人而异，一般使患者感到酸、胀、微痛为度。按个体不同情况，可采用三指、五指提拿。

（3）拿肩井法　按摩者站在患者前面，以双手拿住两侧肩井穴，提拿后进行揉捏、放松。

（4）双手端颈旋转法　患者端坐，按摩者一手臂微屈，在前托住患者下颌，另一手掌托住患者枕部，同时上提，缓慢的左右旋转一次和侧屈 3～5 次，但诊断必须明确，左右旋转不得超过 40°，动作必须轻柔、缓和，切忌粗暴。

3. 中药疗法

中药治疗跌打损伤，有着独特、系统的治疗法则和丰富多样的基本法则，具有内外兼治、价廉、简便、疗效显著等特点。

整体观念和辨证论治是中医治疗运动损伤的基本法则。肢体伤于外则气血伤于内，营养有所不同，脏腑由之不和，认为局部损伤进而会影响到整个肌体的功能状态，而全身状况不良又会影响局部损伤的愈合与康复，强调局部与整体的辩证统一关系，把局部治疗与全身治疗、外治疗与内治疗有机地结合起来。

辨证就是对伤员的病状和体征进行统合分析，辨明其症状，在辨证的基础上，制定治疗方案，称为论治。根据不同的伤情、病期、体质状况以及年龄与性别等，用不同的中药方剂和治疗方法，严格实施个别对待，才能收到满意的治疗效果。

（二）开放性软组织损伤的处理

1. 擦伤

擦伤是皮肤受到外力摩擦所致，皮肤被擦破出血或有组织液渗出。创口浅、面积小的擦伤，可用生理盐水或凉开水洗净创口，周围用酒精棉球消毒，创口上涂抹红汞或紫药水，待干即可，无须包扎。但面部擦伤最好不要用紫药水涂抹；关节附近的伤口也不宜使用暴露疗法，以免皮肤干裂而影响关节活动。

创口内若有煤渣、细纱等异物，要用生理盐水或凉开水冲洗干净，必要时用硬毛小刷子将异物刷去。创口处可用双氧水，创口周围皮肤用酒精棉球消毒，然后用凡士林纱条覆盖创面或撒上消炎粉，再用消毒敷料覆盖并包扎。

2. 撕裂伤

皮肤撕裂伤多发生在头部，尤以额部和面部较多见，如篮球运动中眉弓部被他人肘部碰撞，引起眉际皮肤撕裂。若撕裂伤口小，经止血、消毒处理后，可用创可贴；伤口较大则需缝合，必要时要使用抗菌素治疗。

3. 刺伤和切伤

田径运动中被钉鞋或标枪刺伤，滑冰时被冰刀切伤，其处理方法与撕裂伤基本相同。凡被不洁物致伤且创口小而深者，应注射破伤风抗毒素。

（三）闭合性软组织损伤的处理

闭合性软组织损伤包括挫伤、肌肉筋膜拉伤、关节囊和韧带扭伤、肌腱腱鞘和滑囊损伤等，根据其发病的缓急，分为急性和慢性损伤两类。

1. 急性损伤

急性损伤是遭受较大外力作用所致。其特点是发病急、病程短、临床症状和体征都较明显。若处理不当，可转变为陈旧性损伤。

急性损伤后若处理不当，血肿和渗出液不能完全吸收，可能使粘连或瘢迹形成过多，引起不同程度的功能障碍，轻者出现酸胀和无力等后遗症，重者出现关节僵直，使运动功能明显受限。因此，要根据病理变化特点及临床征象及时处理。

（1）早期（伤后24小时或48小时内） 此期病理变化的主要特点是组织撕裂和断裂，出现血肿和水肿，发生创伤性炎症。损伤局部表现为红、肿、热、痛和功能障碍。因此，该期的处理原则是止血、制动、镇痛、防肿和减轻炎症。处理方法是伤后立即冷敷、加压包扎并抬高伤肢，局部休息。24小时或48小时后，拆除固定包扎，根据伤情再做进一步处理。可内服镇静、止痛剂；局部红肿显著，可服跌打丸、七厘散、云南白药等。

（2）中期（伤后24小时或48小时后） 此期病理变化和修复过程的基本特点是肉芽组织形成，凝块正在被吸收，坏死组织逐渐被清除，损伤组织正在修复。损伤局部表现为急性炎症已逐渐消退，但仍有淤血、肿胀和功能障碍。因此，该期的处理原则是改善伤部血液和淋巴循环，提高组织的新陈代谢，加速淤血和渗出液的吸收以及坏死组织的清除，促进再生修复，防止或减少粘连形成。处理方法有理疗、按摩、针灸、药物痛点注射、外贴活血膏或外敷活血药，其中热疗、按摩在此期间治疗中极为重要。此外，随着伤情的好转，在不引起或加重疼痛的原则下，应尽早进行伤肢的功能锻炼，以促进伤口愈合和功能恢复。

（3）晚期 损伤组织已基本修复，但可能有粘连或瘢迹形成。损伤局部肿胀和压痛已消失，但功能尚未恢复，锻炼时仍感到微痛、酸胀或无力，个别严重者出现伤部僵硬或功能受限等。因此，该期的处理原则是恢复和增强肌肉力量、关节功能，若有粘连或瘢迹，应尽量设法分离或软化。处理方法以按摩、理疗和功能锻炼为主，并配合中药熏洗和保护支持带的应用等。

以上三期的辨证施治，适用于较严重的急性闭合性软组织损伤。若损伤程度较轻，病程较短修复也较快，可把中后期的治疗结合起来进行。

2. 慢性损伤

慢性损伤可由急性损伤因处理不当或运动过早转变而来，或因长期局部负荷过度，引起组织劳损，由微细损伤逐渐积累所致。

慢性损伤的处理原则是改善伤部的血液循环和新陈代谢，合理安排局部负担量。处理方法与急性损伤中、后期基本相同，其中以按摩和痛点注射类药物的治疗效果较好。

第三节　运动处方

一、运动处方的基本概念和特点

（一）运动处方的概念

运动处方的概念最早是美国生理学家卡波维奇在20世纪50年代提出的。20世纪60年代以来，随着康复医学的发展及对冠心病等疾病的康复训练的开展，运动处方开始受到重视。1969年世界卫生组织（WHO）开始使用“运动处方”术语，从而在国际上得到认可。

运动处方的完整概念：康复医师或体疗师对从事体育锻炼者或病人，根据医学检查资料（包括运动试验和体力测验），按其健康、体力以及心血管功能状况，用处方的形式规定运动种类、运动强度、运动时间及运动频率，提出运动中的注意事项。运动处方是指导人们有目的、有计划地进行科学锻炼的一种方法。

（二）运动处方的特点

（1）目的性强　运动处方有明确的远期目标和近期目标，运动处方的制订和实施都是围绕运动处方的目的进行的。

（2）计划性强　运动处方中运动的安排有较强的计划性，在实施运动处方的过程中容易坚持。

（3）科学性强　运动处方的制订和实施过程是严格按照康复体育、临床医学、运动学等学科的要求进行的，有较强的科学性。按运动处方进行锻炼能在较短的时间内取得较明显的健身和康复效果。

（4）针对性强　运动处方是根据每一个参加锻炼者的具体情况来进行制订和实施的，有很强的针对性，康复效果较好。

（5）普及面广　运动处方简明易懂，容易被大众所接受，收效快，是进行大众健身和康复的理想方法。

二、运动处方的种类

随着康复体育的不断发展及运动处方应用范围的扩大，运动处方的种类也不断增加。常见的分类有以下几种。

（一）按锻炼的对象和作用分

（1）治疗性运动处方　以治疗疾病、提高康复效果为主要目的。
（2）预防性运动处方　以增强体质、预防疾病、提高健康水平为主要目的。
（3）健身、健美运动处方　以提高身体素质、运动能力、健美为主要目的。

（二）按锻炼的器官系统分

（1）心血管系统康复的运动处方。
（2）运动系统康复的运动处方。
（3）神经系统康复的运动处方。
（4）呼吸系统康复的运动处方。

三、运动处方的组成

1. 健康检查

了解锻炼者的身体发育、伤病情况和健康状况，以确定是否是健身运动的适应者，有无禁忌症。

2. 运动负荷测定

检测和评定锻炼者对运动负荷的承受能力。以心肺功能为主，进行安静和运动状态下的生理功能检测，主要有心率、血压、肺活量等指标。

3. 体能测定

进行力量、耐力、速度和灵敏的身体素质检测，从中判定锻炼者的运动能力和生理机能的状况。

4. 制订运动处方

（1）运动目的　通过有目的的锻炼达到预期的效果。由于个人的情况千差万别，运动处方的目的有健身、娱乐、减肥、治疗等多种类型。

（2）运动项目　在运动处方中，为锻炼者提供最合适的运动项目关系到锻炼的有效性和持久性。选择运动项目，要考虑运动的目的是健身还是治疗；要考虑运动条件，如场地器材、余暇时间、气候等；要结合体育兴趣爱好等。

（3）运动强度　指运动时的剧烈程度，是衡量运动量的重要指标之一，可用每分钟的心率次数来表示大小。一般认为，学生心率：120 次/min 以下为小强度，120 ~ 150 次/min 为中强度，150 次/min 以上为大强度。测量运动强度的简单办法是：测量运动后 10 s 脉搏 ×6，就是每分钟的运动强度。

① 适宜运动强度范围，可用靶心率来控制。以本人最高心率 65% ~85% 的强度作为标准，公式如下：

$$靶心率 = (220 - 年龄) \times (65\% \sim 85\%)$$

如 20 岁的靶心率是 130 ~ 170 次/min。

② 最适宜运动心率。公式如下：

$$\text{最适宜运动心率}=\text{心率储备}\times 75\%+\text{安静心率}$$

例如，某大学生 20 岁，安静心率 70 次/min，他的最大心率为 220 − 20 = 200（次/min），心率储备为 200 − 70 = 130（次/min），最适宜运动心率为 130 × 75% + 70 = 167.5（次/min）。

（4）运动时间　指一次锻炼的持续时间。它与运动强度紧密相关，强度大，时间应稍短；强度小，时间应稍长。有氧锻炼一般在 30 min 左右就可以达到较好的效果。

（5）运动频度　每周的锻炼次数。

关于运动频度，日本的池上晴夫研究表明，1 周运动 1 次，肌肉酸痛和疲劳每次发生，运动后 1 ~ 3 天身体不适，效果不蓄积；1 周运动 2 次，酸痛和疲劳减轻，效果略有蓄积，但不明显；1 周运动 3 次，无酸痛和疲劳，效果蓄积明显；1 周运动 4 ~ 5 次，效果更加明显。可见，1 周运动 3 次以上，效果才明显。

（6）效果检查　由于个人情况千差万别，在实行运动处方的过程中，可能会有不合适的地方，应在实践中及时检查和修正，以保证锻炼的效果。

（7）运动处方的举例　详见表 3-1。

表 3-1　大学生减肥的运动处方

姓名：×××	性别：女	年龄：20
日期：2008 年 3 月 15 日	身高：155 cm	体重：60 kg
病史：无。		
运动负荷测定：台阶实验，安静脉搏 79 次/min，血压 75/115 mmHg，肺活量 2800 mL。		
体能测定：力量——仰卧起坐 25 个/min，耐力——800 m 跑 4′05″。		
体质评定：健康状况，良；体重过重，心肺功能稍差。		
运动目的：减肥和健身。		
运动项目：羽毛球、健身跑、健美操、篮球等。		
运动强度：由小逐渐加大，心率在靶心率范围，即 130 ~ 170 次/min。		
运动时间：12 周（减少体重 3 ~ 5 kg），每次 30 ~ 60 min。		
运动频度：4 ~ 5 次/周。		
注意事项：适当控制饮食，减少糖、油脂的摄入，可吃一定的蔬菜、水果，有病、发烧停止运动。		
自我监督：心率。		
处方者：××		年　月　日

http://www.chinasfa.net　中国大众体育网
http://www.fm120.com　南方健康网
http://www.familydoctor.com.cn　家庭医生在线

第四章　奥林匹克运动与运动竞赛

奥林匹克运动的宗旨是，通过没有任何歧视、具有奥林匹克精神——以友谊、团结和公平的精神相互了解——的体育活动来教育青年，从而为建立一个和平的更美好的世界做出贡献。

——《奥林匹克宪章》

第一节　奥林匹克运动文化

奥林匹克运动文化，包括奥林匹克运动的全部思想体系和活动内容，是奥林匹克运动在实践过程中创造的物质财富与精神财富的总和。物质财富即物质文化，主要指奥林匹克运动对人体技能的改造、发展以及所采用的各类场馆、器材等设施和由此产生的文化形态；精神财富即精神文化，主要指奥林匹克运动对人的内心世界、社会行为的影响以及与之相关的各项文化艺术活动。古代及现代奥林匹克运动都蕴藏着丰富的物质文化与精神文化。

一、奥林匹克运动文化概述

奥林匹克运动历经100多年的风风雨雨，已发展成为迄今为止人类历史上最盛大的社会文化现象。回顾奥林匹克运动产生与发展的历程，我们不能不追溯它的源头——古代奥林匹克运动会。它那追求和平、友谊和神圣休战以及坚持公平竞争的体育原则、组织比赛的竞技模式，对世界体育及现代奥林匹克的发展产生了深远影响。古希腊被称为欧洲文明的发源地，也是古代奥林匹克运动会的发祥地。古代奥运会的竞技场遗址——奥林匹亚，就是奥运圣火熊熊燃起的地方。

古希腊是一个城邦割据的国家，各城邦之间争夺吞并，战争不断。在长期的斗争中，人们厌倦了这种互相厮杀的局面，希望能有一个至高无上的君主来造就一个和平统一的希腊，并寄托于神的力量来实现这一愿望。于是产生了全希腊崇奉的万神之首——宙斯神。在祭奉宙斯神时，体育竞技成为祭奉宙斯神的活动之一。古代奥运会是古希腊人献给万神之首的祭礼赛会。他们认为只有同维持天地间秩序的神建立起和善的关系才有利于生存，只有在神面前展示人的力量、速度、协调、健美，神灵才能降福于人类，从而形成了祭礼竞技。

公元前776年，宗教和体育竞技合为一体，那时的人们组织了大规模的体育祭礼活动，并决定每隔四年在奥林匹亚举行一次活动。公元前776年举行的奥林匹克运动会被正式载入史册，到公元394年，历时1170年。由于奥林匹克运动会期间实行神圣休战，使奥林匹克运动会不间断地举行了293届，创造了人类文明史上的奇迹。古代奥林匹克运动会体现的公平竞争的原则，“永远争第一”、“在生活的一切领域追求最高成绩”的拼搏意识，竞技优胜者的超高技艺、高尚道德、健美体魄都对现代奥林匹克运动产生了积极的影响。

现代奥林匹克运动的产生是在一个广阔的时代背景下长期孕育的结果。14～18世纪，欧洲大陆出现了三次大的思想文化运动，为奥林匹克运动的兴起奠定了思想基础。资本主义工业化生产和资产阶级教育方式为奥林匹克运动的兴起提供了土壤。资产阶级教育家把体育作为培养人才的重要手段加以大力提倡，恢复了古希腊的体育制度，他们还进一步制定了锻炼身体的各种措施，使体育成为培养全面发展的人才不可缺少的教育活动。

法国教育家顾拜旦是公认的现代奥林匹克运动的创始人，他为现代奥林匹克运动的诞生和发展做出了卓越的贡献。在他的不懈努力下，1894年6月16日～24日，“国际体育运动代表大会”在巴黎索邦神学院举行。这次大会唤起了与会者对古代奥运会的神往，与会代表一致同意顾拜旦的主张，决定复兴奥林匹克运动会，并通过了复兴奥运会的决议。1896年4月6日～15日，第1届现代奥林匹克运动会如期在雅典举行。现代奥林匹克运动的影响力远远超出了体育范畴，在当代世界的政治、经济、哲学、文化、艺术和新闻媒介等诸方面，产生了一系列不容忽视的影响。现代奥林匹克运动不仅构成了现代社会所特有的体育文化景观，还以其特有的文化魅力愉悦人们的身心，更以其强烈的人文精神催人奋进，它已成为人类社会友谊、团结的象征，为维护世界和平和推进人类社会的进步做出了巨大贡献。

二、奥林匹克运动文化的特征

奥林匹克运动文化以欧洲文化为主要特征，这是因为奥林匹克运动发源于欧洲，而且最初的参加者主要来自欧洲和北美等国家。但是，现代奥林匹克运动会不是古代奥运会的简单翻版。作为一种文化，它是对古代奥运会的继承和发展，是带有古代奥运会传统色彩的具有现代思想内涵的国际体育盛会。总的来说，奥林匹克运动文化具有平等化、国际化、理性化和人文化的特征。

（一）平等化

古代奥运会由于受到古希腊体育文化及古希腊宗教文化的影响，种族主义、阶级性和性别歧视特别明显，对参加奥运会的选手做出了禁止外来居民、奴隶参加以及禁止妇女观看和参加比赛等规定。

随着时代的发展，社会的进步，现代奥林匹克运动会已经完成摆脱了这种局限。《奥林匹克宪章》的第二部分对参赛选手资格做出了明确的规定，即凡是承认和遵守《奥林匹克宪章》、《世界反兴奋剂条例》的运动员，无论种族、国家、阶级、性别如何，都可以参加奥运会。这充分体现了体育运动面前人人平等、重在参与的奥林匹克宗旨。它教导人们在生活中最重要的事情不是胜利，而是斗争；不是征服，而是拼搏。这项宗旨影响着人类社会活动的各个领域，并不断地推动着人类社会的发展与进步。

（二）国际化

古代奥运会的参赛选手是有限制的。最初规定参赛的人必须是具有希腊血统和自由人身份，并且没有犯罪记录的男性公民，而在地域上又主要以欧洲为主，这导致了体育文化交流的匮乏。但是随着体育活动的不断普及，奥林匹克运动逐渐深入人心，奥运会的规模不断扩大，从1896年第1届现代奥林匹克运动会召开时只有14个国家241名运动员参加的地域性体育活动，发展到2008年北京第29届奥运会204个国家和地区的16000名运动员参加的由28个大项、302个单项比赛（见表4-1）的国际性体育盛会。由此可见，奥林匹克运动已经成为世界的汇合点和各种不同文化联系的纽带。

表4-1　历届夏季奥运会概况

届数	举行时间（年）	举行地点	参加国家和地区数（个）	运动员数（人）	运动项目数（个）
1	1896	雅典（希腊）	14	241	43
2	1900	巴黎（法国）	24	1225	95
3	1904	圣路易（美国）	13	689	91
4	1908	伦敦（英国）	22	2035	110
5	1912	斯德哥尔摩（瑞典）	28	2547	102
6	1916	柏林（德国）	因第一次世界大战中断		
7	1920	安特卫普（比利时）	29	2669	154
8	1924	巴黎（法国）	44	3092	126
9	1928	阿姆斯特丹（荷兰）	46	3014	109
10	1932	洛杉矶（美国）	37	1408	117
11	1936	柏林（德国）	49	4066	129
12	1940	东京（日本）赫尔辛基（芬兰）	因第二次世界大战中断		
13	1944	伦敦（英国）	因第二次世界大战中断		
14	1948	伦敦（英国）	59	4099	136
15	1952	赫尔辛基（芬兰）	69	4925	149
16	1956	墨尔本（澳大利亚）	67	3184	145
17	1960	罗马（意大利）	83	5348	150
18	1964	东京（日本）	93	5140	163
19	1968	墨西哥城（墨西哥）	112	5530	172
20	1972	慕尼黑（联邦德国）	121	7123	195
21	1976	蒙特利尔（加拿大）	92	6028	198
22	1980	莫斯科（苏联）	80	5217	203
23	1984	洛杉矶（美国）	140	6797	221
24	1988	汉城（现首尔，韩国）	159	8465	237
25	1992	巴赛罗那（西班牙）	169	9367	257
26	1996	亚特兰大（美国）	197	10318	271
27	2000	悉尼（澳大利亚）	199	10651	300
28	2004	雅典（希腊）	201	11099	301
29	2008	北京（中国）	204	16000	302

（三）理性化

奥林匹克运动从古代奥运会创始初期就强调身心的和谐发展。认为竞技优胜者不仅应具有高超的技艺，而且应道德高尚、知识丰富、内心充实、体魄健美、举止优雅，体现了极强的理性化。但是，由于古代奥运会在发展初期，受到欧洲文化以及宗教文化等主导文化的制约，奥林匹克运动文化在物质层面上体现得较为突出，人们主要追求外在形体健美等表面化的东西。

随着社会的发展，人们对于奥林匹克运动文化的认识开始由感性深入到理性，即从“形体美”深入到“心灵美”，开始着重强调其精神层面，即要求锻炼者在身体健美、均衡和体态端正的基础上达到意志、品质、身心的完美结合，充分体现了奥林匹克运动文化的理性化特征。

（四）人文化

每一届奥运会的举行都能体现奥林匹克运动的文化主题。然而，每一次奥运文化主题的设计，并不能尽善尽美地实现奥林匹克运动的理想，有时甚至完全背离奥林匹克主义的宗旨。

在现代奥林匹克运动发展的过程中，20 世纪的奥林匹克运动以竞技体育运动为核心，主宰了体育运动发展的命运，营造了 20 世纪灿烂夺目的竞技运动文化，并积极地影响着人们的文化生活。但是，20 世纪的竞技体育运动却出现了两大危机：一是贿选丑闻引发了一场空前的奥林匹克危机；二是兴奋剂败坏了奥林匹克的形象，从而引起了人们对奥林匹克运动会的质疑。

“现代奥运之父”顾拜旦曾明确指出，奥林匹克精神首先是文化概念。当今，在市场经济的环境下，体育要讲经济功能，但是绝不能忘记奥林匹克是一种文化。因此，北京 2008 年奥运会文化主题设计为“人文奥运”，体现了当今社会人们追求科学与人文精神的统一，这也为奥运未来文化的整合展示了一个全新的走向。

三、奥林匹克运动文化的价值

不同地域、不同民族及不同时代的文化形态是不尽相同的，而文化形态又约束和规范着不同地域、不同民族及不同时代人们的思想和行为习惯。奥林匹克运动作为一种独立的社会文化形态也表现出其特有的价值，在人类社会的发展过程中，影响着人类在物质层面和精神层面的价值取向。

奥林匹克运动文化主题的设计，从一开始就是人类在生存与发展的过程中所向往的文化价值的体现。奥林匹克格言、奥林匹克主义、奥林匹克精神等，对其文化价值做出了十分精辟的阐述。总的来说，奥林匹克运动文化的价值可以概括为以下几个方面。

（一）激发精英精神与拼搏意识

在古希腊奥运会时期，古希腊的竞技运动受到社会各界的广泛支持和尊重，古罗马竞技场是该时代最好的象征。竞技场上的优胜者不仅会得到橄榄枝冠、棕榈枝花环、月桂冠和塑像等奖励，人们还会为他们举行盛大的庆典，更重要的是他们会像英雄一样受到故乡人民的崇拜并成为人们的榜样。究其原因在于奥林匹克运动教育人们要努力成为一个真人、完人，一个有智慧和不断超越自我的人。

但是，不可否认，古奥运的精英精神具有一定的阶级局限性。其原因大致为：古希腊的教育思想中蕴藏着精英精神，而且“现代奥运之父”顾拜旦以及早期的奥委会委员们都出身于贵族家庭，属于社会的上层，他们有着强烈的阶级优越感，这种意识潜移默化地规范着他们的思想与行为。

虽然精英精神作为时代的产物，给人一种无法与现代社会文化相结合的感觉，但随着现代体育文化的发展，它必然会走上大众化、普及化、平民化的发展道路。

同时，古希腊人在当时社会背景的影响下，具有十分强烈的拼搏精神。无论是在竞技场上，还是在现实生活中，他们崇尚“永远争取第一，永远争取超过别人”。奥运会的文化设计者早就意识到了这一点，运用它去激发人们的拼搏意识。“更快、更高、更强”的奥林匹克格言以及奥林匹克主义则集中体现了这种精神，不断地鼓励和鞭策着人们努力战胜对手、超越自我、永不满足、不断拼搏，向着更高的目标迈进。这种勇于克服各种艰难险阻、付出辛勤汗水争取胜利的精神对所有人都是一种启迪。

（二）促进世界和平

从古至今，促进世界和平一直是人们所共同推崇的文化主题。1618—1945 年，分裂是当时欧洲历史的主要潮流。旷日持久的冲突和战争驱使国家机器始终高负荷地运转，人们渴望和平，时代呼唤和平。

同时，19 世纪末，欧洲文化的发展使人从神本主义中走出来，人道主义逐渐深入人心。古奥运的“休战精神”，也在顾拜旦先生的诠释下升华为“和平、团结、友谊、民主”的文化精神。顾拜旦在《体育颂》中所倡导的“体育就是和平”的奥林匹克理想，正是欧洲想走向联合、实现休战的和平思想的一种反映，是人道主义价值观、人生观和世界观的一种反映。

当今社会，生产力高速发展，科学技术突飞猛进，和平已成为世界发展的主要潮流，但专制政治的堡垒仍旧存在，世界和平依然是人们尚未实现的梦想。“体育以世界和平为终极目标”的历史任务并没有完成。

因此，体育将继续为促进和维护人们的尊严和社会的和平服务。通过开展没有任何形式歧视的并按照互相了解、友谊、团结和公平竞争的奥林匹克精神举办的体育活动来教育青少年，从而规范和指导人们为建立一个和平而美好的世界做出贡献。

（三）为世界文化的交融搭台

随着社会的进步，原先地域、血缘关系十分明确的民族体育文化逐渐趋于模糊、淡化，特别是在文化全球化的浪潮中，奥林匹克运动既是展现民族体育文化的舞台，同时也有力地促进了体育文化的交流，呈现出体育文化东进和西移的新局面。

研究表明，传统的体育文化有其深厚的民族性和历史性。因此，民族传统体育文化具有一定的独特性。然而，世界体育文化的根基在于传统的民族体育文化。所以未来体育文化既不是西方文化主宰世界，也不是以东方文化为主导。但可以预言，随着东方文化的崛起和奥林匹克文化的拓展，东方文化必然会受到更多的关注。

总之，现代奥运会不是古代奥运会的简单翻版，现代奥林匹克运动文化是一种全新的理念，必将为人类的发展和进步做出更大的贡献。

第二节　运动竞赛的意义与欣赏

一、运动竞赛概述

（一）运动竞赛的定义

运动竞赛是指以争取优胜为直接目的，以运动项目（或某些身体活动）为内容，根据规则要求而进行的个人或集体在体力、技艺、智力和心理品质等方面的相互较量。运动竞赛以激烈的竞争性、超人的体力与技艺性、高尚的娱乐性越来越受到社会各界人士的欢迎和支持。

运动竞赛是竞技体育的重要组成部分。在竞赛过程中，运动员为创造优异的运动成绩，必须经过长期艰苦、系统的科学训练，因此，运动训练是发展个人身心素质、提高肌体能力和运动技术水平的主要途径。运动竞赛是运动训练的重要手段，人们经过训练后能提高竞技能力，并在运动竞赛中创造优异的运动成绩，这样才能体现运动竞赛的价值和竞技体育的社会功能。

（二）运动竞赛的意义

运动竞赛的意义是由其本身所具备的价值所决定的。运动竞赛是竞技体育的重要组成部分，在现代体育中占有重要地位，从而决定了运动竞赛具有重大意义。除此之外，运动竞赛还具有以下几点实践意义。

1. 科学地控制竞赛

通过对影响运动竞赛成绩的众多因素的相关分析，为教练员、运动员及体育工作者客观认识运动竞赛规律、科学合理地控制竞赛过程提供理论依据。

2. 指导运动训练

通过对运动竞赛与运动训练相互关系的研究，为运动训练更具针对性、更符合实践需要提供理论依据。

3. 指导运动竞赛的组织、管理和编排

全面阐述竞赛组织、管理和编排的一般理论与具体方法，从而为这方面的实践提供理论依据。

（三）运动竞赛的争议

在体育科学的研究中，对运动竞赛的概念存在着不同的学术观点，这些争论涉及运动竞赛的本质问题。

一种观点认为，运动竞赛就是“竞争”以及由“竞争”而产生的社会、政治和商业

价值。“竞争性”就是体育运动的目的和本质，或者说，运动竞赛就是运动或体育运动的本质。

另一种观点则认为，运动竞赛是运动活动的基本形式和重要手段，它既不是体育运动的目的，也不是其本质。运动的目的和本质在于发展运动者的身心、提高运动技术水平和促进体育事业的发展，运动竞赛只是为了达到体育运动目的的手段之一。

在这里，我们提到“运动”和“体育”两个概念，二者均属于体育运动范畴，前者指社会上的专门性运动，后者指学校的体育运动。其实，这种区分也是相对的，学校也要进行运动竞赛或参加社会上的运动竞赛，社会上的专业运动竞赛也有强身健体和教育作用。所以，运动的竞争性和体育对身心的健康作用只能被认为是体育运动的双重属性，只是各有侧重而已。

（四）运动竞赛在体育中的地位和作用

运动竞赛作为体育运动的一个重要组成部分，其地位与作用主要表现在以下几个方面。

1. 体育运动的核心和杠杆

竞赛是体育运动的重要组成部分，体育运动最明显的特点是具有公开、平等的竞争性。在特定的时空环境中，竞赛是体育运动中最主要的活动形式，以竞赛为核心推动整个体育事业的发展。通过竞赛，可以检验运动技术水平、选拔人才、鼓励先进、激励后进，从而吸引更多的人参加体育活动。同时，竞赛作为体育运动的手段，对体育运动有所谓的“杠杆”调节作用，将有限的人力、物力和财力投向不同的局部以带动整体。在我国当前实施的“以奥运会为最高层次竞技战略和以青少年为重点的全民健身战略”，就是从一个侧面强调了竞赛对体育运动的核心和杠杆作用。

2. 实现体育价值的主要途径

体育运动除了具有强身健体这一基本价值之外，还具有很多其他价值，而这些价值仅仅依靠身体活动（作为体育运动最基本的手段）是不可能实现的，它必须通过运动竞赛加以实现。随着社会的发展，人类对体育运动的认识也越来越全面和深刻，体育运动本身的内涵更加丰富，其作用不断扩大。体育运动除了具有强身健体这一基本价值外，还具有政治、经济、军事、教育、艺术等多方面的价值，而这些价值主要是通过运动竞赛得以实现的。从某种意义上来说，运动竞赛的价值几乎就是体育运动的全部价值。

3. 体育方法的重要组成部分

运动竞赛作为体育运动的一种基本手段，同时也具备体育方法学上的意义。例如，在运动训练过程中，经常采用的“比赛训练法”，即把竞赛作为一种训练方法来看待。在学校体育中，广泛采用的“教学比赛和游戏法”是体育教师通常使用的最有效的教学方法之一。同时，竞赛中使用的淘汰法、循环法等，也是保证体育运动目的和任务得以实现的重要途径。对这些方法的研究和使用，将直接影响运动竞赛活动的进行，进而影响运动竞赛价值的实现。

4. 衔接运动训练的唯一通道

运动训练和运动竞赛是竞技体育的两个重要组成部分，运动训练与运动竞赛之间既相互区别又紧密联系。运动训练的直接目的是提高运动员的竞技能力，又是提高运动技术水平、获得优异运动成绩的重要手段，而运动员的竞技能力、运动技术水平和成绩必须通过运动竞赛这一唯一通道才能公平、公正地展现出来。

（五）运动竞赛的形式

运动竞赛是人类社会的一种重要的实践活动，它有明确的目的与任务、完善的竞赛规则、严密的组织管理办法，可以保证竞赛活动的顺利进行。

运动竞赛的内容十分丰富，项目成百上千，除竞技运动所包括的田径、球类、体操、游泳、射击、滑冰、划船各类运动的几百个竞赛项目外，还有很多表演性项目。运动竞赛的形式也多种多样，现阶段比较常用的形式主要有综合性运动会、单项比赛、对抗赛、友谊赛、邀请赛、通讯赛、表演赛、选拔赛、测验赛或达标赛、等级赛或联赛。

二、运动竞赛的欣赏

（一）体育运动中的各种美

追求真、善、美是人之天性。体育运动含有丰富多彩的真、善、美的内容，人们热衷投入体育活动、体育欣赏，就是因为能从中体验真、善、美，在体验中得到满足，并受到熏陶。从体育运动体系中的各种活动内容中，能发现许多视觉性的、感性的美。为了更好地欣赏体育运动中的美，首先需要明确理解体育美的意义及分类。

1. 体育美的意义

在研究体育美的意义时，可以从生活中的美的意义的内容，即人们在生活中如何感知美、如何捕捉美，去提炼体育美的内容。运动的要素包括空间要素、时间要素、技巧要素、统一要素和质量要素。不论是哪种要素，为了成为美的运动技术，都要求伴随坚持不懈、努力顽强的练习。体育中的运动技术练习，其直接目标在于掌握运动技术，但本质目标却在于提高健康水平、器官机能、表现能力、精神能力，相应地使运动技术发展到美的程度。高水平的高台跳水，像凌空矫燕；举重运动表现出力憾群山的气魄；击剑表演快捷在电光火石的一瞬之间。凡此种种，展现其美的根本，在于表演者对运动技术掌握的到位、娴熟以及对动作美的内涵把握和准确、高超的表现能力。对于观众，体验、感知这种美，同样也应有相应的欣赏能力。

2. 体育运动中美的内容

参加体育运动的目的，在于培养运动技能和增进身体健康。为了使这两个目的得以实现，必须注意加强技术与增进健康之间的联系。在这样的运动技术学习中，学习者对运动美的感受，可以变成对学习的热情。体育运动的美包括技巧美、活动美和表现美。

（二）欣赏体育竞赛的心理特点和美的感受

我们了解了体育运动中美的意义和内容后，为更好地欣赏体育竞赛打下了基础。现在我们探讨如何欣赏体育竞赛，即观众在欣赏体育竞赛时的心理特点，从而领略体育竞赛中美的感受。这首先必须了解运动员在竞赛中的一般心理特点。

1. 运动员在运动竞赛过程中的一般心理特点

运动竞赛过程是运动员之间所进行的体能、技术和智力的较量，也是心理因素和运动员克服肌体内外障碍的较量。众所周知，运动员在运动竞赛中，体能潜力发挥的程度、技术动作把握的水平以及智慧的灵感，受诸多心理因素的影响。在运动竞赛中，运动员所有的心理过程都进行得异常激烈、迅速、深刻，远远超过了人们在日常生活、生产劳动或教学训练条件下的程度。

2. 竞赛过程中运动员的情绪表现

在运动竞赛中，由于成功与失败条件的经常转换，对抗情况的复杂性、多样性和剧烈性，造成运动员经常会出现多种多样的情绪状态与各种各样的情感表现。情绪的作用甚为重要，因为人的情绪能影响生理过程的变化。运动员的情绪变化，既有积极的增力作用，也有消极的减力作用，对运动竞赛的成功与失败会产生巨大的影响。

3. 欣赏体育运动竞赛的心理特点

欣赏体育运动竞赛，主要是欣赏体育竞赛过程中运动员创造性的表现，而这些表现对观众心理的形成和发展会产生重大影响。因此，我们可以说体育运动竞赛的欣赏，既是被动的也是主动的。被动，在于欣赏者的欣赏心理过程总是依据运动竞赛和运动员的创造性的发挥而展开，好比沿着墙壁攀援上升的常青藤；主动，则在于欣赏者在欣赏中总是主动排除内部与外部的干扰，专心致志地追随竞赛的进行，去感受、预测、期待，好比技术高超的冲浪运动员，虽然总体说他是被动于大海的，但他最辉煌的成绩却在于主动地利用汹涌而来的浪峰，抓住最佳时机，运用高超的技艺突破重围。因此，无论如何，欣赏都是一个动态展开的过程，其心理过程和个性心理特征都处于复杂的、不断变化的状态。

4. 美的感受

对体育竞赛美的感受主要是理性感受，即理性地理解运动美的本质内容及组成运动美的方法。

（1）运动美的本质内容　包括运动方面时间性美的内容与空间性美的内容。运动的流动感、力量感、生命感等是时间性的美；运动的和谐与统一性是空间性的美。

（2）组成运动美的方法　包括坚毅的忍耐力练习及为了追求美而开动脑筋与努力拼搏等内容。例如，在一种迫不得已的跳跃运动中，使人看到了跳跃美的世界；从反复努力与研究训练中，体现出技巧美；从一瞬间的运动技巧中，体现出经过锻炼的活动美；从精练的运动技巧中，体现的姿势美等。

（三）如何欣赏体育竞赛

欣赏，是基于欣赏经验的。欣赏者通过欣赏经验去发现、理解、判断欣赏对象的价值，并在欣赏中能动地创造、提炼、升华其价值。与此同时，欣赏经验也随之进一步丰富与发展。欣赏经验，分为欣赏的感性经验和欣赏的理性经验。欣赏的感性经验靠人的视觉、听觉等感官获得信息，经过直接的判断、归纳，形成一定的理解，从而获得粗浅、尚不系统的欣赏经验。欣赏的感性经验积累到一定程度后，就会向理性经验转化。欣赏者对欣赏对象的认识、理解向深层次的方向及系统化发展，逐步形成理性经验，并反过来指导感性经验的加强。欣赏者在欣赏的同时，两种经验相互作用，加深对欣赏对象的价值的认识，获得欣赏的愉悦并受到陶冶。欣赏体育竞赛也沿着上述途径进行。

第三节 高校体育运动会的组织

一、学校举办田径运动会的意义和要求

竞赛是体育运动的特点之一。在学校中，通过举办田径运动会，能够推动田径运动的开展，吸引广大学生积极参加到利用田径运动进行健身活动中来；能够检阅学生参加田径运动锻炼和训练的效果，促进田径运动的普及和提高；能够丰富学校的课余活动内容，培养学生的参与意识、竞争意识，促进学生身心的全面发展，使学校教育工作更加朝气蓬勃。通过举办田径项目为主要竞赛内容的运动会，还能起到发现有培养前途的运动员的作用，同时也为参加校际间的田径运动会做准备。

二、学校田径运动会的筹备组织工作

学校筹备举办田径运动会，应该在主管体育工作的校长的领导下，成立领导小组，负责运动会的筹备工作。领导小组可以由校长办公室、教务处、体育组等单位的负责人组成，负责讨论决定运动会的组织方案、竞赛规程、组织机构等，开展运动会的筹备工作。

（一）组织方案

组织方案有运动会筹备领导小组根据实际情况制定，它是筹备召开运动会工作的依据。组织方案通常包括以下内容。

1. 运动会的名称、目的和任务

根据学校体育教学的目的、任务和其他特殊要求来确定。

2. 运动会的规模

主要包括参加单位、参加人数（运动员、裁判员、工作人员）、竞赛组别和竞赛项目等内容。

3. 运动会的组织机构

根据工作的需要确定运动会的组织机构，包括机构构成部门、各工作部门负责人、各

工作部门的工作人员名额等内容。

4. 运动会的日期和地点

学校运动会以放在一个学期的中间举行为宜。

5. 运动会的经费预算

根据实际需要确定运动会的经费预算，一般包括会场布置、场地修建、比赛器材、裁判用具、宣传、奖品、印刷、文具、医药等费用。

6. 工作步骤

主要说明运动会的筹备工作分哪几个阶段进行，各个阶段主要工作安排等。

（二）竞赛规程

竞赛规程是开展精神工作的依据，基层田径运动会的竞赛规程通常包括以下内容。

1. 运动会的名称、目地、任务和主办单位

2. 比赛日期和地点

3. 参加单位和组别

是以班级为参加单位，还是以年级为参加单位。

4. 比赛项目

比赛项目要根据运动会的性质、规模、参加组别、运动员水平拟定，对有关项目比赛器材的规格应具体写明。基层单位（学校）举办田径运动会，在比赛项目设置上一定要具有群众性和广泛性。

5. 参加比赛办法

包括每单位可参加多少人（男、女），每人可报几项，每项限报几人，集体比赛项目（包括接力跑项目）的参加办法以及参加者的资格规定等。

6. 报名办法

包括报名表的填写方法、报名截止日期、报名条件及身体检查规定等。

7. 积分及奖励办法

说明各项录取名额，个人和集体、全能和破纪录以及团体总分的计算和奖励办法。一般运动会可录取前6名，按7、5、4、3、2、1积分，集体项目和全能项目得分可加倍。

8. 比赛规则

说明采用中国田径协会审定的某年的田径竞赛规则和根据实际情况自己制定的补充规

则等。

9. 其他事项

包括号码布的要求、召开领队会议的时间以及其他未尽事宜。

学校举办田径运动会的竞赛规程，要根据学校的实际情况而定，并于运动会前2~3个月公布。

（三）组织结构

田径运动会的组织与进行，是一项复杂而细致的工作，为统一管理，便于工作，必须建立组织机构。机构的构成和规模根据实际需要而定。学校筹备和举办运动会，通常在领导小组领导下，设立以下三个组开展工作。

1. 宣传组

负责宣传教育、会场布置、开幕式和闭幕式的组织以及奖状、奖品的发放等工作。

2. 竞赛组

负责编印秩序册、培训裁判员以及竞赛裁判等工作。

3. 后勤组

负责场地与器材准备、奖品的购置、赛会饮水供给和医务人员配备工作。

为了保证运动会按计划有条不紊地进行，各组要在领导小组的统一领导下，协调配合，积极完成学校田径运动会的各项筹备工作。

三、田径运动会秩序册的编排

田径运动会秩序册的编排，是成功举办运动会的关键。科学合理的比赛秩序，有利于参赛学生的公平竞争；有利于参赛学生运动能力的发挥，有利于参赛学生积极休息和保证身心健康；有利于场地器材的布置及大会裁判工作有条不紊地进行。因此，竞赛相应安排具有一定编排工作经验和工作细致的相关人员，组成编排和记录公告组进行秩序册的编排工作。编排和记录公告组由主裁判1~2人、裁判员若干人组成。编排和记录公告组在竞赛前编排秩序册；在竞赛中及时登记、公布比赛成绩，编排复赛和决赛的名单、秩序；在竞赛结束后，负责统计和整理比赛成绩、记录，做好记录工作。

为了编好秩序册，编排和记录公告组在编排前必须认真学习竞赛规程和比赛规则，了解运动会的期限和每一个单元（上、下午）可安排的比赛时间、比赛组别和项目、参加办法、记分和奖励办法、场地器材条件以及裁判员人数和水平等情况，然后进行编排。编排的步骤与方法如下。

（一）审查报名表

按照竞赛规程规定的参加办法，对各单位的报名表（见表4-2）进行审查，如发现报名人数和项目超出限额，应立即与有关单位联系，及时解决。

表 4-2　田径运动会报名单

领队：　　　　教练：

单位：　　　　组别：　　　　性别：

号码	姓名	项目									备注
		100 m	400 m	……	4×100 m	……	跳高	……	铅球	……	
每项参加人数											

注：1. 号码由大会统一填写。

2. 按竞赛规程规定，在运动员报名参加的比赛项目格中画“√”。

（二）编排运动员姓名、号码对照表

运动员号码由 4 位数组成，第一位数代表学校，第二位数代表学院，第三、四位数是运动员的序号。运动员姓名、号码对照表的格式见表 4-3。

表 4-3　代表队名单

信息学院代表队
领 队：
教 练：
运动员：
男子：1101×××1102×××……
女子：1101×××1102×××……

（三）统计各项目参加比赛人数

统计参加各项目比赛人数和集体项目的队数，为分组和编排工作做好准备，然后填写“各项参加比赛人数统计表”（见表 4-4）。

表 4-4　各项比赛参加人数统计表

组别：　　　　性别：

单位	径赛							田赛							全能
共计人数															

（四）编排各竞赛项目分组

1. 径赛项目

1）分道跑和部分分道跑的分组

在短距离跑、4×100 m 接力跑、跨栏跑等分道跑项目和800 m 跑、4×400 m 接力跑等部分分道跑项目中，如果参加比赛的人数和队数超过跑道的分道数时，必须进行分组，经过预赛、复赛后再进行决赛（或经过预赛后再决赛）。分组应注意以下几点。

（1）根据已统计好的参赛人数（队数）、跑道的分道数以及比赛时间是否充裕等情况，拟定“竞赛分组计划表”（见表4-5）。然后根据此表进行分组。

表4-5　径赛分组计划表

组别：　　　　　　　性别：

	项目	跑道分道数	预赛					复赛					决赛				
			组数	每组人数	每组时间	共计时间	录取人数	组数	每组人数	每组时间	共计时间	录取人数	组数	每组人数	每组时间	共计时间	录取人数
100 m																	
400 m																	
……																	
……																	
4×400 m																	
……																	

（2）分组时尽量保证每组的人数大致相等。同一单位的运动员尽量避免分在同一组内。

（3）如按名次录取下一赛次（竞赛项目的预赛、决赛、复赛、决赛）的参赛运动员，分组时应将成绩较好的运动员分别编在各组之内；如按成绩录取下一赛次参赛运动员，分组时应将成绩较好的运动员编在一组。

（4）如果没有报名成绩，一般按各单位报名表的先后顺序排列，然后用“斜线通过法”分组（见表4-6、表4-7）。

表4-6　斜线通过分组法（1）

组别：　　　　　性别：　　　　　项目：

分组	各单位号码				
	信息学院	政法学院	体育学院	工学院	农学院
一	1101	1201	1301	1401	1501
二	1102	1202	1302	1402	1502
三	1103	1203	1303	1403	1503

表 4-7　斜线通过分组法（2）

组别：　　　　性别：　　　　项目：

分组	运动员号码				
一	1101	1202	1303	1401	1502
二	1102	1203	1301	1402	1503
三	1103	1201	1302	1403	1501

（5）如有全能项目比赛，其径赛项目分组时，最好为 5 人或 5 人以上，一般不少于 3 人。全能最后一个径赛项目的分组，应将前面比赛各项累积分较多的运动员编在一组。

2）不分道跑项目的分组

不分道跑的中长跑项目一般不分组。若人数过多必须分组时，应注意把成绩好的运动员集中在一组。关于不分道跑项目各单位运动员的起跑位置，由大会抽签排定（每个单位的运动员在起跑时排成一路纵队），然后编入秩序册。

2. 田赛项目

田赛项目比赛一般不分组，运动员应按大会抽签排定的顺序参加比赛。人数过多时可在正式比赛前举行及格赛。基层举办的运动会如不举行及格赛正式比赛也可分组，但要在条件基本相同的场地上比赛。远度项目先进行前三次试跳或试掷，然后选出成绩好的 8 人再进行后三次试跳或试掷。高度项目分组比赛时，每次升高的高度应相等，在同一高度淘汰相当人数后，再合并比赛。

径赛项目和田赛项目分组结束后，应将径赛分组表抄写清楚，以便编入秩序册。同时，填写“径赛检录表”（起、终点用表）（见表 4-8）、“田赛高度项目成绩记录表”（见表 4-9）、“田赛远度项目成绩记录表”（见表 4-10），于赛前分别交径赛裁判长和田赛裁判长，以便比赛时使用。

表 4-8　径赛检录表（起、终点用表）

组别：　　　　性别：　　　　项目：　　　　赛次：　　　　第　　组

道次	一	二	三	四	五	六	七	八
号码								
姓名								
单位								
成绩								
名次								
备注								

径赛裁判长：　　　　终点裁判长：　　　　计时主裁判：　　　　记录员：　　　　检录员：

表 4-9 田赛高度项目成绩记录表

项目： 组别： 性别：

顺序	号码	姓名	单 位	高 度							成绩	名次	备注
1													
2													
15													
16													

田赛裁判长： 田赛主裁判： 记录员：

表 4-10 田赛远度项目成绩记录表

项目： 组别： 性别：

顺序	号码	姓名	单 位	前三次成绩			前三次最优成绩	后三次成绩			后三次最优成绩	名次	备注
				一	二	三		一	二	三			
1													
2													
……													
15													
16													

田赛裁判长： 田赛主裁判： 记录员：

（五）编排竞赛日程

竞赛日程是运动会一切项目此赛时间的依据，它直接影响整个比赛的展开、运动员水平的发挥和赛场的气氛。

1. 编排径赛日程应注意的事项

（1）要正确估算各项比赛所需的时间，看其是否与运动会比赛时间相符（运动会比赛时间不包括开幕式、闭幕式等时间）。如不相符，应从减少分组、减少赛次、增加场地、适当延长单元比赛时间等方面考虑解决。要分别估算径赛和田赛项目的比赛时间。可参考表 4-11，估算田径各项目比赛时间。

表 4-11 田径各项比赛所需时间估算表

项 目	每组需要时间（min）	项 目	每组需要时间（min）
100 m、200 m、400 m	3 ~ 5	跳 高	(4 ~ 6) × 总人数
800 m	6 ~ 8	跳 远	(2 ~ 3) × (总人数 + 8)
1500 m	8 ~ 10	三级跳远	(2 ~ 3) × (总人数 + 8)
3000 m	15 ~ 20	撑杆跳高	(10 ~ 12) × 总人数

续表

项　目	每组需要时间（min）	项 目	每组需要时间（min）
5000 m	20～25	推 铅 球	(2～3)×(总人数+8)
10000 m	40～50	掷 标 枪	(3～4)×(总人数+8)
跨栏	5～6（不包括摆栏、撤栏）	掷 铁 饼	(3～4)×(总人数+8)
接力跑	8～10		
5000 m 竞走	35～40		
10000 m 竞走	60～70		

（2）径赛每一赛次的最后一组赛完至下一赛次的第一组或决赛前，应按下列最低标准确定运动员的休息时间。

① 200 m 及 200 m 以下各项为 45 min。

② 200 m 以上至 1000 m 各项为 90 min。

③ 1000 m 以上的项目不在同一天进行

④ 全能项目各单项比赛的间隔至少 30 min。

（3）按兼项的一般规律，把性质相近的项目分开编排，以减少兼项冲突，如 100 m 和 200 m、100 m 和跳远、200 m 和 400 m、400 m 和 400 m 栏、400 m 和 800 m、100 m 和 4×100 m 接力、800 m 和 1500 m、400 m 和 4×400 m 接力、1500 m 和 3000 m、跳远和三级跳远、5000 m 和 10000 m、铅球和铁饼。

（4）性质相近的项目，编排时应注意其比赛的先后顺序。例如，先 5000 m，后 1000 m；先跳远，后三级跳远；先推铅球，后掷铁饼等。

（5）在径赛项目中，不同组别和性别的统一项目比赛，要按照项目衔接规律进行编排。这样有利于裁判工作和场地器材的布置。在田赛项目中，不同组别的统一项目，不要安排在同一时间进行。

（6）不得安排两个长投项目同时进行，以避免由于相对投掷发生伤害事故。

（7）跨栏跑项目比赛，一般编排在每一个单元的第一项进行，也可编排在长距离跑比赛的后面进行。

（8）200 m 以下（包括 100 m 栏）的径赛项目，最好安排在同一天结束比赛。

（9）决赛和比较精彩的项目尽量分开排列，以保证比赛场上始终保持热烈的气氛。接力跑是引人入胜的精彩项目，应安排在每一个单元的最后。

（10）为便于编排和记录公告组统计总分，运动会最后一项可编排长距离跑，也可以在最后一项结束前编排不计团体总分的表演项目。

（11）每单元的比赛，应尽可能使田赛和径赛同时结束。

2. 编排径赛日程的步骤和方法

编排径赛日程的步骤和方法，实质上就是编排径赛日程的操作程序和技巧。编排时要妥善处理各种主要矛盾和冲突，努力为全体运动员创造最佳的、公平的竞争环境，保证比赛在紧张、热烈、有序的气氛中进行。

（1）抄写“径赛项目牌”：依据各项比赛分组表，把全部比赛项目的组别、性别、项目、赛次、人数、组数、比赛所需时间等逐项抄写，一个项目有几个赛次，就要写几张。全能每个单项抄写一张。项目牌必须核对准确，不能遗漏。其样式如下。

男子组	100 m	预赛	30 人	4 组	20 min

女子组	跳远	决赛	12 人	1 组	40 min

男子组	100 m	复赛	16 人	2 组	10 min

（2）项目牌检查核对无误后，应准备好一块标明日期、比赛单元（上午、下午）、径赛、田赛的台面（见表4-12），然后开始编排。

表 4-12　编排径赛日程的台面

比赛单元	第一天		第二天	
	田赛	径赛	田赛	径赛
第一单元（上午）				
第二单元（下午）				

（3）编排时，全能项目应按照田径径赛规则规定的比赛顺序先行安排，然后安排径赛项目（即将“径赛项目牌”分别放到各日期、单元中去）。在编排径赛项目时，如发现两个赛次之间的时间太短或违背了兼项一般排列规律以及比赛总时间与单元时间不符等问题时，应重新进行调整。

（4）在编排田赛项目时，仍应注意兼项的一般规律和性质相近项目的先后顺序。

（5）全部项目牌排定后，应进行细致的检查，征求有关人员意见后呈送总裁判审查。如有问题，要细心地进行研究后再调整，并按下列格式抄写清楚，以便编入秩序册。

径 赛 日 程

月　　日　　上午

径　　赛

顺序	时间	组别	项目	人数	组数	赛别	录取人数
1	8:00	男子组	100	26 人	4	预	8 人
……	……	……	……	……	……	……	……

田　　赛

顺序	时间	组别	项目	人数	组数	赛别	录取人数
1	8:00	男子组	铅球	24 人	1	预决	8 人
……	……	……	……	……	……	……	……

（六）编印秩序册

为了使田径运动会竞赛和各方面的工作协调配合、顺利进行，并方便全体与会人员行动，需要印发秩序册。田径运动会的秩序册一般包括下列内容：开幕式、闭幕式程序；大会主席团、筹备委员会（领导小组）、工作人员、仲裁委员会、裁判员名单；竞赛规程和各项须知；竞赛日程；竞赛分组表；各代表队名单；各代表队运动员、工作人员人数统计；田径运动会最高纪录表；竞赛场地平面图等。

学校田径运动会的秩序册，应按照上述内容，并本着从简和实用的原则编印。如果条件限制，可以只把竞赛日程、各代表队名单等编印成册。

三、田径运动会的其他工作

为了保证运动会的顺利进行，在运动会组织筹备和进行期间，除了制定好竞赛规程、组织好报名、编排好秩序册和做好竞赛裁判工作以外，各组应根据职责与分工，责成专人，在运动会召开前、进行中和结束后，做好下列工作。

（一）运动会召开前的工作

1. 召开领队、教练员会议

发放秩序册和号码布（如自备号码布，须进行检查），提出运动会各项要求，说明竞赛规程以外的有关规定，提出入场式要求，分配好各单元的坐席等。

2. 组织裁判员学习

组建裁判队伍，组织裁判员学习，进行裁判分工，准备好裁判用的各项表格及其他用品，做好竞赛裁判的一切准备工作。

3. 准备场地、器材

准备好比赛用的场地、器材，画好径赛跑道和田赛场地。

4. 布置好会场

布置好主席台并安装扩音设备，安排好检录处、准备活动场地、编排和记录公告组工作处、成绩公告栏、裁判员休息室、医务站、饮水处等。

（二）运动会进行中的工作

（1）组织好入场式和开幕式。

（2）根据比赛要求，做好场地的布置和器材的供应及回收工作。

（3）编排和记录公告组要登记比赛成绩，及时公布径赛项目第一赛次之后的后继比赛的运动员分组名单，及时公布各项决赛成绩。每天比赛结束后整理好有关资料，保证闭幕式前统计好团体总分名次和破纪录情况。

在基层田径运动会中，径赛分道跑项目第一赛次后，后继赛次的分组可根据下一赛次运动员的比赛成绩，按蛇形分布的排列顺序，将运动员编入各组。例如，录取了 16 名运动员参加下一赛次，可分成 2 个组。分组方法见表 4-14。

表 4-14　分组表

组别	组员名次							
A 组	1	4	5	8	9	12	13	16
B 组	2	3	6	7	10	11	14	15

注：A、B 两组的比赛顺序由编排和记录公告组抽签决定。

（4）做好比赛成绩公告、发奖和大会宣传教育、鼓动工作。

（5）加强安全措施，维持好赛场内、外秩序，做好服务工作。

（6）根据比赛进程，在必要时调整好比赛秩序。

（7）组织好闭幕式。

（三）运动会结束后的工作

运动会结束后，要整理好运动成绩和比赛记录等资料，有条件和必要时编印成绩册。清理场地、器材和各种用具。做好运动会的总结工作。

附：田径运动会常用的表格

田径运动会常用的表格见表 4-15 ~ 表 4-22。

表 4-15　成绩报告单

组别：　　　　性别：　　　　项目：　　　　赛次：　　　　第　　组

名次	一	二	三	四	五	六	七	八
号码								
姓名								
单位								
成绩								
备注								

编排和记录公告主裁判：　　　　　　　　裁判员：

表 4-16　终点名次报告单

男、女子　　　组　　　m　　　赛　　　组

第　　名					
号　码			道　次		
兼看名次		号　码		道　次	
备　注					

终点主裁判：　　　　　　　　裁判员：

表 4-17　径赛计时表

男、女子　　　　组　　　m　　　赛　　　组

名次		号码		道次	
成绩	第一表			决定成绩	
	第二表				
	第三表				

计时主裁判：　　　　　　　　裁判员：

表 4-18　检查报告表

男、女子　　　　组　　　m　　　赛　　　组

犯规运动员号码		被影响运动员号码	
犯规地点和情况			
检查主裁判处理意			
径赛裁判长处理意见			

总裁判长：　　　　径赛裁判长：　　　　检查主裁判：　　　　检查员：

表 4-19　长距离跑总计图表

组别：　　　　性别：　　　　项目：

号码 顺序 余圈	1	2	3	4	5	6	……	14	15	16	17	18	19	20
24														
23														
22														
……														
3														
2														
1														
到 达														

记圈员：

表 4-20　全能项目总记录表

组别：　　　　　　性别：　　　　　　项目：

号码	姓名	单位	项目											总分	名次
													……		
			成绩	得分	成绩	得分	成绩	得分	成绩	得分	成绩	得分	……		

全能项目裁判：　　　　　　裁判员：

表 4-21　田径各项前八名总记录表

组别：

项目	第一名			第二名			第三名			第四名			第五名			第六名			第七名			第八名		
	姓名	成绩	得分	姓名	成绩	得分	姓名	成绩	得分	姓名	成绩	得分	姓名	成绩	得分	姓名	成绩	得分	姓名	成绩	得分	姓名	成绩	得分
田赛																								
径赛																								

编排和记录公告主裁判：　　　　　　　　　　裁判员：

表 4-22　团体总分记录表

组别：

单位	径　　赛							田　　赛							总分	名次

编排和记录公告主裁判：　　　　　　　　　　裁判员：

http://olympic.cn　　　　　　中国奥委会官方网站

体育实践篇

第五章　田径运动

凝聚生命中的本质力量，再现人类原始的本能，在不断追赶与超越中，随着极限被一次次突破，折射出人性的精神动力，为自我超越留下印记。

——体育物语

第一节　田径运动概述

一、田径运动介绍

田径运动历史悠久，是人类社会发展中逐步产生和发展起来的。随着工业生产和科学技术水平的提高，田径运动竞赛项目、竞赛条件、竞赛规则逐渐改善，并形成了现代田径运动。

早在公元前776年在古希腊奥林匹克村举行的古代奥运会上就有了田径比赛的项目。1896年在希腊雅典举行的第一届现代奥林匹克运动会上，田径运动的竞走、跑 、跳和投掷被列为大会的主要比赛项目。当前国际重大田径比赛项目有：奥林匹克运动会的田径比赛、世界杯田径比赛和世界田径锦标赛。

1912年国际业余田径联合会成立，确定了国际统一的田径比赛规则、项目，主要负责拟定竞赛规则、组织国际比赛，并负责审批世界纪录。

现代田径运动在一个多世纪的发展过程中，大体可以分为以下五个阶段。

第一阶段（19世纪末20世纪初）：是现代田径运动形成、发展并在较低水平上逐步提高的阶段。

第二阶段（1913—1920）：受第一次世界大战影响，是世界田径运动成绩下降阶段。

第三阶段（1921—1936）：是世界田径运动恢复、发展与提高阶段。

第四阶段（1937—1948）：受第二次世界大战影响，世界田径运动水平第二次下降阶段。

第五阶段（1952年至今）：是世界田径运动成绩不断提高并达到较高水平阶段。在这个阶段里，从运动员选材到科学训练、技术更新、场地器材、裁判工作的自动化及电子化，都直接或间接地应用了多学科的研究成果，保证了田径运动的健康、迅速发展。

二、田径运动分类及项目

田径运动是由走、跑、跳、投等组成的，具体分析内容很多。在田径运动历史上，也曾把拔河和跳绳包括在田径运动中。从广义上来说，田径运动除了正式的比赛项目外，还应该包括立定跳远和立定三级跳等。但现在一般意义上的田径运动，是指在一定规则下进行的走、跑、跳、投等身体运动。

田径运动中的走、跑、跳、投和全能项目共有 40 多项。通常把不同距离的竞走、赛跑、跨栏跑、障碍跑、接力跑等用时间计算成绩、决定名次的项目叫做径赛；把跳跃（跳高、跳远、三级跳远、撑杆跳高）和投掷（铅球、铁饼、标枪、链球）等用高度或远度计算成绩、决定名次的项目叫做田赛。田赛和径赛合称为田径运动。

（一）径赛项目

径赛项目是周期性项目之一，动作多次重复进行，特点是距离一定，要求人体在最短的时间内通过所规定的距离。从供能形式上看，短距离跑是以无氧供能为主的，中距离跑是以糖酵解供能为主的，长距离、超长距离跑则是以有氧供能为主的。此类项目的练习可以提高跑的能力。

（二）田赛项目

田赛项目是非周期性项目，可以分为跳跃和投掷两大类。跳跃是比赛个人整体移动的能力。跳远是比赛远度，跳高是比赛高度，投掷项目则是通过物体（器械）移动的距离来比赛投掷能力的。跳跃项目的练习可以提高跳的能力，而投掷项目的练习则可以提高投的能力。

（三）全能项目

全能项目是由若干田赛项目和径赛项目组合在一起构成的，根据田径全能项目评分表，把各项的成绩算为分数，然后加在一起评定成绩。由于项目的多样性，全能项目对人体能力的要求也带有综合性，是人体综合运动能力的比赛。从事全能项目的练习，可以全面提高人体综合运动能力。

第二节　跑

跑是人体所具有的一种基本活动能力，是各级学校体育教学的主要内容，也是深受群众喜爱的一种健身手段。跑包括短距离跑、中长距离跑、接力跑和跨栏跑等。

一、短跑

400 m 及 400 m 以下的距离跑称为短距离跑，简称短跑。它是一项典型的发展速度素质的运动项目，要求人体在缺氧状态下，用最短的时间、最快的速度跑完规定的距离。短跑是田径运动的基础，也是其他运动项目训练中不可缺少的手段。短跑技术包括起跑、起跑后的加速跑、途中跑和终点跑四个部分，如图 5-1 所示。

图 5-1　短跑

（一）100 m 跑技术

1. 起跑

起跑的任务是向前获得最大的冲力，使身体迅速摆脱静止状态，为起跑后的加速跑创造有力的条件。所以，起跑要求反应快，起动迅速有力，能在最短时间内达到最快速度。

（1）“各就位”　听到“各就位”口令后，做几次深呼吸，充满信心地走或慢跑到起跑器前，两手撑地，两脚依次踏在起跑器上，有力腿在前，后膝跪地，两手拇指相对，其余四指并拢，虎口向前，两臂伸直约与肩同宽撑于起跑线后，肩与起跑线平行或稍前移，颈部自然放松，两眼视前下方 40 ~ 50 cm 处，集中注意力听“预备”口令。

（2）“预备”　听到“预备”口令后，臀部平稳地抬起略高于肩，重心适当前移，肩部稍超出起跑线，体重主要落在两臂和前腿上，两脚紧贴起跑器，集中注意力听枪声。

（3）“鸣枪”　听到枪声后，两手迅速推离地面，两臂积极用力做前后摆动，同时两腿迅速用力蹬离起跑器。后腿以膝盖领先迅速向前上方摆出。前腿充分蹬伸髋、膝、踝三个关节，身体保持较大的前倾角度。

2. 起跑后的加速跑

起跑后的加速跑，是指从蹬离起跑器到途中跑这段距离。

起跑后的加速跑的任务是尽快地在最短距离内发挥出最大的速度。一般人的加速度距离为 20 ~ 30 m，优秀运动员只需 15 ~ 20 m 就能达到最大速度。起跑后要不停顿地向前跑出，两腿快速交替用力蹬摆，两臂大幅有力地前后摆动，前几步躯干前倾较大，频率快，随着速度加快，上体逐渐抬起，两腿的落点逐渐吻合于一条直线上，步幅不断加大到正常步长时，应顺惯性自然跑几步，而后转入途中跑。

3. 途中跑

途中跑是短跑全过程中距离最长、速度最快的一段，是整个短跑技术的关键部分，途中跑的任务是继续发挥和保持高速度跑完全程。跑是周期性运动，在一个跑的周期中包括后蹬与前摆、腾空与着地缓冲等阶段。

（1）后蹬与前摆　当身体重心移过支点垂直面时，就进入了支撑腿的后蹬和摆动腿的前摆阶段。后蹬腿的髋、膝、踝三关节要充分蹬直，最后用脚趾末节蹬离地面，后蹬脚角度约 50°。同时，摆动腿的大腿迅速有力地向前方摆出，并带动同侧骨盆前送，与躯干形成一条直线，使后蹬产生的反作用力通过身体重心有效地推动身体向前移动。

（2）腾空与着地缓冲　支撑腿蹬离地面进入腾空阶段，此时，小腿随蹬地后的惯性迅速向大腿靠拢，形成边折叠边向前摆动的动作。同时摆动腿以髋关节为轴积极下压，膝关节放松，小腿随摆动腿下压自然向前下伸展，用脚前掌做积极向后下方“扒地”动作，着地点在重心投影点一脚半处。脚着地时，膝、踝关节顺势弯曲，以缓冲着地时的阻力，缩短支撑时间，并主动用力来加速身体重心的前移。

途中跑时，还要有正确的上体姿势和摆动动作。上体正直或稍前倾，两眼平视，颈、肩放松。以肩关节为轴，两臂放松做有力的前后摆动，前摆时手稍向内，高度稍超过下颚；后摆时肘关节稍向外，大小臂之间约呈 90°角。正确的摆动动作不仅能保持身体平衡，而且有利于加快两腿动作频率和提高后蹬效果。

4. 终点跑

终点跑是全程跑的最后一个阶段，任务是尽力保持最快的速度冲过终点。终点跑的技术与途中跑技术相同，只是要求在离中点线 15 ~ 20 m 时，尽量保持上体前倾角度加快两臂摆动的速度和力量。当跑到距离终点线一步时，上体急速前倾，用胸部或肩部撞终点线后沿的垂直面，并跑过终点，然后逐渐减慢速度，不要马上停止跑动。

（二）200 m 和 400 m 跑的技术

200 m 跑和 400 m 跑有半程是在弯道上进行的。弯道技术基本上与直道相同，只是在弯道上跑需克服离心力，人体要采用向圆心倾斜的姿势，使跑的技术产生相应的变化。

1. 弯道起跑和起跑后的加速跑

起跑器应安装在跑道右侧，正对弯道切点方向。起跑时左手撑在距起跑线后沿 5 ~ 10 cm 处，使身体正对弯道的切点。起跑时，开始一段距离应沿直线跑进，跑至切点前，身体要逐渐向内倾斜，加大右腿的蹬地力量和摆动幅度，迅速进入弯道跑。

2. 弯道跑技术

弯道跑时，身体应向圆心方向倾斜，右肩稍高于左肩，右臂摆幅大于左臂，后摆时肘关节稍向右后方，前摆时稍向左前方，左臂靠近身体前后摆动。右脚用前脚掌内侧着地，左脚用前脚掌外侧着地。由弯道进入直道时，身体逐渐过渡到正常姿势，并顺惯性放松跑 2 ~ 3步，以消除弯道跑时所产生的过度的肌肉紧张。

（三）短跑的练习方法

练习短跑应该从途中跑开始，然后进行蹲踞式起跑和起跑后的加速跑、终点跑、弯道跑和弯道起跑的学习。练习重点是途中跑和起跑。

1. 直道途中跑的练习方法

（1）弹性慢跑练习　前脚掌着地，脚距离地较高，富有弹性地慢跑，练习过程中逐渐加大摆动腿速度，并要求大小腿折叠前摆。

（2）中等速度反复跑练习　练习距离 60 ~ 100 m，练习时跑的动作放松协调，步幅开阔，同时注意后蹬和高抬腿摆动腿的正确技术。

（3）通过牵引跑、下坡跑、变速跑等各种练习方法来提高跑的能力。

2. 弯道跑的练习方法

（1）练习进出弯道　直道跑 15 ~ 20 m，接着跑进或跑出弯道 30 ~ 40 m。

（2）完整的弯道跑练习　练习距离 150 m，体会进出弯道技术和衔接技术。

二、中长跑

中长距离跑简称中长跑，比赛项目有 800 m、1500 m、3000 m、5000 m、10000 m。中

长跑是发展耐力的典型项目，属于有氧运动。坚持中长跑练习，有利于增强呼吸系统和心血管系统的功能，培养吃苦耐劳的精神和坚忍不拔的顽强意志。健身长跑具有很高的锻炼价值，是最受广大群众喜爱的健身活动之一。

（一）中长跑技术

中长跑是发展耐久力的项目，它一方面要求尽可能减少体力的消耗，维持一定的跑速；另一方面要求在全程跑中能根据比赛情况具有加速跑的能力。在跑的过程中，掌握正确的技术和合理地分配体力是非常重要的。要跑得轻松协调，身体重心平稳，直线性强，节奏好，既要讲究动作效果，又要注意节省体力。

各种距离跑的技术基本相同，但由于距离长短和强度不同，在具体动作上有些许差异。一般来讲，距离越长，步长越短，跑的动作中前摆后蹬用力的程度就越小，腾空时间与支撑时间的比值越小。

1. 起跑和起跑后的加速

中距离跑采用半蹲踞式或站立式起跑，长距离跑采用站立式起跑。

（1）半蹲踞式起跑　两臂一前一后，一手的拇指与其他四指成“八”字形撑于起跑线后，另一臂在体侧，体重主要落在前腿和支撑臂上。起跑动作近似于蹲踞式起跑。

（2）站立式起跑　听到“各就位”口令后，先做一两次深呼吸，然后走或慢跑到线后，两脚前后开立，有力脚在前。前脚跟和后脚尖之间的距离约一脚长，两脚左右间隔约半脚，体重大部分落在前脚上，后脚用前脚掌支撑站立。两腿弯曲，上体前倾，前倾程度根据个人习惯与比赛的战术而定（一般是跑速越快，腿弯曲程度越大，上体前倾也较大）。眼看前方3～5 m处，身体保持稳定姿势，集中精力听枪声或“跑”的口令。此时两臂的姿势有两种：一臂在前，一臂在后；两臂在体前自然下垂。

2. 途中跑

途中跑的动作与短跑基本相同。由于途中跑是中长跑的主要部分，距离长，体力消耗大，因此跑时要求步幅开阔，放松协调，轻快自如，富有弹性和节奏。后蹬用力程度、大腿前摆幅度和手臂摆动幅度均小于短跑。上体接近垂直以减轻腹背肌肉紧张，摆臂时肩部放松，肘关节角度可略有变化，使肌肉在极短时间内得到休息，以便节省体力，跑完全程。

3. 终点跑

终点跑是指中长跑临近终点的一段加速冲刺跑。进入最后的直道时要竭尽全力进行冲刺跑。什么时间开始加速跑根据比赛的距离、个人训练水平和战术而定。一般800 m可在最后150～200 m处开始加速冲刺，1500 m及以上距离可在最后300～400 m处开始加速冲刺。

（二）中长跑的呼吸

中长跑距离长，体力消耗大，人体对氧气的需求量很大，因此，要掌握正确的呼吸方法。中长跑的呼吸一般是口鼻并用，和腿部动作协调一致，采用两步一呼、两步一吸或三步一呼、三步一吸的节奏，要注意增加呼吸的深度，降低呼吸频率，以减少呼吸肌的疲劳感。

在一次呼吸节奏中，呼气时应主动用力，吸气时则顺其自然，只有充分呼出二氧化碳，才能吸进更多的氧气。

在跑的过程中，会出现胸闷口干、四肢无力、节奏紊乱、协调性和速度下降的反应，产生难以继续跑下去的感觉，这种现象被称为“极点”。“极点”是由于呼吸不当而产生的正常生理现象，这时只要适当调整跑速，加深呼吸，尤其是用嘴加深、加大吸气，呼出大量的二氧化碳，呼吸就会逐渐均匀，身体机能就会好转，就能轻松愉快地跑完全程。

（三）中长跑的练习方法

（1）站立式起跑。

（2）重复跑 200 ~ 400 m，改进技术，培养跑的节奏感，提高内脏器官功能。

（3）匀速跑 400 ~ 800 m，培养良好的时间概念和速度感觉。

（4）利用圆形跑、曲线跑发展一般能力。

（5）利用变速跑（如 100 m 快到 100 m 慢，或弯道慢到快等）培养速度感觉，发展速度耐力。

（6）加速跑 100 ~ 200 m，培养终点冲刺能力。

（7）利用定时跑提高合理分配体力的能力，发展专项耐力。

（8）利用计时跑 400 m、800 m、1500 m 等。

（9）利用越野跑，提高练习兴趣，发展耐久力，培养不怕困难的顽强拼搏精神。

第三节　跳　　跃

田径运动中的跳跃是指利用自身的能力或借助一定器械，按所需方向，通过一定的运动形式，使人体移动尽可能高的高度或尽可能远的远度。跳跃包括跳高、撑杆跳高、跳远、三级跳远等项目。

一、跳高

跳高完整技术包括助跑、起跳、过杆和落地三个部分。

（一）助跑

背越式跳高的助跑线大多采用“J”字形曲线。助跑的全过程是一条近似抛物线的曲线，或者是一条直线与抛物线的结合。

背越式跳高采用 8 ~ 12 步助跑。有行进间起动和原地起动两种方式。无论采用哪一种，都要注意放松动作、保持速度与节奏的稳定。助跑的前段跑与普通加速跑相似。跑进时，身体重心高而平衡，上体适当前倾，后蹬充分有力，前摆积极抬腿，脚着地时靠近身体重心投影点，两臂配合做大幅度的摆动。后段时弧线助跑 4 ~ 5 步，在弧线跑近时，身体逐步向内倾斜，加大外侧臂和腿的摆动幅度与节奏感，并自然加快步伐，最后一步最快。

丈量助跑弧线比较复杂，方法也较多，一般采用走丈量助跑步点。起跳点一般位于离近侧跳高架立柱1 m左右的地方，离横杆投影线60～90 cm。与横杆投影面成10°～15°的夹角。从起跳点向助跑一侧平行于横杆方向自然走4步，然后向助跑的方向（直角方向）自然走6步，此处做一标志，为直、弧交界线。再继续向前走7步做一标志即是起跑点（见图5-2）。这是弧线段、直线段都是跑4步的丈量方法，应在此基础上多次检查、调整，才能最后确定。

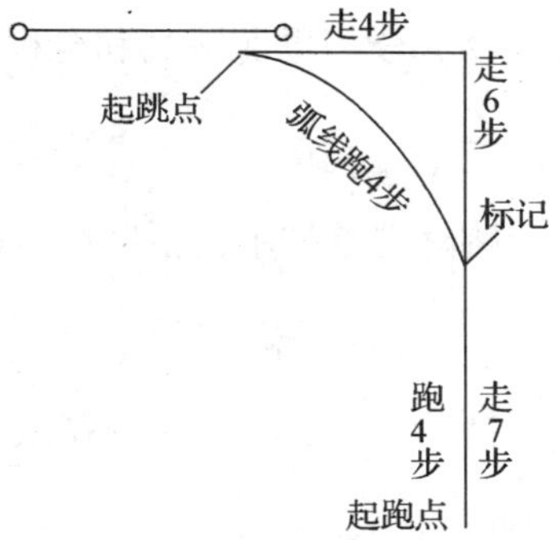

图5-2　起跑点丈量方法

（二）起跳

起跳点一般在近端跳高架立柱向内约100 cm，距横杆投影线60～100 cm的地面。助跑倒数第二步摆动腿屈膝支撑下压时，身体保持向圆心方向倾斜的姿势。在摆动腿进行有力的后蹬和积极送髋的同时，起跳腿以髋带动大腿，沿助跑弧线的切线快速用起跳腿以脚跟外侧先着地，并迅速滚动至全脚掌着地，脚尖朝向弧线的切线方向起跳。起跳放脚时身体仍保持向圆心方向倾斜并稍后仰，此时前后摆动的两臂屈臂摆至躯干两侧。

起跳脚着地后，起跳腿及时屈膝缓冲，身体逐渐由倾斜转为竖直，身体重心轨迹和脚迹重合。在缓冲结束、摆动腿屈膝摆至大腿与起跳腿几乎平行时，摆动腿的大、小腿折叠最紧。然后摆动腿沿助跑弧线方向由前摆转为向上并稍向内摆动，同时起跳腿进行有力的蹬伸，两臂配合腿部动作积极摆动，提肩拔腰，身体向上腾起。

起跳时的摆臂方法有两种，一种是两臂同时向上摆动，另一种是摆动腿的同侧臂领先向上摆动。摆动腿和两臂摆到一定位置时要同时制动，这有利于增加起跳蹬地力量、提高身体重心，产生身体在空中的旋转力和连接过杆动作。在保证动作幅度的前提下，起跳腿应积极蹬伸，快速完成起跳动作，缩短起跳时间。

（三）过杆和落地

人体腾空后，逐渐转为背对横杆的姿势，摆动腿自然下放。头、肩部过杆后，及时仰头、收肩、展髋，两臂放于体侧，提臂挺髋，弯曲的两腿稍向外分开，小腿下垂，身体形成反弓形。然后肩部继续下沉，髋部上挺，使两膝上升。臀部过杆后，及时低头含胸，小腿上举，使整个身体依次越过横杆。过杆后，肩、背部先落于海绵包上。

（四）跳高的练习方法

（1）原地起跳，转身背对横杆的方向，可扶肋木进行练习。

（2）弧线助跑起跳摸高。

（3）原地起跳，背越式练习过杆动作。练习时背对有垫子的跳马，跳起后，提髋引肩，顺着垫子向下落地。

（4）原地背越式过杆练习。

(5) 学习助跑跳高和全程助跑完整技术。

二、跳远

跳远完整技术包括助跑、起跳、腾空和落地四个部分。

(一) 助跑

助跑的任务是为了获得最大的水平速度，并为踏板和起跳作准备。

1. 起跑方法

(1) 助跑开始时的姿势有两种　①从静止状态开始，一般采用两腿微屈，两脚左右平和站立的“半蹲式”，或两脚前后分立的“站立式”。因第一步的速度和幅度易做到稳定，有利于提高助跑准确性。②行进间开始，先走几步或跑几步，踏上起跳点后，开始加速跑，这种方法的助跑动作比较放松、自然。

(2) 起动后的加速方式有两种　①积极加速方式，即一开始就加速跑，步频始终很高，用增加步长来提高速度。②平稳加速方式，即开始阶段步频较慢，然后在逐渐加大步长或在保持步长的基础上提高步频。

2. 助跑距离

助跑距离的长短与运动员跑的能力有关，跑的能力强，其助跑距离较长。通常，男子的助跑距离为35 ~45 m，女子的助跑距离为30 ~40 m。助跑速度快的，助跑距离相应缩短；反之，适当加长。另外，还要根据跑道的性质、天气及具体情况对助跑距离进行调整。

为提高助跑距离的准确性，应注意以下几个方面：①固定起跑姿势、加速方式和助跑节奏。②准确设置助跑标志，为了使助跑更加准确，可以在途中设置标志。标志不宜过多，以免分散运动员的注意力和影响助跑连续性。技术熟练时可以用一个标志（设在起点）。③对已确定的助跑距离，要根据外界条件，反复进行检查和调整。

3. 最后几步的助跑技术

(1) 助跑技术　跳远最后几步的助跑是整个助跑的关键。在最后几步助跑时，既要保持和发挥最高速度，又要为起跑做好充分准备。

一般表现有两种技术特征：一种是最后几步的步长相对缩短，步频明显加快，形成一种快速进入起跳的助跑技术节奏；另一种是在步长相对稳定的情况下，加快步频，形成快速积极的技术特征。

(2) 最后几步的步长　传统理论认为，助跑最后的步长为中、大、小，但从世界男子优秀运动员最后四步步长变化来看均不相同。因此，最后几步步长要体现运动员的特点，不能强求统一模式。

(3) 起跳的准备　最后几步为起跳准备阶段，为了完成理想的起跳动作，身体重心要适度下降，以便为起跳做充分准备。

(二) 起跳

起跳时，应充分利用助跑速度，创造尽可能大的腾起速度和适宜的腾起角（一般为

18°~24°)。起跳技术分为三个阶段：起跳脚的着地、缓冲和蹬伸。

1. 起跳脚的着地

起跳脚应积极、主动地着地。这样既可减少着地时地面的冲撞力，又能为着地后快速地移身作准备。起跳着地时，足跟与足掌几乎同时接触地面。着地瞬间，上体与地面成90°~107°角，小腿与地面的夹角约为65°，膝关节成175°~178°角。

2. 缓冲

起跳脚着地至膝关节弯曲程度达最大时，这一过程称为缓冲阶段。

缓冲的作用在于减缓起跳的制动力，减少助跑速度的损失，积极前移身体，为蹬伸创造有利条件。

3. 蹬伸

蹬伸阶段由起跳腿最大弯曲时始至起跳脚蹬离地面瞬间止。起跳脚蹬伸时，整个身体快速向上伸展，起跳腿的髋、膝、踝各关节要充分伸展。上体和头部保持正直，摆动腿抬至水平或高于水平，起跳腿自然下垂，双臂前后摆起，肩、腰向上提起。

4. 起跳摆动动作

跳远中的摆动动作对减少着地时的制动力、提高起跳效果有十分重要的作用。

起跳时的摆腿、摆臂动作，能减轻起跳脚着地时的冲撞力。当摆动腿和两臂用力上摆时，能加大起跳腿的负荷。在一定限度内，这种负荷越大，起跳腿肌群在蹬伸动作时的收缩力量越大，速度越快，运动员就跳得越远。在伸展的最后阶段，摆动动作的制动可使起跳腿更快地蹬伸，整个身体快速向上伸展。

（三）腾空

起跳结束后，进入腾空阶段，身体的重心按一定的抛物线轨迹运动。其高度与远度取决于起跳效果。在没有外力的作用下，身体不会改变重心轨迹的移动方向。全部的空中动作，都是为了保持身体的平衡和完成有效的落地。跳远的腾空阶段分腾空初期、空中姿势、准备落地三个阶段。腾空初期动作基本相同，起跳后保持“跨步”姿势，称为“腾空步”。腾空以后的空中姿势一般有三种：蹲踞式、挺身式和走步式。

1. 蹲踞式

起跳成“腾空步”后，上体仍保持正直，摆动腿大腿抬得较高，膝关节屈度较大，两大腿间夹角也较大（见图5-3)。

图5-3　蹲踞式

然后起跳逐渐向摆动腿靠拢，两腿一起上举，使膝接近胸部。"腾空步"后，两臂向前上举，以加大上肢与身体重心之间的距离，加长旋转半径，降低角度。落地前，大腿上抬，接着小腿前伸，同时两腿向前，腿臂协调一致。

2. 挺身式

起跳腾空后，摆动腿的大腿积极下压，小腿随之向下、向后摆动，留在体后的起跳腿与腾空后摆的摆动腿靠拢。当达到腾空最高点后，摆动腿放下时，两臂同时下落。然后收腹举腿，双腿前伸，完成落地动作（见图 5-4）。

①　②　③　④　⑤　⑥　⑦　⑧　⑨　⑩　⑪

图 5-4　挺身式

3. 走步式

走步式（见图 5-5）分两步半和三步半两种。"腾空步"后，摆动腿下落时继续向后运动。同时起跳腿屈膝前摆，在空中完成一个自然的换步动作，形成起跳腿在前、摆动腿在后的"跨步"姿势。换步时，摆动腿由曲到直向后运动，起跳腿由直变曲，大、小腿折叠向前摆动。完成一个换步接着做落地动作的为两步半走步式；完成两次换步再做落地动作的为三步半走步式。

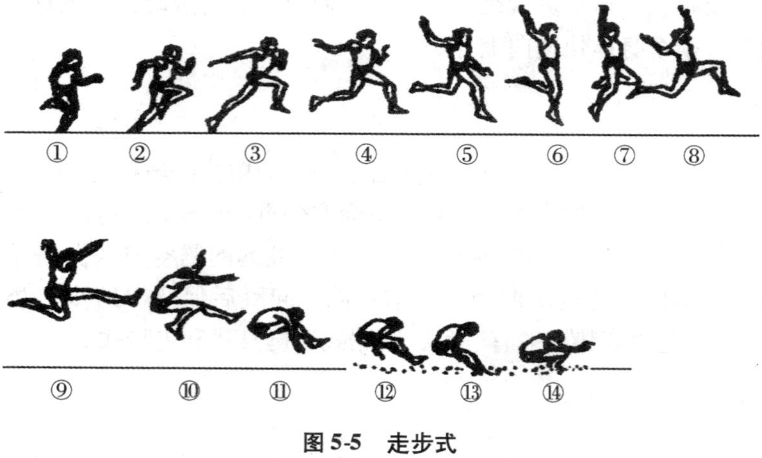

①　②　③　④　⑤　⑥　⑦　⑧

⑨　⑩　⑪　⑫　⑬　⑭

图 5-5　走步式

（四）落地

在实际跳跃中，身体重心的落点要比足跟的落点更远一些。因此，减少重心身体轨迹与足跟落点距离是落地技术的主要任务之一。良好的空中动作是合理落地的基础。落地前，双臂快速向后方摆动，这有利于腿向上抬起并向前方伸出。着地前尽量减小双腿与地面的夹角，以便足跟落点更靠近身体重心轨迹落点，增加跳跃距离。双足着地后，应及时屈膝缓冲，头部迅速前移，双臂快速前摆，将臀部迅速移过落地点。

（五）练习方法

（1）原地模仿起跳练习。两脚前后站立，摆动腿在前，稍屈膝，起跳腿在后，身体重心落在前脚上。动作开始时，起跳腿积极地由后向前迈步，模仿向下放脚的踏板动作，全脚掌滚动着地随即缓冲和蹬伸起跳，同时两臂要配合双腿的动作积极摆动。要和身体各部分协调配合，起跳腿蹬伸迅速，摆动腿向前上方积极摆动，身体重心迅速跟上。

（2）在跑道上连续做慢跑3步或5步结合起跳的练习，用摆动腿落地。

（3）利用弹簧板，做短程助跑起跳，成“腾空步”后，完成空中蹲踞式或挺身式姿势，然后做伸腿落地动作。

（4）全程助跑蹲踞式或挺身式跳远练习，体会完整的技术动作。

第四节　投　　掷

投掷是较典型的力量型运动，它凭借人体的力量，通过合理的发力技术和相应的身体姿势，将一定重量的不同器械掷出尽可能远的距离。正式比赛项目有推铅球、掷铁饼、掷标枪和掷链球（男子）。经常从事投掷项目的锻炼，对增强体质、发展躯干和上下肢力量，特别是爆发力有显著的作用。

一、掷标枪

掷标枪是一项比较复杂的多轴性旋转项目，它经过持枪助跑获得一定的预先速度，通过爆发式的最后用力作用于标枪轴上，将标枪经肩上投出。掷标枪的过程大体可分为持枪助跑、引枪投掷步、最后用力、维持身体平衡等几个部分（见图5-6）。

图5-6　掷标枪

（一）持握标枪的方法

1. 现代式（拇指和中指）握枪法

将标枪斜放在掌心上，拇指和中指对扣在标枪线上端末圈的枪身上，食指自然弯曲斜握在枪杆上，无名指和小指自然握在线把上。这种握法的优点是有利于加长中指工作距离，枪出手时中指与食指在一起用力拨动，可以加快标枪沿纵轴自转，同时手腕灵活放松，有利于控制枪出手时的角度。目前，大多数人采用这种握枪法。

2. 普通式（拇指与食指）握枪法

拇指与食指对扣在标枪把后端末圈的枪身上，其他三指自然弯曲斜握在线把上。此握法的优点是手指全部参与握枪，可使枪身稳定；缺点是手腕紧张，不灵活，不利于控制，使用者较少。

3. 头上持枪法

握手点稍高于头，枪尖稍低于枪尾。此握法手腕较放松，有利于助跑引枪。

4. 肩上持枪法

握手点在肩上耳旁，枪身几乎与地面平行，肘稍外展。此握法有利于引枪时控制角度，但肘与手腕较紧张。

（二）助跑

助跑的目的是为了器械在最后用力前获得预先速度，并在助跑中引枪、超越器械、控制标枪动作，为最后的成绩创造良好的工作条件。

1. 预跑阶段

从第一标志线跑至第二标志线（左脚踩线），一般为15～20 m，用8～10步完成。预跑阶段应放松、提高重心、不断加速。在跑动中，上体正直或稍前倾，前脚掌着地，抬腿较高，后蹬充分，步幅不应过大，投掷臂与标枪结合跑的节奏协调平稳地前后移动，左臂稍屈，肘抬起做相应的摆动。在此阶段，要求跑得富有节奏和弹性。

2. 投掷步阶段

从左脚踩上第二标志线开始到最后一步左脚落地时止，一般为9～12 m，用5步完成。投掷步阶段为整个助跑的重要组成部分，其主要任务是为最后用力创造条件。投掷步的基本形式有两种，即跨越式与跑步式。跨越式更便于完成引枪与超越器械动作，目前采用者较多。下面着重介绍跨跳式五步投掷步直接后引枪技术。

第一步：左脚踏上第二标志线时，后腿应积极前迈一步，同时半转体向右使标枪沿直线向后平行移动，左肩对着投掷方向，左臂自然摆至胸前，右脚落地点稍偏右，此时只完成一半引枪，右臂并未完全引直。

第二步：当左脚前迈时，左髋和左肩向右转动，右肩放松伸直，完成引枪动作。此时，稍含胸收腹，右臂约与右肩齐高，将枪控制在右眉际与颈之间，脚尖稍偏向内。

第三步：又称交叉步，是助跑过渡至最后用力的关键一步。左脚一落地，右膝关节应自然弯曲，以右大腿带动小腿积极有力地向前摆出，当右腿靠近左腿时，左腿快速有力地蹬伸，借助蹬与摆的配合，使人体腾空，迅速超越上体髋部。此时，由于两腿的剪绞动作致使髋、肩、肘形成交叉状态。左臂自然摆置胸前，投掷臂伸直后引，不低于右肩，右脚跟以外侧先着地，然后滚动式过渡至全脚掌，脚尖与投掷方向约成45°角。这时躯干与右腿应成一条向后倾斜的直线，与地面成56°～60°角。

第四步；是助跑过渡到最后用力的衔接步，也是动量传递的关键。这一步必须做到保持良好的水平速度以及超越器械的动作，又要不停顿地转入最后用力，同时还应控制好器械，为最后用力做好最佳准备。

投掷步的步长比例：第一步较大，第二步较小，第三步最大，第四步最小。四步的节奏是嗒—嗒—嗒、嗒。

第五步：降低重心换步缓冲。

（三）最后用力和维持身体平衡

最后用力是整个投掷过程中最重要的一环，是标枪出手时初速度的主要来源。它在第三步右脚着地后，身体重心移过右腿支撑点，左脚尚未落地前就开始了。右腿积极以后髋发力做跪蹬，使髋侧向投掷方向转动，一面使左腿迅速前插以脚跟到脚掌内侧着地（脚尖稍内扣）做出有力的支撑制动，使身体在双脚稳固的支撑下形成扭紧状来完成转送髋、转体、挺胸、翻转肩、抬肘等一系列关键动作。在左臂向投掷方向做有力牵引制动摆动的配合下，右腿继续先于右肩向前转并前移，投掷臂向上翻转成“满弓”姿势，此时身体右侧扭得最紧。投掷臂最大限度伸展而远留在身后，为标枪出手储备强大的力量。腿在制动支撑的巨大冲力下被迫弯曲，也给重心移至左腿和对最后左侧的支撑创造有利条件。这时各环节力量转换由旋转向前成了完全向前。蹬直髋、膝、踝关节的右腿随人体前移惯性而擦地跟上，双腿有力地做支撑用力，使身体由反弓到反弹，以爆发式的动作向前做出收腹、以胸带臂、甩臂动作，迅猛向前上方鞭打，同时左侧有力支撑提高标枪出手点，在出手瞬间，右臂的手腕手指迅速而有力地沿着标枪纵轴甩腕拨指，以增强标枪出手时的初速度和自身转动速度，提高标枪在空中的稳定性及滑翔的效果。标枪出手角度应控制在30°～36°之间。

标枪出手后，根据惯性，身体必然前冲，迫使右腿向前跨出一步（缓冲步），为防止这一步前冲过多造成越线犯规，还需维持身体平衡。此时应改变重心移动方向，顺势左跨右肩转向投掷方向，降低重心，曲膝缓冲，稳定后从起掷弧后离开跑道。

（四）掷标枪技术的练习方法

（1）正面投枪的练习。

（2）侧向原地投枪。

（3）交叉步投枪。

（4）引枪。

（5）引枪后接着做交叉步，不停顿地完成投枪。

（6）预先走4步后做引枪、交叉步和最后用力投枪的连续动作。

二、推铅球

推铅球是一个速度力量型项目。投掷原理表明，铅球出手的初速度、出手角度及出手的高度决定了铅球飞行的远度。

推铅球的方法目前主要有两种：背向滑步推铅球法和旋转推铅球法。由于旋转推铅球法对运动员的技术、身体素质要求较高，故大多采用背向滑步推铅球法。

完整的背向滑步推铅球技术可分为握球、持球、滑步、转换、最后用力五个部分（见图5-7)，要注意维持身体平衡。

图5-7　推铅球

（二）握、持技术

握球的手五指自然分开，将球放在食指、中指、无名指的指根处，拇指和食指贴在球的两侧（见图5-8）以保持球的稳定。握好球后，将球放在锁骨内端上方，紧贴颈部，掌心向上，右上臂与躯干约成90°角，躯干与头部保持正直。

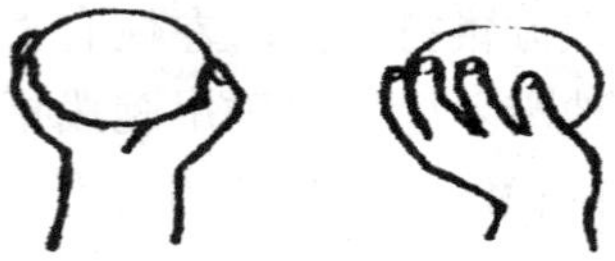

图5-8　握球

（三）滑步技术（以右手持球为例）

完整的滑步技术包括预备、团身、滑步三个部分。

1. 预备姿势

运动员持好球后，身体重心落在右脚掌上，左脚置于右脚跟后方20～30 cm处，以脚尖点地，帮助维持平衡。上体与头部保持正直，两眼平视，两肩与地面平行。这种预备姿势（常称高姿势）较为自然，有助于集中精神开始滑步。

2. 团身动作

运动员站稳后，从容地向前屈体，待上体屈到快与地面平行时，屈膝下蹲，同时头部和左腿向右腿靠拢，完成团身动作。

3. 滑步动作

滑步由身体重心后移、左腿向投掷方向伸摆开始，再经过伸蹬右腿、回收右小腿完成这一动作。滑步技术要点：①两腿动作顺序：左腿伸摆在先，右腿蹬直在后，最后收回右小腿。②左腿与躯干的关系：左膝伸开与躯干成一直线，直至最后用力开始。③处理好铅球的位置：当右膝伸开后，铅球约在右小腿1/2处外侧的垂直线上；当右腿收回后，铅球约在右膝上方外侧。

（四）转换（过渡步）技术

回收右小腿结束，以脚尖着地，紧接着将左脚插向脚趾板，以脚掌内侧着地。右腿着地时，体重大部分落在右脚上；左腿着地时，身体重心移至两腿之间。在这一过程中，运动员上体和头部姿态没有明显变化。

（五）最后用力

最后用力可分为准备和加速两个部分。

1. 准备部分

从左腿落地到身体形成侧弓即为最后用力的准备部分。在这一过程中，投掷臂尚未给铅球加速，仅是依靠右膝的内压、右腿的转蹬推动骨盆侧移。由于上体不主动抬起，头颈不主动扭转，而使身体左侧保持最大拉紧状态，为最后加速用力创造有利条件。

2. 加速部分

躯干形成侧弓后，在左腿有力的支撑下，利用躯干的反振作用，顺势转肩完成整个加速部分动作。在最后用力过程中，左腿的支撑作用十分重要，它不仅可以提高铅球的出手点，更重要的是可以提高手臂的鞭打速度。左臂通过上、下方位的摆动，可控制胸大肌横向扩展和推球手臂鞭打的距离。

（六）维持身体平衡

铅球出手后，为了防止犯规，常采用换步和降低身体重心的方法来减缓冲力，以维持身体平衡。

（七）推铅球的练习方法

推铅球练习应遵循循序渐进的原则，首先应学习原地正面和侧向推铅球，然后再学习侧向滑步推铅球技术。

1. 原地推铅球的练习

（1）握、持球方法的练习。

（2）向下方或前方推球。

（3）正面推球练习。

（4）学习改进原地推铅球的练习：①小幅度推球的模仿练习与推球练习；②原地推球的模仿练习与推球练习；③改进原地推球的练习。

2. 侧向滑步推铅球的练习

（1）侧向滑步预摆技术的练习：徒手或持球侧向站立，而后进行摆、蹬摆与回、屈等动作的协同练习。

（2）徒手或持球进行滑步的练习。

（3）持球进行侧向滑步推球的练习。

3. 背向滑步推铅球的练习

（1）徒手或持球进行预摆的练习。

（2）徒手或扶依托进行滑步分解练习。

（3）徒手或持球进行滑步练习，注意摆、蹬、收、落等动作的协同配合。

（4）背向滑步推铅球的练习。

（5）在投掷圈内进行背向滑步推铅球的练习。

4. 推铅球技术练习中常见错误动作的纠正方法

（1）在推球瞬间肘关节下降的纠正方法　多做扩胸、抬肘与伸臂的练习，蹬伸臂时肘要高于或平于右肩。

（2）铅球出手角度过低的纠正方法　可采用推球过杆的练习方法，横杆的位置要适当，应使铅球飞进的方向与横杆上方约成40°角。

（3）滑步后身体重心抬高、不能保证正确的准备姿势的纠正方法　多做徒手或持球的滑步练习，着重加快两脚落地的节奏。

（4）滑步与最后用力动作脱节的纠正方法　多做滑步练习，滑速不宜快，但两脚落地的动作要快，并在此基础上与最后用力连接起来。

第五节　发展身体素质的练习

身体素质是衡量一个人体质水平的重要标志之一。青少年正处于正常生长发育、身体素质和运动能力全面发展的时期。重视身体素质的锻炼，将对人的一生产生决定性的作用。

一、发展力量素质的主要方法

（一）有关力量素质的概念

1. 力量素质

力量素质是指身体肌肉在工作时克服阻力的能力。

2. 力量素质种类

力量素质可分为绝对力量、相对力量、速度力量和力量耐力。

（1）绝对力量　人体或人体某一部分肌肉工作时克服最大内、外阻力的能力。

（2）相对力量　人体每千克体重所具有的最大力量值的能力，主要反应人体最大力量与体重之间的关系。

（3）速度力量　快速克服阻力的能力。速度力量是力量与速度有机结合的一种特殊力量素质。在尽可能短的时间内发挥出尽可能大的力量，也称为爆发力，一般用爆发力指数评定。

（4）力量耐力　长时间克服阻力的持久能力。

（二）发展力量素质的方法

力量素质是人们日常生活、生产劳动和体育锻炼所必需的素质。力量素质是速度、灵敏度等素质的基础。发展力量素质有以下几种方法。

1. 静力性力量的锻炼方法

这种练习的主要特点是肢体不产生明显的位移，肌肉产生张力但不发生长度变化。其方法如下。

（1）身体处于特定位置站立或仰卧，推或蹬住固定重物，以肌肉最大收缩力坚持几秒钟或负一定重量使身体固定不变。例如，肩负杠铃半蹲，并重复一定次数。

（2）静力性力量练习还可以用很慢的速度，不借助反弹力和惯性力，单纯依靠肌肉的紧张收缩来完成。例如，肩负80%～85%强度的重量，深蹲慢慢起立。

2. 动力性力量的锻炼方法

动力性力量练习时，肢体或身体某部位产生明显的位移；或推动别的物体进行运动，如投掷各种器械、踢球等。具体方法如下。

（1）绝对力量锻炼　以较少次数举起接近最大重量或最大重量的重物。

（2）速度力量锻炼　从事跑、跳、投掷等运动项目，对这种力量有特殊要求。

（3）力量耐力锻炼　经常做俯卧撑、仰卧起坐等运动是发展上肢和腰腹力量耐力的有效方法。

（三）力量素质练习的基本要求

1. 正确选择练习方法

选择方法总的要求是对准所练习的肌肉群。如发展股四头肌力量，可选负重半蹲的练习，同时要求练习者双脚平行或稍内扣，否则就达不到发展股四头肌的目的，只会把臂部肌肉练习得很大。

2. 合理安排各种力量练习的顺序

各种力量练习对肌体影响是不同的。小负荷多次数的练习，主要影响肌肉的结构，使肌肉纤维变粗，肌肉横断面增大；而大负荷少次数的练习，主要改善肌肉的协调功能。力量练习应先使肌肉结构发生改变，然后再提高肌肉的协调功能。

3. 处理好负荷与恢复的关系

有人做过实验，隔日练习力量增长 77.6%，每日练习力量增长只有 47%。练习者应采用肌体部位交替练习，有利于消除疲劳。力量练习四周循环安排如表 5-1 所示。

表 5-1　力量练习四周循环安排

强度（%）	周第一次练习	周第二次练习	周第三次练习
100			
95			第四周
90	第四周		
85	第二周	第四周	第三周
80	第三周	第一周	第一周
75		第三周	第二周
70	第一周	第二周	

4. 力量练习后要注意放松

放松有利于紧张肌肉的恢复，有利于提高神经调节功能，有利于速度力量的发展。如不注意放松，肌肉的紧张得不到消除，会使血管继续受压，血流受阻，并可引起静止状态下的肌肉痉挛。因此，放松对力量练习来说特别重要。

5. 力量练习要坚持循序渐进

有人做过实验，一人练习 20 周，每天练习，力量增长 100%，以后完全停止练习，40 周后练习所获的效果完全消失。另一人练习 45 周，每周只练习一次，力量增长 70%，停止练习 70 周后效果尚未完全消失。

上述实验结果表明，力量练习增长得快，停训后消失得也快；增长得慢，停训后消失得也慢。

二、发展耐力素质的主要方法

（一）有关耐力素质的概念

（1）耐力素质　有肌体长时间工作抗疲劳的能力。

（2）耐力素质种类　心血管耐力和肌肉耐力。心血管耐力又分为有氧耐力和无氧耐力（通常指速度耐力）。人的耐力受遗传、自然规律、后天环境、体育锻炼等因素的影响。判断人体耐力水平的高与低，一般用肺活量和在 400 m 场地进行的 12 min 跑（库伯跑）及 2400 m 跑测试法来测试。

（二）发展耐力素质的方法

耐力素质是个体体能的最重要素质之一，也是一般竞技能力的基础素质之一。

1. 有氧耐力锻炼

发展有氧耐力主要是指提高心肺功能水平。

（1）负荷强度　心率一般控制在140～170次/min，为锻炼者能承受最大强度的75%～85%。如果负荷强度太低，心率在140次/min以下，心输出量达不到较大值，同时吸进的氧气也较少；如果负荷强度高于170次/min，肌体就会产生氧债，不利于发展有氧耐力。有氧耐力锻炼持续时间最少5 min，一般多在15 min以上。

（2）锻炼负荷的方法　经常采用的锻炼负荷的方法有两种：一种是连续负荷法，即在较长时间内速度保持不变；另一种是交换负荷法，即在连续负荷的基础上，短时间内加大负荷强度，使肌体的呼吸能力和血液循环能力产生良性刺激。可选用的锻炼手段有跑步、跳绳、原地跑、球类、自行车、溜冰、划船等。

做有氧耐力锻炼时，应注意速度由慢到快，距离由短到长，逐步增加运动强度和密度。

2. 无氧耐力锻炼

为了保持快速跑的能力，可多进行无氧耐力锻炼。它对提高短距离快跑的能力有显著效果，如100 m跑、200 m跑、400 m跑等。在进行无氧耐力锻炼时，由于运动强度大，心率一般控制在160次/min以下，并应加强医务监督。

（三）耐力素质练习的基本要求

1. 注意呼吸问题

呼吸的作用在于摄取发展耐力所必需的氧气。练习中随着练习负荷的增加，体内耗氧与供氧不平衡的程度也随之增大。而肌体的摄氧是通过提高呼吸频率和加深呼吸深度两方面来实现的。因此，培养呼吸能力，对耐力素质练习来说是十分重要的。

2. 无氧耐力练习应以有氧耐力练习为基础

有氧练习是无氧练习的基础，有氧练习能使练习者心腔增大，每搏输出量增加，这样可为以后的无氧练习打好基础。如只进行无氧练习，就会使心肌壁加厚，每搏输出量难以提高，将影响全身血液供给，对发展无氧耐力不利。所以，应在进行无氧练习前或同时进行有氧练习。

3. 加强意志品质的培养

意志坚强者的耐力表现要比意志薄弱者好得多，所以在耐力练习中要注意对练习者加强意志品质的培养。

4. 注意控制练习者的体重

体重越轻，其最大吸氧量就越大；最大吸氧量的数值越大，其耐力素质就越高。因此，在耐力练习中，练习者要注意控制体重。

三、发展速度素质的主要方法

（一）有关速度素质的概念

速度素质是指人体快速运动的能力，分为反应速度、动作速度和位移速度。

（1）反应速度　人体快速应答各种信号刺激的能力。

（2）动作速度　人体快速完成某一动作的能力。

（3）位移速度　在周期性运动中，在单位时间内人体快速位移的能力。

（二）发展速度素质的方法

1. 反应速度素质的锻炼方法

通过哨声、击掌等，让练习者做出相应的反应动作，是最常见的方法。

2. 动作速度的锻炼方法

（1）减少练习难度，加助力法　如顺风跑、下坡跑等。

（2）加大练习难度发挥后效作用法　如跳高前的负重跳，推标准铅球前的加重铅球练习。

（3）时限法　例如，按一定的节拍或跟在动作节奏快的人后面跑步，以改变自己的动作节奏和速度。

3. 位移速度的锻炼方法

（1）最大速度跑　如短距离重复跑、接力赛跑、让距追逐跑等。进行这类练习时，每次练习一般控制在 30 s 以内，每次时间可稍长。

（2）加快动作频率练习　如快频率的小步跑、计时计数的高抬腿跑、快速摆臂练习等。

（3）发展下肢爆发力量　如负重跳、单脚跳、跨跳等。

（三）速度素质练习的基本要求

（1）速度素质练习应结合练习者所从事的运动专项进行。

（2）速度素质练习应在练习者情绪饱满、兴奋性高、运动欲望强烈的情况下进行。

（3）速度素质练习是大强度无氧代谢为主的活动，需以有氧代谢练习为基础。

四、发展柔韧素质的主要方法

（一）有关柔韧素质的概念

柔韧素质是指人体各关节肌肉、肌腱、韧带等软组织的伸展能力，即关节活动幅度的大小。柔韧素质可分为一般柔韧和专项柔韧性。

（1）一般柔韧性　指适应一般身体技术、战术等练习所需要的柔韧素质，也可将肌体中那些最主要的关节活动能力视为一般柔韧性。

（2）专项柔韧性　指专项运动所需要的特殊柔韧素质，如游泳运动所需的肩关节的柔韧素质等。专项柔韧性是提高专项技术的重要条件。

（二）发展柔韧素质的方法

柔韧素质是掌握运动技术的重要条件。发展柔韧素质的常用方法有以下两种。

1. 静力拉伸法

采用静力性练习来拉伸肌肉、肌腱、韧带和皮肤。拉伸力量的大小，应以感到酸、胀、痛为限，并保持 8～10 s，重复 8～10 次即可。

2. 动力拉伸法

动力拉伸练习如踢腿、摆腿等，一般控制在 5～30 次，不宜用力过猛，以防伤害事故的发生。

在实践中，经常把动力性练习和静力性练习结合起来，把主动练习和被动练习结合起来，可以收到更好的效果。例如，如发展肩部、腿部、臂部的柔韧性，可采用压、搬、摆、踢、蹦、绕环等练习；发展腰部柔韧性，可采用站立体前屈、俯卧背伸、转体、甩腰、涮腰、绕环等练习。

（三）柔韧素质练习的基本要求

（1）控制好柔韧素质的发展水平。任何运动项目对柔韧素质都有一定的要求范围，过分地发展柔韧素质会导致关节和韧带的变形，影响关节的牢固和体态。

（2）注意主要部位柔韧素质与相互联系的身体各个部位柔韧素质的发展练习。

（3）柔韧素质练习须持之以恒。练习使柔韧素质提高很快，可在停止后又很快消失，因此，练习必须持之以恒。

（4）发展柔韧素质练习要与力量素质练习相结合。柔韧素质练习如安排不好，就会影响力量素质的提高。只有把肌肉练得柔而不软、韧而不僵，才算是柔韧素质和力量素质结合极好。

（5）要注意练习的外界温度和练习时间。外界温度过高或过低，都会影响柔韧素质练习的效果。外界温度为 18℃时最适于柔韧素质的练习。一天之内，早晨的练习效果不好，10：00—18：00 期间，人体的柔韧性最佳，最适合柔韧素质的练习。

（6）柔韧素质练习要从小开始。

五、发展灵敏素质的主要方法

（一）有关灵敏素质的概念

（1）灵敏素质　是指在各种突然变换的条件下，练习者能够迅速、准确、协调地改变身体运动的能力。

（2）衡量灵敏素质的标准　练习者在各种复杂的条件下，能够迅速、准确、协调地做出某些相应的动作。

(3) 灵敏素质分为 一般灵敏素质与专项灵敏素质。

(二) 发展灵敏素质的方法

发展灵敏素质必须从专项特点出发，综合发展反应、平衡、协调等能力。以下是一些发展灵敏素质的方法。

(1) 听口令做动作或做相反动作。

(2) 追逐模仿或互看对方背后的号码。

(3) 听信号或看手势做急跑、急停、转身、变换方向以及各种姿势的起跑练习。

(4) 进行叫号追人、抢占空位、打手心手背、摸五官、贴膏药等游戏练习。

(5) 一对一面向站立，双手直臂相触，虚实结合，双方互推，使对方失去平衡。

(6) 绕障碍曲线转体跑。

(7) 各种跳绳练习，如跳双飞、集体跳长绳等。

(8) 模仿动作练习。

(9) 以不习惯的方式做各种动作。

(10) 改变动作的连接方式。

(三) 灵敏素质练习的基本要求

(1) 根据练习者所从事的专项要求进行练习。

(2) 灵敏素质练习方法要多种多样，并且要经常改变。采用多种多样的方法练习灵敏素质，可以提高练习者各种身体器官的机能。

(3) 注意消除练习者紧张的心理状态。

(4) 灵敏素质的练习，应安排在练习者体能充沛、精神饱满、运动欲望强烈的情况下进行。兴奋度不高时，不宜进行灵敏素质的练习。

六、提高身体基本活动能力

(一) 提高跑、跳、投能力的方法

运动能力是指跑、跳、投、支撑、攀登、爬跃、负重等身体基本活动能力的总和，它与人类的生存与生活有着极为密切的关系。尽管身体基本活动能力是人与生俱来的活动能力，但人们为了适应生存的需要，仍必须通过后天的锻炼不断予以强化这些基本技能。

1. 跑的分类

跑是人类生存与发展中最基本的身体活动能力之一。它是人们进行强身、健体、游戏、娱乐和竞赛活动时不可缺少的内容，是当今社会文化、校园文化活动的组成部分。跑的种类比较多，按跑的目的不同，可分为健身跑和竞赛跑两大类。前者是以健身为目的，具有一般体能的人，都可以进行健身跑。健身跑的动作没有严格的技术要求。经常参加健身跑可以起到健身、健心的作用。具体表现为提高心血管系统功能，使心肌收缩有力，血管弹性好；呼吸系统功能加强；对植物神经的稳定、心理健康也有积极的促进作用。后者以获得比赛成绩为目的，根据竞赛的距离分为短跑、中跑和长跑。这些竞赛跑除跨栏跑、障碍跑、接力跑有特殊技术要求外，其余技术结构均分起跑、加速跑、途中跑和冲刺跑四

个部分。下面重点介绍发展跑的手段与方法。

2. 发展快速跑的练习手段与方法

（1）采用立定跳远、立定三级跳远和多级蛙跳。
（2）30 ~ 60 m 后蹬和跨步跳，单脚跳与跨步跳。
（3）负重半蹲起、半蹲跳、交换步跳和分类走。
（4）30 ~ 40 m 的斜坡上、下快跑。
（5）原地快速高抬腿跑、听信号快速跑（或转身快速跑）。
（6）用蹲踞式或站立式起跑后做 30 m 加速跑。
（7）20 ~ 50 m 行进间加速跑。
（8）60 ~ 80 m 行进间加速跑。

3. 发展持久跑的练习手段与方法

（1）100 ~ 300 m 重复跑和间歇跑（强度为 70% ~ 80%）。
（2）60 ~ 120 m 重复跑和间歇跑（强度为 85% ~ 95%）。
（3）变速跑（根据年龄、性别、体能确定距离）。
（4）4 min 跑、8 min 跑、12 min 跑、越野跑。

4. 注意事项

（1）遵循人体功能的适应规律。
（2）加强保护意识，防止伤害事故发生。
（3）充分做好准备活动。
（4）在比赛中，观察参赛人员的跑动情况，不断调整自己的位置，避免冲撞或摔倒。
（5）宜饭后 90 min 后再跑步，跑步前不要大量饮水。

（二）提高跳跃能力的方法

1. 跳跃的分类

跳跃是人类在生存与发展过程中表现出来的基本能力之一。随着社会文明程度的发展，跳跃从生产劳动的形式转变为游戏，再从游戏发展成为今天的竞技体育项目。所以，跳跃可分为以生活、劳动、健身为目的的跳跃和以竞技为目的的跳跃两大类。前者是后者的基础，无严格的技术要求。经常从事跳跃活动，能促进人体的新陈代谢，协调神经系统与运动器官之间的关系，改善内脏器官的功能。无论是跳高还是跳远，其技术结构都由助跑、起跳、腾空（或过杆）、落地四个部分组成。要提高跳跃能力，必须从速度、力量、弹跳力和身体灵敏度等方面着手练习。

2. 发展助跑速度基本练习手段

（1）30 m、60 m 的加速跑、重复跑。
（2）15 ~ 30 m 的弯道加速跑、重复跑。
（3）80 ~ 100 m 的加速跑、重复跑。

（4）全程助跑的反复练习，提高助跑的有效性。

3. 发展起跳速度基本练习手段

（1）原地下蹲跳、单脚跳、跳绳。
（2）立定跳、立定三级跳远、多级跳、蛙跳、跨步跳。
（3）负重半蹲起、半蹲跳。
（4）跳起收腿、前后分腿、背弓挺身。

4. 发展跳跃灵敏度基本练习手段

（1）跳跃栏架（5～10个，架高0.85～1.10 m）。
（2）改变速度和节奏的跑跳结合练习。
（3）跳跃游戏。

5. 注意事项

（1）应遵循身体功能的适应规律，并结合从事跳跃项目的特点，循序渐进地进行科学锻炼。

（2）科学安排运动负荷，做到因人而异。

（3）负重练习应克服单一的重复动作，设计针对性强的动作，避免关节与肌肉损伤。

（4）力量练习后，应加强柔韧性练习。否则，可能随着力量的增加，柔韧性反而减退。通常在力量训练的第二天安排柔韧性练习。

http://www.sport.org.cn　　中华全国体育总会官方网站

第六章　球类运动

有了健康就有了希望，有了希望就有了一切。身体好而智力不足的人是次品，只有智力而身体不好的人是废品。

——阿拉伯谚语

第一节　篮球运动

一、篮球运动简介

篮球运动是一项集体性、综合性、围绕高空目标展开立体攻守对抗的活动性游戏。篮球运动起源于美国，1891 年由马萨诸塞州斯普林菲尔德市基督教青年会国际训练学校体育教师詹姆斯·奈史密斯博士发明。在 1936 年第 11 届奥运会上，男子篮球被列为正式比赛项目；在 1976 年第 21 届奥运会上，女子篮球被列为正式比赛项目。

篮球运动是在特定的规则限制下，以投篮为中心，以得分多少定胜负的对抗性运动，具有目标高、技术复杂、对抗性强、竞争激烈的特点。经常参加篮球运动，能促进速度、灵敏度、力量、耐力、柔韧性等身体素质的发展，提高中枢神经系统的灵活性，增强心血管、呼吸、消化系统的机能，促进肌肉和骨骼的生长发育，使身体得到全面的发展；能培养积极勇敢、果断顽强的意志品质，激发竞争意识和进取精神。现代篮球具有较强的表现性和观赏性，深受人们的喜爱。

二、篮球运动基本技术

（一）移动

移动是指在篮球运动中，队员为了改变位置、方向、速度等所采取的各种脚步动作，包括起动、快速跑、变向跑、急停、转身滑步，是通过前、后脚掌蹬地、辗地来实现的，是篮球运动各项技术的基础。完成脚步动作要求队员具有一定的突然性、快速性和灵活性。

1. 基本站立姿势

两脚左右开立，与肩同宽；两膝微屈，上体稍前倾，身体重心位于两脚之间；两手臂自然弯曲于身体侧面，两眼平视前方。

2. 起动和快跑

起动是由静止状态转向运动状态的一种脚步动作。突然的起动和快跑结合，是进攻时超越对手、摆脱对手防守的关键。按基本站立姿势，上体前倾或侧转，向跑的方向移动重心，后脚用力蹬地。向前跑出（如两脚平行站立，可用任何一脚蹬地），头两步要小而快，并用前脚掌蹬地，迅速摆臂以提高跑速。

3. 变向跑

变向跑是队员在跑动中突然改变方向以摆脱防守或堵截对方进攻的一种方法。变向跑时（以向右变向跑为例），左脚在脚踏出时（最后一步）要屈膝，脚尖朝右，身体重心落在左脚上，接着左脚前脚掌的内侧蹬地，上体向右转，同时右脚向右前方跨出一小步，左脚随即向右脚的斜前方跨出一大步，从右侧超越对手。

4. 侧身跑

侧身跑是队员在跑动过程中为了抢位、摆脱防守、接侧向或侧后方传来的球而采用的一种进攻方式。跑动时，头部和上体放松地向球的方向扭转，上体侧肩，脚尖朝着跑动方向。

5. 急停

急停是指队员快速跑动中突然停住，该技术可以用来直接摆脱对方防守，创造更多的进攻机会。急停可以分为跨步急停和跳步急停两种。

（1）跨步急停　由两步构成，也叫两步急停。第一步稍大，上体微后仰，脚跟先着地，迅速过渡到全脚，抵住地面，同时屈膝，降低重心，减缓前进冲力。第二步着地时，脚尖稍向内，两膝深屈，前脚掌内侧用力支撑，重心落在两脚之间。

（2）跳步急停　在近距离速度不太快的跑动中用单脚起跳（离地面不高），两脚同时以全脚掌落地，略比肩宽，两膝弯曲，降低重心，落于两脚之间。

6. 转身

转身是指队员以一脚为轴（为中枢脚）进行旋转，另一脚蹬地向前、后跨步，身体随之转动，改变站立位置和方向，进攻时可用以保护球或摆脱防守，抢占有利位置，创造传球、投篮机会。转身可分为前转身和后转身。

（1）前转身　移动的脚从自己身前跨步使身体改变方向叫前转身。例如，向右做前转身时，以右脚的前脚掌为轴（脚跟提起），左脚前脚掌内侧蹬地，身体向右转动。

（2）后转身　移动的脚向自己身后跨步使身体改变方向叫后转身。例如，向右做后转身时，以左脚前脚掌为轴用力辗地，右脚的前脚掌内侧蹬地，同时用力向右后方转胯、肩，右脚蹬地迅速从左脚后跨步落地，保持身体平稳。

7. 滑步

滑步是防守技术的主要动作方法，能有效堵截对方的进攻路线，可分为侧滑步、前滑步和后滑步。

（1）侧滑步　滑步前，两脚左右开立，两膝微屈，上体稍前倾，两臂向两侧张开，两眼平视对方。向左侧滑步时，左脚先向左迈出，右脚脚内侧迅速用力蹬地滑动，两脚保持一定的距离，重心落于两脚之间，脚下不要擦地，也不要离地过高，两脚不要交叉。向右滑步的动作与向左滑步动作要领相同，只是方向相反。

（2）前滑步　两脚前后开立，向前滑步时，两脚向前迈出一小步，同时后脚用力蹬地推动身体前移，后脚再迅速跟进，保持身体前后开立姿势。

（3）后滑步　后滑步与前滑步相同，只是向侧后方移动。

8. 移动的练习方法

（1）从基本站立姿势开始，听到信号或看到信号后向不同方向起动快跑。

（2）慢跑或中速跑中做跨步急停或跳步急停。

（3）快跑到中线做急停折线跑，急停转身折回跑。

（4）做好基本站立姿势，以一脚为中枢脚，另一脚做跨步、后撤步、同侧步，交叉步恢复基本站立姿势。

（5）一对一攻防练习（徒手）。防守人积极防守，进攻人利用变向、急停、转身等方法摆脱对手。

（6）防守滑步。在掌握滑步动作的基础上，学习后撤步、交叉步、攻击步、绕步等方法，进行防守组合练习。

9. 易犯错误

（1）两脚开立时距离近，重心高，上体前倾过大。

（2）开始移动时蹬地无力，腰腹灵活性差，动作速度跟不上。

（3）移动时手脚配合不协调

（4）不合理地动用前脚掌蹬地，灵活性差，动作速度慢。

（5）急停触地时不是以脚跟着地滚动到前脚掌，而是前脚掌触地，易前倾造成急停不稳。

（二）传球

传球是篮球运动中组织进攻的纽带，是培养队员团结合作、发挥集体力量的重要环节。传球要做到及时、准确、隐蔽、多变。

1. 持球手法

持球手法是指手握球的方法，分双手持球和单手持球两种方法。

（1）双手持球　十指自然分开，拇指相对成“八”字形，用指根以上部位握球的两侧后下方，掌心空出，两臂屈肘，自然下垂，置球于胸腹之间。

（2）单手持球　手指自然分开，用手掌外沿和指根以上部位托球，掌心空出。

2. 双手胸前传球

双手胸前传球是一种最基本、最常用的传球方法，具有准确性高、容易控制、易于变化的优点。

十指自然分开，拇指相对成“八”字形，用指根以上部位持球，掌心空出，两肘自然弯曲在体侧，将球置于胸腹之间的位置。身体成基本站立姿势，两眼注视传球目标。传球时，后脚蹬地，两臂迅速向传球方向前伸，当手臂将要伸直时，手腕由内向外、由下向上转动，前臂内旋，同时拇指用力下压，食指和中指用力拨球，将球传出去，如图 6-1 所示。

图 6-1　双手胸前传球

3. 单手肩上传球

单手肩上传球是一种中远距离的传球方法。这种传球出手点高而且快，力量和灵活性大，利于抢到篮板球后迅速组织快攻。

以右手为例，双手持球于胸前，两脚平行站立，传球时左脚向前迈出半步，同时将球引至右肩上方，身体稍右转，手指托球的后下方，手腕后仰，左脚侧对传球方向，重心落于右脚上，右脚蹬地、转体，前臂迅速向前挥摆，手腕前屈，通过食指、中指、无名指拨球，将球传出，重心随之前移，如图 6-2 所示。

图 6-2　单手肩上传球

4. 反弹传球

这是一种近距离较隐蔽的传球方法，是小个队员对付高大防守队员的有效传球手段。

反弹传球所有的动作方法与单、双手传球的动作基本相同，但要掌握好球的击地点。球弹起的高度最好是在接球人的腰部，球的击地点应在传球者距接球者 2/3 的地方为宜，在防守者的侧面传球时应真假动作配合使用。

（三）接球动作

接球前积极摆脱对方防守，抢占有利位置，为下一个动作做好准备，创造更多、更好的进攻机会。

1. 接球

常用的接球方法有双手接胸前高度的球、双手接头部高度的球、单手接球等。不论是哪种方式，接球时眼睛都要注视来球，肩、臂都要放松，手臂应迎球伸出，手指自然分开。当手指触球时，屈肘，臂后引，缓冲来球的力量，两手握球，保持身体平衡，以便做下一个动作。

2. 接反弹球

接反弹球的动作与胸前接球基本相同，但掌心要向着来球反弹的方向，屈膝弯腰并向前下方伸手迎球。五指自然分开成上下手接球动作。在球刚刚离地弹起时，手指触球将球接住。接球后手腕迅速向上翻，持球于胸腹前。保持身体平衡，成基本站立姿势。

（四）传接球的练习方法

（1）原地两人面对面传接球练习。

（2）五角传球练习。

（3）迎面跑动传、接球练习。

（4）四角连续传、接球练习。

（5）两人跑动传接球推进。

（6）半场内的传、接、抢、断比赛。

（五）投篮

投篮是篮球运动的进攻技术之一，是唯一的得分手段。

1. 原地单手肩上投篮

以右手投篮为例。右手五指自然分开，手心空出，用指根以上部位持球，大拇指和小拇指控制球体，左手扶球的左侧，右手屈肘，肘关节自然弯曲，置球于右肩上方。两脚左右或前后开立，两膝微屈，重心落在两脚上。投篮时，下肢蹬地发力，右臂向前上方伸直，手腕前屈，食指、中指用力拨球，通过指端将球投出。球出手的同时，身体随投篮动作向前伸展，如图 6-3 所示。

图 6-3 原地单手肩上投篮

2. 原地跳起单手肩上投篮

以右手投篮为例。双手拿球于胸前。起跳时，屏住呼吸，两腿屈膝蹬地向上垂直起跳，双手举球于肩上，右手托球，左手扶球，保持身体平衡。当身体接近最高点时，迅速向前上方伸直右臂，手腕前屈，用食指、中指拨球，通过指端将球投出，如图 6-4 所示。

图 6-4 原地跳起单手肩上投篮

3. 行进间单手肩上投篮

以右手为例。右脚向前跨一大步的同时接球，接着左脚迅速跟上蹬地起跳，右膝提起，右手向上托举球，当身体接近最高点时，手腕上挑，用食指、无名指向上拨球，通过指端将球柔和投出，如图 6-5 所示。

图 6-5　行进间单手肩上投篮

4. 行进间单手低手投篮

以右手为例。右脚前跨一大步的同时接球，接着左脚迅速跨出第二步并用力蹬地起跳，双手向前上方举球，身体向球篮方向伸展。右手要充分向球篮的前沿举球，用屈腕、挑指等动作，使球由食指和中指指端向前柔和投出，如图 6-6 所示。

图 6-6　行进间单手低手投篮

5. 练习方法

（1）站成体操队形，做原地投篮的徒手练习，体会投篮的手法和用力过程。

（2）两人一球，相距 5 m 左右做单手肩上投篮和跳投的模仿练习。

（3）正面投篮，在罚分线排成单行，自投自抢，依次反复进行单手肩上投篮和跳投的练习。

（4）排成一行，在半场内做行进间高手和低手上篮。

（5）全场传球，进行高、低手上篮。

（6）练习各种距离、角度的投篮。

6. 易犯错误

（1）持球时掌心触球，投篮动作不协调。
（2）肘关节外展，手腕、手指僵硬，球的旋转有些横向转动。
（3）投篮时出手角度太小，手臂前推。
（4）行进间投篮步伐错乱，跳起投篮时动作不协调。
（5）行进间投篮起跳时身体冲力过大。

（六）运球

运球是组织进攻的纽带，也是个人进攻的重要手段。

1. 高运球

运球时，两膝微屈，两眼平视，手指自然分开，用指根以上部位触球的后上方（手心空出），手用力向下推按球，球的落点在体侧前方，使球的反弹高度在胸腰之间。手脚配合协调，使球有节奏地向前运行。

2. 低运球

与高运球的技术相同，但球反弹的高度在膝部以下。

3. 体前换手变向运球

运球队员要从对手的右侧突破时，先向对手左侧快速运球，当对手向左侧移动时，突然变向。变向时右手拍球的右上方，使球从自己的右侧拍向左侧，同时左脚向左前方跨出，上体向左转，用肩挡住对方，然后用左手拍球的正上方，右腿跨出，从对手的右侧突破。换手时球要压低，动作要快。

4. 后转身运球

以右手为例。当对手接近自己的右侧时，左脚向前跨一步，为中枢脚，右脚蹬地，左脚跟提起顺势做反身动作，右手按球的前上方向后拉球，转身后，右脚贴近对方，并迅速换左手运球，从对手的右侧突破。突破时重心要低，拉球与转身同时完成。

5. 运球练习方法

（1）站成体操队形，原地做高运球、低运球、左右手体前变换运球的练习。
（2）将队员分成若干组在全场做迎面接力运球比赛。
（3）看教师手势，做全场变向和转身运球的练习。
（4）全场一对一练习。
（5）从底线运球到中线，在罚分线设一固定防守队员，做两次变向或转身运球上篮练习。

6. 易犯错误

（1）运球时手与球的接触部位不正确、不协调。

(2) 低头运球。
(3) 运球时不会合理地用身体护球。
(4) 在运球变向或运球转身时动作过大，形成明显的翻腕动作，造成二次运球违例。

(七) 持球突破

这是一种攻击性很强的技术，是用脚步动作和运球技术摆脱防守的个人进攻方法。

1. 原地交叉步突破

以右脚为中枢脚，两脚左右开立，两膝微屈，身体重心降低，持球于胸腹之间。突破时左脚前脚掌内侧迅速蹬地，上体稍向右转，左肩向前下压，重心向右前方移动，左脚向右前方移动，右脚向右前方跨出，将球引至右侧，接着右手运球迅速超越对手。

2. 后转身突破

以左脚为中枢脚，背对篮圈站立，两脚平行（或前后）开立，两膝弯曲，重心降低，两手持球于腹前。突破时，以左脚为轴转身，右脚向右侧后方跨步，上体右转，脚尖指向右侧后方，右手向右脚前方放球，左脚内侧迅速蹬地，向右前方跨出，突破防守。

3. 持球突破练习

(1) 两人一组，相对站立，在原地交换练习交叉步和后转身突破。
(2) 在无人防守之下做持球突破练习，并练习交叉步和后转身。
(3) 半场内做持球突破练习。

(八) 抢篮板球

在篮球比赛中，抢篮板球是一项重要技术，它是获得控制球权的重要手段之一，是双方攻守对抗转换的焦点。

1. 抢防守篮板球

以前转身抢位为例。当防守队员与进攻队员之间有 1 m 左右的距离时，用前转身抢位。准备姿势是两脚平行站立，略比肩宽，屈膝，上体较直略前倾，身体重心落在前脚掌上，两臂屈肘高于腰，手心向上放于身前。转身时，以左脚为中枢脚，右脚先插到进攻队员脚外侧，接着后撤左脚，降低重心，扩大站立面积，置进攻队员的右脚于自己两脚之间，同时用臀、背顶住对方。保持身体平衡，两眼注视球篮。起跳时，两脚掌蹬地，腰、腿协调用力，两臂上举张开，直接朝球落点的方向起跳，身体充分伸展，保持平衡。

2. 抢进攻篮板球

以绕前步抢位为例。当进攻队员和防守队员之间有 0.5 ~ 1 m 的距离时用绕前步抢位。两腿自然弯曲，平行或前后开立，稍宽于肩，上体微前倾，两臂弯曲置于身体两侧（以从防守队员左侧绕过为例），进攻队员先向左侧做虚晃假动作，然后用自己右脚向前侧前方滑跨半步，重心移动到右脚上，接着蹬左脚绕过防守队员的身侧做横向跨步，置防守队员于身后，重心移置左脚，右脚跟着向左前方跨出一步，占据球篮和防守队员之间的位置，并用臀、臂、背顶住对手，控制好身体平衡，两眼注视球篮（起跳动作与抢防守篮板相同）。

3. 抢篮板球练习方法

（1）原地做连续双脚起跳练习，单手或双手触篮板或篮圈 10～20 次。
（2）前、后转身跨步连续起跳，触篮板或篮圈 10～20 次。
（3）两人一组，做抛抢练习。
（4）抢占位置的练习。
（5）半场二对二、三对三的抢位练习。

（九）防守技术

防守技术是队员合理地运用防守动作，积极抢占有利位置，破坏和阻挠对手的进攻意图和行动，并以争夺控制球权为目的。防守对手包括防守持球队员、防守无球队员和抢、打、断球。

1. 防守持球队员

当对手接球后，迅速调整防守位置和距离，占据对手与球篮之间的有利位置，还要与对手保持适当的距离（一臂左右）。一般来说，离球板远，防守距离则远，反之则近，并根据对手的特点（投篮或突破）而有所调整。防有球队员在离球篮近时采用贴近的攻击步防守，离球篮远时则采用平滑步防守。无论采用哪一种防守，都要积极移动，阻截和干扰对方传球、投篮，同时伺机抢、断球。

2. 防守无球队员

防守队员应站在对手与球篮之间的内侧，保持与对手有适当的距离和角度，做到以人为主、人球兼顾，使对手和球处于自己的视野之内。随对手的动作积极跟进移动，调整防守位置，堵截其移动和接球的路线，手臂配合做出伸出、挥摆、上举等动作，干扰对手接球，争取抢、断球。

3. 打球

防守队员屈膝降臀，两脚做碎步移动。当进攻队员接球的刹那间，暴露球或因观察场上情况而失去保护球的警惕性时，采用由下而上的打球方法，掌心向上，用手指和掌根击球的下部。如进攻队员持球较低（腹部以下）时，采用由上而下的打球方法，掌心向下，用手指和手掌外侧打球。

4. 抢球

抢球队员首先靠近对手，看准对手持球的空隙部位，动作迅速、突然、果断。当两手手指触球和控制球时用力猛拉。可用手臂后拉、两手转动的方法把球抢过来，也可以采用转体的方法把球抢过来。

5. 断球

断球是从接球队员的侧面或后面跃出截获球的动作。断球时，屈膝降低重心，准备起动。当球刚从对方手中传出的一刹那，突然起动，以短而快的助跑，单足或双足用力蹬地跃出，身体伸展，用单手或双手截获球。

6. 防守练习方法

（1）一攻一防练习脚步移动，听信号或看教练的手势做上步、撤步、侧滑步等动作，配合摆手、挥臂的移动练习。

（2）抢球、打球的练习。二人一组，相距 1 m 左右，面对面站立，一人持球于腹部，一人练习从上或下抢球、打球的技术，攻守交换。

（3）全场空手做抢、断球的模仿练习。

三、篮球运动的基本战术

篮球战术是指在篮球比赛中，根据篮球运动的特点和具体对象，所确定的攻防集体配合及全队协调行动的特定组织形式和方法。其基础的东西是两三人的战术配合，这是组成全队战术的基础。只有熟练地掌握和运用战术基础配合，才能使全队的战术内容更加丰富、灵活、有效。

（一）进攻的基本配合

1. 传切配合

传切配合是进攻队员之间利用传球、切入等技术组成的简单配合，包括一传一切和空切配合两种。

传切配合要求切入队员要根据情况掌握切入的时机，果断、快速地摆脱对手，并随时注意接同伴的传球。当切入队员已摆脱对手并处于有利位置时，传球队员应及时、准确地把球传给队友。

2. 突分配合

突分配合是持球队员突破后，利用传球与队友配合的方法。

突破要突然、快速，在突破过程中做好投篮准备的同时，也要随时注意观察场上攻守队员位置和行动，以便及时、准确地把球传给位置更有利的队友。

3. 掩护配合

掩护配合是掩护队友采用合理的行动，用自己的身体挡住队友的防守者的移动路线，使其得以摆脱防守或利用队友的身体和位置使自己摆脱防守的一种配合方法。掩护配合的形式根据掩护的位置和方向不同，分为侧掩护、后掩护和反掩护三种。

（二）防守的基本配合

防守的基本配合包括挤过、交换防守、关门、夹击等配合方法。

1. 挤过

挤过是当对方做掩护，被掩护队员的防守队员主动上前时，要迅速向前跨出一步，靠近对手，从两个进攻队员之间侧身挤过，继续防守自己的对手。

挤过时要贴近对手，上前抢步要快，同时要提醒队友，并选择协防的有利位置。

2. 交换防守

交换防守是当进攻队员利用掩护已经摆脱防守时，防守掩护的队员及时与队友交换各自的对手。

交换防守前，防守掩护的队员要主动提示队友，换防时，动作要果断、快速。

3. 关门

关门配合是当进攻队员运球突破时，防守突破的队员向侧后方移动，同时临近突破一侧的防守队员迅速向突破队员的前进方向移动，与防守突破的队员靠拢，像两扇门一样关起来，堵住进攻队员的前进路线。

“关门”时，防守突破的队员要积极防守，堵住进攻队员的突破路线，临近突破一侧的防守队员及时、迅速地向队友靠拢进行“关门”，不给突破队员留空隙。

4. 夹击

夹击配合是指当进攻队员向边角运球或边角停球时，临近的防守队员突然上前协同夹击，限制对手的正常传球和活动范围。

夹击配合时要果断，并积极挥动手臂，封阻其传球路线。

（三）快攻和防守快攻

1. 快攻

快攻是由防守转入进攻时，趁对方未站稳阵脚之前，抓住战机以最快的速度、最短的时间，果断而合理地发动攻击的一种速决性战术配合。

快攻的形式有长传快攻、短传快攻和结合运球突破快攻。

2. 防守快攻

防守快攻是在由攻转防的瞬间组织起来的阻止和破坏对方快攻的防守战术。

（四）半场人盯人防守

半场人盯人防守是由进攻转入防守时，迅速退回后场，各自盯住自己的对手，这时对持球队员要紧逼，阻挠其投篮、突破或传球给离球较近的队员，对离篮较近的队员也要盯紧，对手离球较远时则可离远一些，以便协助队友防守，在队友漏防的情况下，要及时补防。

（五）区域联防

区域联防是由进攻转入防守时，迅速跑回后场，每个球员负责防守一个区域，并与队友密切配合，将每个队员的防守区域联系起来，组成集体的联合防守。

四、篮球比赛规则

1. 篮球比赛场地

篮球比赛场地应是一块长方形、平坦且无障碍物的坚实平面，长 28 m，宽 15 m（从界线的内沿测量），如图 6-7 所示。

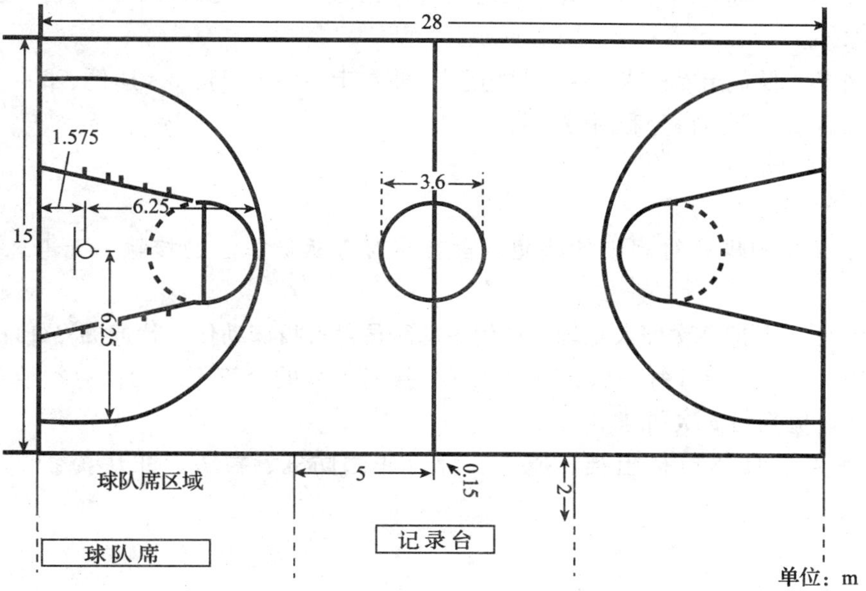

图 6-7 篮球比赛场地

2. 篮球比赛器材

篮板距离地面高度为 2. 90 m，篮圈距离地面高度为 3. 05 m。比赛用球的周长为 74. 9 ~ 78 cm，重量为 567 ~ 650 g。

3. 篮球比赛通则

（1）比赛应由 4 节组成，每节 12 min。

（2）在第 1 节、第 2 节和第 3 节、第 4 节之间以及每一决胜期之间应有 2 min 的休息时间，半场休息时间为 15 min；如果第 4 节比赛结束，两队比分相同时，有一个或几个 5 min的决胜期，决胜期是第 3 节、第 4 节的延续。第 1 节、第 3 节由中圈跳球开始比赛，第 2 节、第 4 节由拥有球权的球队掷界外球开始比赛。

（3）球中篮和它的分值：一次罚球中篮记 1 分，从二分投篮区中篮记 2 分，从三分投篮区中篮记 3 分。

(4) 暂停：球队的教练员或助理教练员请求中断比赛，要同时停止计时钟，每次暂停时间为1 min；第1节、第2节、第3节及决胜期只有一次暂停机会，第4节有两次暂停机会。

(5) 比赛因弃权告负：在预定的比赛开始后15 min内，球队不到场或不能使5名队员入场比赛，判对方获胜，且比分为20:0，弃权的球队在名次排列中得0分。球队在场上的队员少于2名，该球队由于缺少队员应被判比赛告负。

4. 违例

(1) 定义　违例就是违反规则。

(2) 罚则　将球判给对方队员，在违例的就近地点从界外掷球入界，直接位于篮板后面的地方除外。

(3) 种类　队员出界和球出界，非法运球、带球走、3 s违例、5 s违例、8 s违例、24 s违例、球回后场、干涉得分和对球干扰。

5. 犯规

(1) 定义　犯规是对规则的违犯，含有与对方队员非法的接触，无论球是活球还是死球。

(2) 罚则　登记一次侵人犯规，被侵犯的队员没有投篮动作，就近掷界外球；有投篮动作，投中，应记得分并判一次罚球，从二分投篮区域的投篮不成功，应判给2次罚篮；三分投篮区，应判给3次罚球。

(3) 种类　具体包括阻挡、撞人、背后非法防守、拉人、非法掩护、非法用手推人等。

http://www.cba.gov.cn　中国篮球协会官方网站
http://yaoming.sports.sohu.com　姚明官方网站
http://sports.sohu.com/lanqiu.shtml　篮球-搜狐体育

第二节　排球运动

一、排球运动简介

排球运动由两队各6名队员组成，是以中间球网为界，不断进行攻防对抗以决胜负的球类竞赛运动。排球运动在世界各国开展比较普遍，在我国深受广大群众，特别是青少年的喜爱。因场上队员分前后“排”站位，故称做“排球”。

(一) 排球运动的起源与传播

排球运动于1895年起源于美国，最初是一种消遣性的游戏活动，由美国马萨诸塞州霍利约克市基督教青年会的体育指导 W. 摩根创造。1896 年最早的排球公开比赛各队出场 5 名队员，以后改为 16 人制、12 人制、9 人制，几经演变才逐渐形成现代国际通用的 6 人制排球规则。1947 年在法国巴黎成立了国际排球联合会，以后每四年举行一次世界排球锦标赛。1900 年、1917 年排球运动相继传入亚洲和欧洲，1905 年传入我国，至今它的发展已有 100 多年的历史。

（二）排球运动的特点和比赛方法

1. 排球运动的特点

排球运动之所以深受人们的喜爱，是因为它具备以下特点。

（1）具有广泛的群众性　排球运动不需要太多经费，对场地、设备要求不高，主要规则容易掌握，运动量可大可小。

（2）具有激烈的对抗性　排球比赛是攻防不断转化的过程，比赛有发球和接发球，有扣球和拦网，有进攻和防守反击，球不能落地，双方始终在激烈的对抗中进行。

（3）具有技术的全面性和高度技巧性　比赛规则规定场上队员必须不断轮转，这就要求每个队员必须全面掌握各项攻防基本技术，做到能攻善守。

（4）体现紧密的群体合作精神　排球比赛是一项靠集体配合取胜的球类竞赛项目。除发球外，三次击球环环相扣，互相关联。某一环节出现差错都会影响全队的成绩。

2. 排球运动的比赛方法

排球比赛场地长 18 m、宽 9 m，由一条中线将场地平分为两个相等的场区，球网垂直于中线上空。成年男子排球球网高 2. 43 m，女子排球球网高为 2. 24 m。

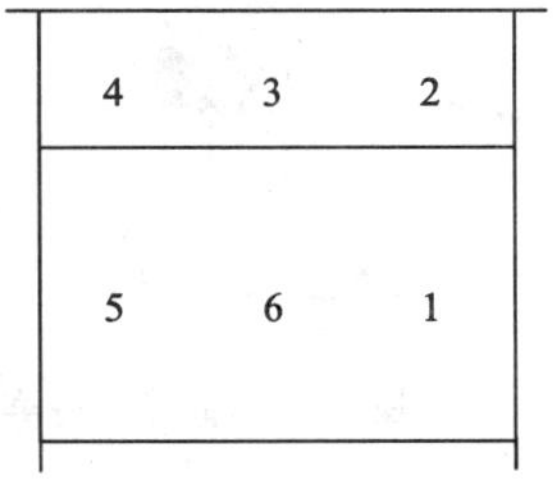

图 6-8　分区

根据排球竞赛规则，每半场被划分为 6 个区（见图 6-8），从 1 号位至 6 号位。位于网前 2、3、4 号位的队员称前排队员，位于 1、5、6 号位的称后排队员。比赛由先得发球权一方的 1 号位队员用一手发球过网开始，双方运用垫球、传球、扣球和拦网等技术，组成反复的进攻与防守。每队最多击球 3 次（拦网除外）使球过网；一名队员不得连续击球两次；场上任何队员不得触网或越过中线，不得将球接住后再抛出。比赛应不间断地进行直至球落地、出界或出现技术犯规。取得发球权后应按照顺时针方向依次轮转发球，由新一轮换到 1 号位的队员发球。

排球比赛采取每球得分制和三局两胜制，某队先赢得 25 分为胜一局，第三局决胜局采取 15 分制，先胜两局的队取得该场比赛的胜利。当比赛双方第一、二局的比分为 24:24 或决胜局的比分为 14:14 时，其中一队必须获得 2 分领先优势才能获得该局胜利。

二、排球基本技术

排球技术是指运动员在比赛中采用的各种合理的击球动作和完成击球动作必不可少的其他配合动作的总称。发球、垫球、传球、扣球和拦网是排球运动中的五项完整的击球动作，又称有球技术。凡属没有触及球的动作如准备姿势、移动、起跳、前扑、滚翻、鱼跃、倒地等均属配合动作，又称无球技术。

（一）准备姿势和移动

准备姿势和移动是排球运动中非常重要的基本技术，掌握和熟练运用这一技术的目的是为了能迅速起动、快速移动去接近球，与球保持合理位置，以便完成各种击球动作。准备姿势和移动对于掌握其他技战术也都有重要作用。

1. 动作要点

1）准备姿势

在起动、移动和击球前队员所采取的合理身体姿势与动作。合理的准备姿势能够保证队员迅速起动、快速移动去接近球，规范地完成各种击球动作。准备姿势可分稍蹲、半蹲、低蹲三种。

（1）稍蹲准备姿势　两脚左右开立稍比肩宽，一脚在前，膝关节保持微屈，上体稍前倾，重心位于两脚之间并适当靠近前脚，脚跟稍提起。两臂放松，自然屈肘置于腹前近身处。全身肌肉适当放松，两眼注视球兼顾场上各种情况，两脚保持微动状态（见图6-9）。

（2）半蹲准备姿势　半蹲准备姿势的身体重心比稍蹲准备姿势的略低，上体前倾稍大，其他动作方法相似（见图6-10）。

（3）低蹲准备姿势　低蹲准备姿势的身体重心比半蹲准备姿势更低和更靠前些，两脚开立的距离更大些，两膝弯曲的程度较大。膝部前移，使膝部的垂直投影线落在脚尖前；上体前倾，使肩部的垂直投影线超过膝部；两臂置于胸腹前方（见图6-11）。

图6-9　稍蹲准备姿势

图6-10　半蹲准备姿势

图6-11　低蹲准备姿势

2）移动

移动是指队员为了能迅速接近来球，占据场上有利的位置，争取到一定的时间和空间，完成各种击球技术和战术配合，从而提高技术和战术的质量，减少失误而采取的动作技术。移动可分并步与滑步、跨步与跨跳步、交叉步、跑步四种。

（1）并步与滑步　（以向前并步为例）后腿先蹬地，前脚向前跨出一步，后脚再迅速跟上，做好击球前的准备姿势。若向体侧连续快速做两次以上的并步，则称为滑步。

（2）跨步和跨跳步　跨步时，一脚用力蹬地，另一腿向来球方向跨出一大步，膝部弯曲，上体前倾，身体重心移至跨出腿上。跨跳步是在跨步的基础上，蹬地脚用力蹬离地面，使身体有一个腾空的阶段。跨步脚落地后，蹬地脚及时跟上，两膝保持弯曲，上体前倾，降低重心。

（3）交叉步　若向右移动时，上体应稍向右转，左脚从右脚前向右交叉迈出一步，落在右脚右侧，同时身体转动对准来球方向，保持出球前的准备姿势。

（4）跑步　采用跑步时，起动后的第一、二步要适当小些，然后再逐渐加大步幅和加快步频。两臂要配合摆动，如球在侧方或后方时，应边转身观察边跑。

2. 练习方法

（1）结合口令、手势进行练习。

（2）与球结合进行练习，一人抛球，另一人由准备姿势开始，移动到位，双手接球，将球抛回。根据距离的远近来选择合适的移动步伐。

（3）与场地结合进行练习，注意准备姿势、移动到位后身体应面对的方向。

3. 易犯错误及纠正方法

（1）重心后坐，全脚掌着地形成挺胸塌腰的姿势。主要原因是动作表象不正确、要领不清、本体肌肉感觉不良等。

纠正方法：反复讲解示范，加强感知觉阶段教学；在练习中强调收腹含胸、上体前倾，建立肌肉本体感觉。

（2）重心过高，弯腰前倾，移动困难。主要原因是准备姿势不正确、膝关节弯曲不够等。

纠正方法：多做静力性或负重的准备姿势练习；加强腿部力量训练。

（二）发球技术

发球是排球比赛中的进攻技术之一，也是重要的得分手段之一。准确而有攻击性的发球，不仅可以直接得分或破坏对方进攻战术的组成，还能减轻本方防守压力，为本方的防守反击创造有利的条件。

1. 动作要点

（1）正面下手发球　以右手发球为例。面对球网，两脚前后开立，左脚在前，两膝微屈，重心落在右脚，左手持球与腹前。发球时，左手将球抛起至体前右侧，同时右臂伸直，以肩为轴向后摆动。击球时，右脚蹬地，重心前移，右手由后向前摆动至腹前，用手掌、掌跟或虎口击球的后下部。击球后，随着重心前移，迅速进场。如图 6-12 所示。

图 6-12　正面下手发球

（2）侧面下手发球　以右手发球为例。发球前左肩对网站立，两脚左右开立与肩同宽。两膝微屈，上体稍前倾，重心在两脚之间，左手持球于腹前。发球时，左手将球平稳抛送于胸前，距身体约一臂远。在抛球的同时右臂摆至右侧下方，利用右脚蹬地向左转体的力量带动右臂向前上方摆动，在腹前用全手掌击球的后下方。击球后，随击球动作，迅速进场。如图 6-13 所示。

图 6-13　侧面下手发球

（3）正面上手发球：（以右手发球为例）面对球网，两脚自然开立，左脚在前，左手托球于身前。发球时，左手将球托送于右肩前上方，同时右臂抬起屈肘，引肘与肩平，上体稍向右侧转动。击球时，利用蹬地的力量使上体向左转动，同时收腹带动右臂，挥臂至右肩上方伸直至手臂的最高点，用全手掌击球的后下部，用腕迅速推球，使球上旋飞行。击球后，随着重心的前移，迅速进场（见图 6-14）。

图 6-14　正面上手发球

2. 练习方法

（1）做空抛动作，引臂击定位球或吊球，掌握蹬、转、挥臂等动作要领。

（2）对墙发球或两人一球近距离隔网对发，掌握击球动作与发力。

（3）发球区发球过网，求稳，过网即可。

（4）发球到指定的发球区域内。

（5）在稳、准的基础上，把球大力发至对方场区，以体会发球的进攻性。

3. 易犯错误及纠正方法

（1）准备姿势不正确。

纠正方法：清楚不同发球技术准备姿势的重要性；明确动作概念；多做各种强化练习。

（2）抛球不到位。

纠正方法：明确动作的概念和作用；多做抛球和摆臂结合的练习；多做抛实心球的练习。

（3）挥臂击球动作不正确。

纠正方法：明确动作概念；多做徒手练习；多做击固定球练习。

（三）垫球技术

垫球在比赛中主要用于接发球、接扣球、接拦回球以及防守和处理各种困难球。特别是用小臂垫击各种性能的发球，比用其他方法更为方便和有效。

1. 动作要点

（1）正面双手垫球　在准备姿势的基础上，双手采用叠掌式、抱拳式或互靠式手形，两臂自然伸直，两前臂靠拢并稍外翻形成垫击平面。当球飞至腹前一臂距离时两臂迅速插入球下，含胸提肩，手腕下压，同时蹬腿提腰抬臂，利用前臂前半部把球垫起。如图 6-15 所示。

图 6-15　正面双手垫球

（2）体侧垫球　当来球飞向体侧来不及移动对正来球时可采用体侧垫球。当球从左侧飞来，右脚前脚掌内侧蹬地，左脚向左跨出一步，重心随即移至左脚上，左膝弯曲。同时两臂向侧伸出，右肩微向下倾斜，使两臂击球面截住球飞行的路线，腰部发力，重心内转，用两前臂击球的后下部，将球垫出。如图 6-16 所示。

图 6-16　体侧垫球

（3）背垫球：背垫球的动作要求和正面双手垫球一样。不同的是背对垫出方向，击球点一般要求高于肩关节，击球时要抬头后仰、展腹、挺腰，向后扬臂把球垫出。如图 6-17 所示。

图 6-17　背垫球

2. 练习方法

（1）徒手练习垫球基本姿势，体会蹬地、提肩、抬臂、跟重心等要点。

（2）分组练习　每组由一人持球，其余组员轮流上前垫击球，体会触球部位和协调用力。

（3）对墙练习　距墙 3 m 左右，将球轻抛向墙，同时预判球可能会反弹到什么位置，做好准备，以正确的姿势垫击球。

（4）两人一球，一抛一垫或对垫。

（5）隔网接发球，培养预判、取位、垫球到位的能力。

3. 易犯错误和纠正方法

（1）初学者容易出现曲臂、扬臂等错误。

纠正方法：明确动作概念，多做徒手练习，体会发力顺序。

（2）移动慢，击球点选不准。

纠正方法：加强移动练习和腿部力量训练；利用视觉信号移动垫球。

（3）击球部位不正确，用力不协调。

纠正方法：明确球、手臂接触部位；多做蹬腿、提腰、抬臂等协调性练习。

（四）传球技术

传球是用全身协调力量并通过手指手腕的弹力，将球传至移动目标的击球动作。在组织战术中起着纽带的作用，同时又是进攻技术。传球技术分正面传球、背传球、侧传球等。

1. 动作要点

（1）正面传球　在准备姿势的基础上，对正来球方向，当球飞至额头前上方约一球的距离时，用传球手形迎击来球。传球手形是两手腕稍后仰，两手自然张开成半球形，两手心斜相对，拇指相对成“一”字形或“八”字形。传球时，利用蹬腿、伸臂、抖腕加手指的弹力等协调力将球向前上方传出。如图 6-18 所示。

图 6-18　正面传球

（2）背传球　背传球是改变球方向的传球技术。在准备姿势的基础上，背对出球方向，击球点保持在脸上方或头上方。传球时，用蹬腿、展腹、挺胸、抬臂、伸肘、手指手腕的弹力把球向后上方传出。如图 6-19 所示。

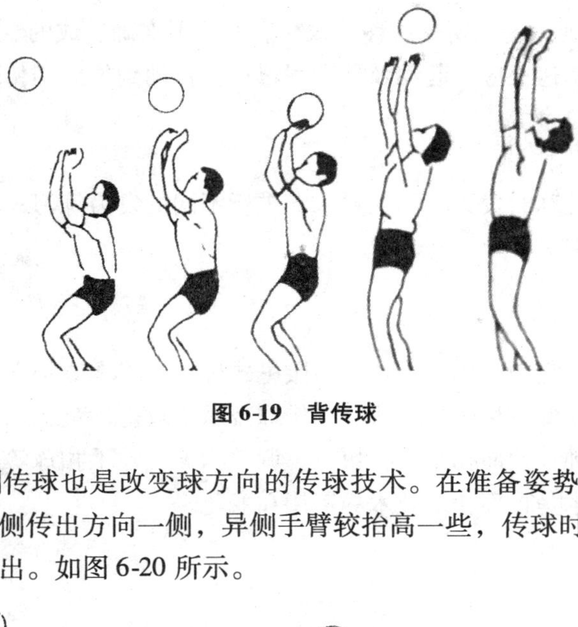

图 6-19　背传球

（3）侧传球　侧传球也是改变球方向的传球技术。在准备姿势的基础上侧对传球方向，击球点保持在额侧传出方向一侧，异侧手臂较抬高一些，传球时主要靠伸臂、甩动前臂、翻腕动作将球传出。如图 6-20 所示。

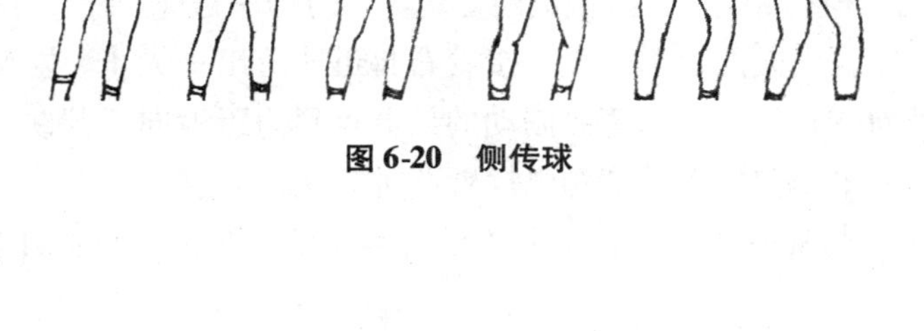

图 6-20　侧传球

（4）跳传球。

2. 练习方法

（1）徒手练习手形和最后用力。

（2）分组练习，每组由一人持球，其余组员轮流上前对着球摆手形，体会发力动作。

（3）对墙练习，距离墙 10 ~ 20 cm，以四指、六指或十指对墙轻传，定位手形，体会手指弹拨球要点。

（4）一人一球，自抛自传，体会手掌送球和发力动作要点。

（5）两人一球对传，培养判断、取位、传球到位的能力。

3. 易犯错误及纠正方法

（1）手形不正确，大拇指朝前等。

纠正方法：明确正确手形概念；用传球手形接球，然后检查手形和球是否相吻合；传小排球或实心球，强化手感，形成正确手形。

（2）击球点不正确。这主要是由移动太慢、取位不准确造成的。

纠正方法：多做快速反应、起动及移动练习；在移动到位后用传球手形在击球点接住球，逐步提高移动到位率。

（3）传球时用力不协调。

纠正方法：根据传球时发力的不同要求，进行不同的发力练习；相互观察用力不协调的原因，主动纠正错误。

（五）扣球技术

扣球是队员跳起在空中，用一只手臂做鞭甩式挥动，将本方场区上空高于球网上沿的球用力地击入对方场区的一种击球方法，是排球技术中攻击性最强的一项技术。根据战术需要扣球技术可分多种：正面扣球、扣快球、调整扣球、勾手扣球等。其中正面扣球是基本技术，其他扣球技术是正面扣球技术的运用和变化。

1. 动作要点

1）正面扣球

正面扣球技术由准备姿势、助跑起跳、空中击球和落地四个相互衔接的部分组成（见图 6-21）。

（1）准备姿势　助跑前站在距离球网 3 m 左右处，采用稍蹲姿势，两臂自然下垂，观察来球。

（2）助跑起跳　根据距球的远近和个人习惯，助跑一般采取一步法、两步法和三步法。两步助跑时，左脚先向前迈出一步，接着右脚迅速跨出一大步，左脚及时并上踏在右脚之前，两脚尖稍向右转，两腿从弯曲制动的最低点猛力蹬地向上起跳。起跳的方法有并步和跨跳两种，摆臂采用前后摆臂和划弧摆臂两种方法。

（3）空中击球　起跳后挺胸展腹，上体稍后仰并稍向右转，左手自然置于体前，右臂

图 6-21　正面扣球

屈肘举起，肘关节外展并高于肩关节，前臂、手腕、手指放松、手指微张，手掌成勺形。击球时，利用迅速转体收腹动作带动手臂猛烈挥击，用全手掌推击球的中下部。

（4）落地　落地时先以前脚掌着地再过渡到全脚掌着地，同时顺势屈膝、收腹，以缓冲下落的力量，并立即做好下一个动作的准备。

2）扣快球

扣快球的技术基础和正面扣球相似。所不同的是助跑轻松有节奏，起跳快速准确，挥臂动作的振幅较小，但小臂与手腕摆速要快。

2. 练习方法

（1）原地或助跑起跳击吊球，体会展髋、引臂、收腹、挥臂击球等动作要领。

（2）对墙练习助跑起跳，控制前冲。

（3）对地扣球，经墙反弹，继续扣击，练习判断、取位。

（4）用排球或小沙袋上网练习挥臂、甩腕的动作。

（5）3 m 线后持球，自抛自扣。

3. 易犯错误和纠正方法

（1）起跳点和起跳时间不准。

纠正方法：以视、听觉信号训练助跑起跳时间的准确性和步伐调整等。

（2）挥臂和击球手法不正确。

纠正方法：明确动作概念和动作作用；进行挥臂与击球的分解练习；进行提高协调性、灵活性和挥臂速度的练习；体会鞭打等动作练习。

（3）击球点不在最高点。原因是击球点选择不准和手臂没有伸直。

纠正方法：进行判断调整与选择起跳点的练习；在最高点击球伸直手臂的练习等。

（六）拦网技术

拦网是最积极的防守技术，是防守的第一道防线，也是防守反击的重要环节，可以直接得分。拦网分单人拦网和集体拦网。其技术动作由准备姿势、移动、起跳、空中拦截和落地五个部分组成。

1. 动作要领

面对球网距中线 30 ~ 40 cm 站立，两脚平行开立约与肩同宽，膝关节微屈，两臂自然弯曲于胸前。当判断出对方进攻点后，立即迅速应用并步、交叉步或跑步移至拦击位置。起跳时，两膝弯曲，两脚用力蹬地，两臂在体侧前方划小弧用力上摆带动身体垂直起跳。起跳后，两手从额前贴近并平行球网向网上沿的前上方伸出，两臂伸直，两肩尽量上提，提高拦击点。拦击时，两臂保持平行尽力伸向上空，两手间的距离应小于球的半径，手指自然张开，手腕保持一定的紧张度，看准来球的方向拦击，拦击时提肩压腕并稍收腹含胸，将球拦击入对方场内。落地时，两脚掌着地，屈膝缓冲。

2. 练习方法

（1）把网高降至 1. 80 ~ 2. 00 m，两人一球，隔网做拦网动作，体会含胸、收腹、伸臂过网及拦网手形的变化。

（2）面对矮墙或单杠，移动起跳做拦网动作。体会压腕要点，纠正压小臂触网等错误。

（3）两人一球，一人自抛自扣，另一人隔网起跳拦网。

3. 易犯错误及纠正方法

（1）拦网的起跳点和起跳时间不准。主要原因是判断不准。

纠正方法：讲解分析，运用视听信号和节拍指示学生判断起跳。

（2）拦击手形不对。主要原因是动作要领不清，肌肉感觉不灵敏。

纠正方法：明确要领，多做提肩压腕动作练习和结合球的相关练习。

（3）过中线和触网。主要原因是人和网的距离太近，身体重心前冲。

纠正方法：注意人网距离在 30 ~ 40 cm 之间；起跳后含胸、微收腹，多做原地徒手与结合球的扣球练习。

三、排球战术

排球战术是指队员在比赛中，根据排球规则和排球运动的规律及临场竞赛情况的发展变化，有意识地运用合理技术和相互配合所采取的有目的、有针对性的行动。排球战术有个人战术和集体战术两部分。主要战术有接发球站位（阵容配备）、进攻战术、防守战术、保护战术等。

（一）阵容配备

阵容配备的基本形式有“三三”配备、“四二”配备、“五一”配备三种。

1. “三三”配备

由三名进攻队员和三名二传队员组成。站位时，一名进攻队员间隔一名二传队员。目前采用这种配备形式的比较少，一般适用于初学者和水平较低的球队。

2. “四二”配备

由四名进攻队员（两名主攻队员和两名副攻队员）和两名二传队员组成，他们分别站在对角的位置上。这样每个轮次前后排都能保持一名二传队员、两个进攻队员，便于组织和发挥本队的攻击力量（见图6-22）。目前在水平一般的球队中，采取这种配备形式的较多。

3. “五一”配备

由五名进攻队员和一名二传队员组成。队员位置的站立与“四二”配备基本相同，只是一名二传队员作为接应二传主要承担进攻任务。这样可以加强拦网和进攻力量。接应二传也可以弥补主力二传队员来不及传球所造成的被动局面（见图6-23）。目前在水平较高的队中普遍采用这种配备形式。

图6-22　“四二”配备

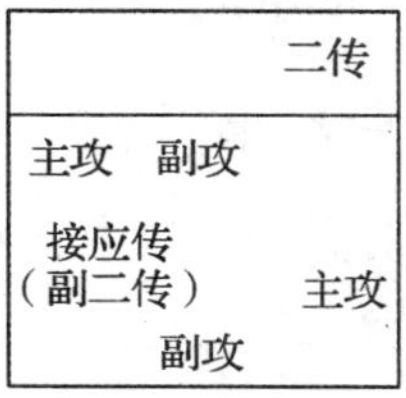

图6-23　“五一”配备

（二）进攻战术

进攻战术主要包括“中一二”、“边一二”、“插上”战术和两次球进攻战术以及在这些战术形式下形成的各种进攻战术。

1. “中一二”战术

由3号位队员做二传，把球传给2或4号位队员进行扣球的进攻战术（见图6-24）。

2. “边一二”战术

由2号位队员传球给3或4号位或队员进攻的战术（见图6-25）。

3. “插上”战术

由后排某一队员插上做二传（多由1号位队员插上），前排三名队员进攻的战术（见图6-26）。

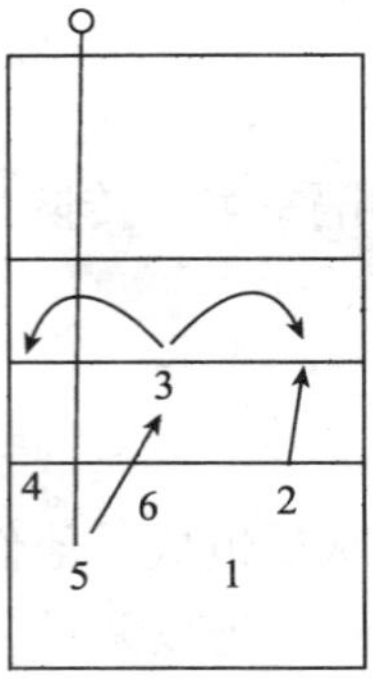

图 6-24 “中一二”战术

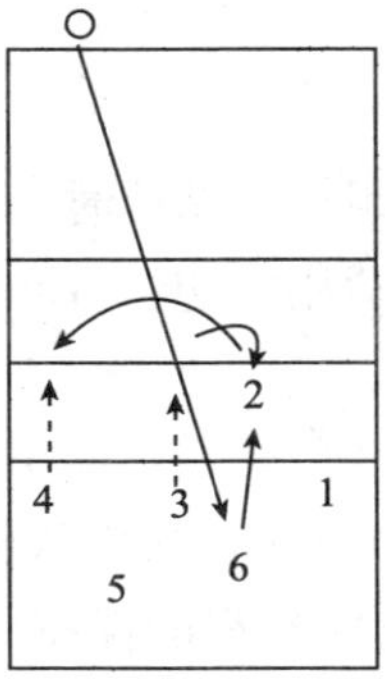

图 6-25 “边一二”战术

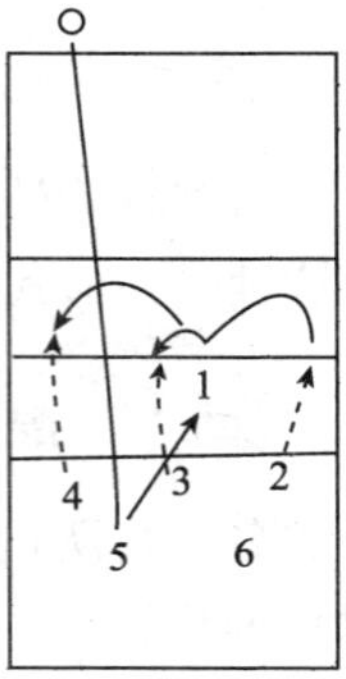

图 6-26 “插上”战术

4. 易犯错误及纠正方法

最易出现队员之间信号沟通不畅而使配合失误。

纠正方法：规定和熟悉一些必要的联络信号，根据一传和二传情况灵活组织战术。

（三）防守战术

防守战术是指为接起对方传或扣来的球所组织的战术队形。接扣球的防守战术主要有“心跟进”和“边跟进”战术。

1. “心跟进”防守战术

以双人拦网为例，对方扣球时本方 6 号位队员跟进保护，其他队员拦网和防扣球（见图 6-27）。

2. “边跟进”防守战术

对方进攻时本方 1 号或 5 号位队员跟进保护的战术形式。有“活跟”和“死跟”之分（见图 6-28）。

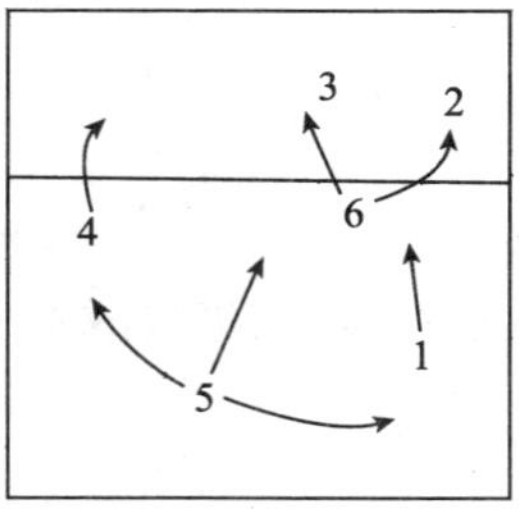

图 6-27 “心跟进”防守战术

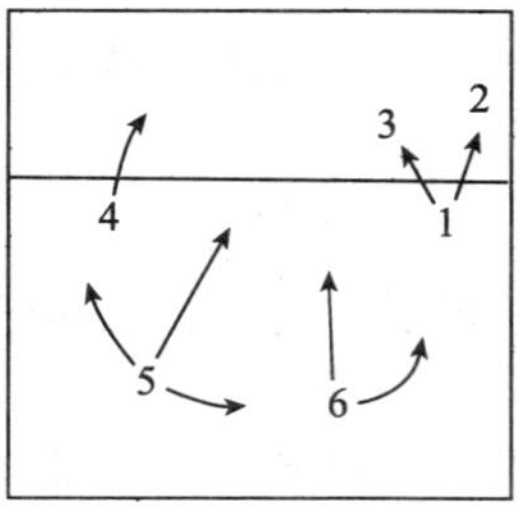

图 6-28 “边跟进”防守战术

3. 易犯错误及纠正方法

最常见的错误是判断不准确，移动不到位，造成空当。

纠正方法：明确阵形配合的方法和重要性、整体性，多做判断移动的练习和整体演练。

（四）保护战术

保护是防守战术中不可缺少的重要环节，是队友之间相互弥补防守中的漏洞，保护防守的战术环节。它包括接发球保护、拦网保护、扣球保护和防守保护等。这里重点介绍扣球保护战术。

1. 战术方法

以4号位扣球为例。4号位队员扣球落地后即做自我保护动作，负责救起落在球网附近的球；其他队员做相应的移动配合，形成保护层。

2. 易犯错误及纠正方法

常见的错误包括意识不强、移动保护不及时等。

纠正方法：明确保护的重要性，强化意识，加强反应、判断、移动等技术训练。

四、排球竞赛规则

（一）比赛方法

裁判员鸣哨即开始比赛。首先，选择发球的球队，其1号位的队员在发球区发球，直接得分或经过往返争夺后得分，则继续发球；如失误或往返过程中本方失误，则换由对方2号位队员发球，继续比赛。

1. 场地与设施

（1）比赛场地为18 m×9 m的长方形，四周至少有3 m宽的无障碍区，上空至少有7 m高的无障碍空间。

（2）球网长9. 50 m、宽1 m。男子排球球网高2. 43 m，女子排球球网高2. 24 m。网上两端有标志带和标志杆，标志带垂直于边线；标志杆长1. 80 m，设在两侧标志带的外沿，高出球网0. 8 m（见图6-29）。

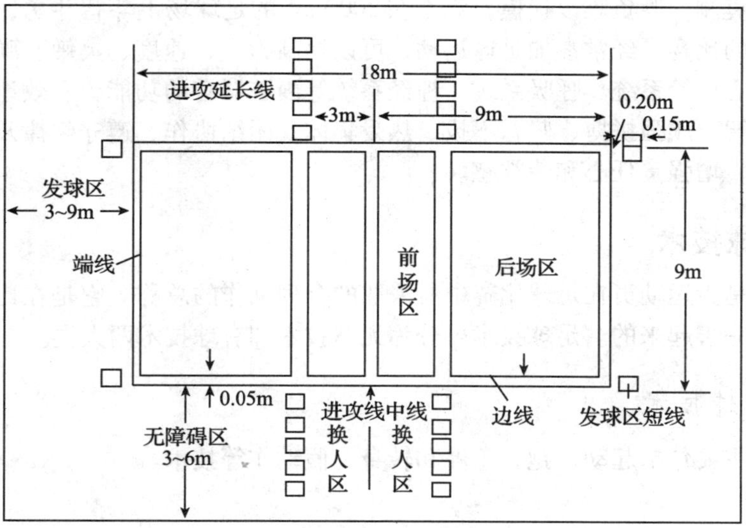

图6-29　排球场地

2. 场上队员位置

靠近球网的三名队员为前排队员，左为 4 号位、右为 2 号位、中间为 3 号位；另外 3 名队员为后排队员，左为 5 号位、右为 1 号位、中间为 6 号位。

http://volleyball. org. cn　中国排球协会官方网站
http://sports. china. com　中华网体育
http://www. sportscn. com　华体网

第三节　足球运动

一、足球运动概况

（一）足球运动的起源

古代足球起源于中国。中国史籍称之为“蹴鞠”，“蹴”就是踢，“鞠”就是球的意思。现代足球起源于英国，据史料记载，早在中世纪英国便有了类似今天的足球活动。当时的足球比赛在城市的街道上进行，对参加的人数、犯规等无规则限制。1982 年 J. C. 思林出版了一本自称为“最简单”的比赛规则。1963 年 10 月 26 日，伦敦 11 个主要的俱乐部和学校在伦敦的弗里森酒店举行会议创立了英格兰足球协会，与此同时也产生了世界上第一个统一的足球规则。这一日被世界公认为现代足球的诞生日，世界各国也公认现代足球起源于英国。

（二）足球运动的特点与作用

足球运动具有整体性、对抗性、多变性、艰辛性、易行性等特点。足球技术多姿多彩，战术变幻莫测，胜负难以捉摸，双方在 8000 m^2 的足球场上斗智斗勇，攻守交错，演绎着精彩纷呈的比赛。经常参加足球运动，可以提高力量、速度、灵敏、弹跳、耐力等身体素质，增强心血管系统、呼吸系统、神经系统等内脏器官的功能，有效地促进健康；可以培养勇敢机智、顽强拼搏、坚忍不拔、热爱集体、团结协作、遵守纪律及胜不骄、败不馁的良好品质，增强责任心和荣誉感。

二、足球技术

足球技术是指运动员在足球比赛中所采取的合理动作的总称。它是在比赛实践中逐渐形成、发展和完善起来的。足球技术可分为无球技术和有球技术两大类。

（一）无球技术

无球技术主要包括起动、跑、急停和转身、假动作等技术。

1. 起动

突然快速起动，为完成各项无球技术动作赢得有利的时间优势，在短距离内超越对手或盯住对手。起动是占据有利位置的有效手段，也能为快速跑提供最大冲力。

2. 跑

跑是足球运动不可缺少的无球技术之一。由于足球比赛中进攻与防守时刻都在变化，要求运动员的跑动速度、路线、动作也要随之改变。跑包括快速跑、曲线跑、折线跑、侧身跑、插肩跑、后退跑等。

3. 急停和转身

运动员在比赛中的急停动作大致可分为正面急停和转身急停。运动员在比赛中的转身主要有前转身和后转身。

4. 假动作

比赛中，为了摆脱对手的紧逼或者为了把对手控制的球抢夺过来，常用快速而逼真的身体虚晃动作使对手产生错误的判断，做出错误的行动或动作，从而达到自己的预期目的。

（二）有球技术

在快速激烈对抗下准确完成技术动作的关键部分就是有球技术。

1. 踢球技术

踢球是运动员有目的地用脚的某一部位把球击向预定目标的动作，多用于传球、射门。踢球的部位主要有脚内侧、脚背正面、脚背内侧、脚背外侧、脚后跟和脚尖等。

1）脚内侧踢定位球

动作方法：直线助跑，支撑脚踏在球的侧方 15 cm 左右处，膝关节微屈，在支撑脚着地的同时踢球脚以髋关节为轴由后向前摆动，在前摆过程中屈膝、外展，踢球脚的脚内侧正对出球方向，小腿急速前摆，脚尖翘起，脚底与地面平行，用脚内侧击球的后中部，踢球腿随球前摆落地（见图 6-30）。

图 6-30　脚内侧踢定位球

易犯错误：踢球脚屈膝外展不充分，脚尖没有翘起；摆腿动作过分紧张使摆动速度受限制；在踢球腿前摆时膝关节伸直形成直腿扫踢；踢球时上体向踢球腿一侧倾斜，脚掌内翻。

2）脚背正面踢定位球

动作方法：直线助跑，最后一步稍大并积极着地，支撑脚踏在球的侧方，脚尖面对出球方向，膝关节微屈，支撑脚着地的同时，摆动腿以髋关节为轴，大腿带动小腿，当膝关节摆至球的正上方的刹那，小腿爆发式地前摆，脚背跖屈，脚趾扣紧，脚背正面击球的后中部，踢球腿提膝随球继续前摆落地（见图 6-31）。

图 6-31　脚背正面踢定位球

易犯错误：支撑脚位置靠后，造成踢球时身体后仰，脚背击在球的中下部，出球偏高；踢球腿前摆使小腿过早地做爆发式前摆，造成直腿摆动，出球无力；摆动方向不正确，造成脚触球部位不准；怕脚尖触地，脚背没绷紧造成脚趾背面触球。

3）脚背内侧踢定位球

动作方法：斜线助跑，助跑方向与出球方向成一定角度，支撑脚先以脚外沿积极着地，踏在球的后侧方 20～25 cm 处，膝关节微屈，脚尖指向出球方向，在支撑脚着地同时摆动腿以髋关节为轴，大腿带动小腿由后向前摆动，当身体转向出球方向、膝关节接近球的内侧上部的刹那，小腿爆发式前摆，脚尖稍外转，脚面绷直，脚趾扣紧，脚尖指向斜下方，以脚背内侧踢球的后中部或后下部，踢球腿随球继续前摆落地。

易犯错误：助跑斜线角小，击球点偏外，出球不准；支撑脚位置靠后，踢球时上体后仰，出球过高；踢球脚的脚背外转不够，脚的接触部位不正确；没有直向出球方向摆腿，形成划弧动作，出球点偏高。

4）侧踢定位球

动作方法：助跑、支撑脚的位置和踢球腿的摆动基本上与脚背正面踢球相同，只是摆动腿的摆动由后外侧向前内侧摆腿，以脚背外侧击球的后中部，踢球腿随出球方向成交叉状随球继续前摆落地。

2. 停球技术

停球是指运动员有目的地用身体的合理部位，把运行中的球停在所需要的控制范围内的动作。

1）脚内侧停球

脚内侧停球动作较容易掌握，球与脚的接触面积大，易接稳，并便于改变方向和结合下一个动作，可以用来接地滚球、反弹球和空中球。现以脚内侧停地滚球为例。

动作要点：根据来球的路线和选择的停球位置及时移动到位。支撑脚正对来球，膝关节微屈；停球腿屈膝外展并前迎，脚尖翘起，当脚与球接触前的刹那开始后撤，在后撤过程中用脚内侧接触球，把球控制在衔接下一个动作需要的位置上。如需把球停在自己的侧后方，在停球脚撤到支撑脚的侧方时，再利用转体、展髋和停球脚外展的动作将球停向后侧方，同时以支撑脚为轴使身体转向出球方向（见图6-32）。

图6-32　脚内侧停球

易犯错误：停球脚的踝关节没有充分放松，使球触脚后弹离过远失去控制；停地滚球时脚离地过高使球漏过；停反弹球时，对球落地时间判断不准，使球漏过；用力下压而停不稳球。

2）胸部停球

用胸部把来球停住，以达到控制来球的目的。胸部停球有挺胸、收胸停球两种。

（1）挺胸接球　一般用于接高于胸部的下落球。停球时，身体正对来球，收下颌，双臂自然张开，重心落在两脚之间，两膝微屈，上体稍后仰。在球接触胸部时，挺胸憋气，脚跟上提，使球触胸后向前上方弹起，然后用头或脚将球控制好（见图6-33）。

图6-33　胸部停球

（2）收胸接球　多用于接速度快、力量大的平球。身体正对来球，两脚前后开立。接球时，胸部对准来球，并稍前挺迎球。球接触胸部刹那，两肩前引，迅速收胸、收腹，用胸部触压球的中上部以缓冲来球力量，将来球接在身前（见图6-34）。

图6-34　收胸接球

易犯错误：停球时对球在空中的位置选择不当；不能用正确的位置接触球；挺胸停球时没有收下颌；由于没有充分展腹，造成挺胸而不能后仰，使球弹出过远，难于控制。

3）大腿停球

大腿停球分停高球和停低平球两种动作。

（1）大腿停高球　根据球的运行路线选择停球空间位置及时移动到位，面对来球，停球腿屈膝抬起，在大腿与球接触的刹那快速后撤将球停在体前衔接下一个动作所需的位置。

（2）大腿停低平球　根据球的运行路线选择的停球空间位置及时移动到位，面对来球，停球腿以大腿中部对准来球屈膝前迎，肌肉适当放松。在大腿与球接触的刹那快速后撤将球挡落在体前衔接下一个动作所需的位置。

3. 运球与运球过人技术

运球是运动员在跑动中用脚连续拨球，使球处于控制范围内的触球动作。

常用的运球方法包括脚背正面运球、脚背内侧运球、脚背外侧运球和脚内侧运球。

1）脚背正面运球

跑动时，身体自然放松，上体稍前倾，两臂自然摆动，步幅不要过大。运球脚提起时，膝关节弯曲，脚跟提起，脚尖下指，在迈步前伸着地前，用脚背正面推拨球前进。

2）脚背内侧运球

跑动时，身体自然放松，步幅要小些，上体稍前倾并稍向运球方向转动。运球脚提起时，膝关节稍弯曲，脚跟提起，脚尖稍外转，在迈步前伸着地前，用脚背内侧推拨球前进（见图 6-35）。

图 6-35　脚背内侧运球

3）脚背外侧运球

跑动时，身体自然放松，步幅要小些，上体稍前倾并稍向运球方向转动。运球脚提起时，膝关节稍弯曲，脚跟提起，脚尖稍内转，在迈步前伸着地前，用脚背外侧推拨球前进（见图 6-36）。

图 6-36　脚背外侧运球

4）脚内侧运球

运球时支撑脚稍向前跨，踏在球的侧前方。膝关节稍弯曲，上体前倾向里转。随着身体向前移动，运球脚提起，用脚内侧推球的后中部。

5）运球控制球常用的动作

运球控制球的常用动作包括拨球、拉球、扣球和挑球等。

（1）拨球　用脚腕的抖拨动作，以脚背内侧或脚背外侧触球，使球向侧方或侧前方滚动。

（2）拉球　一般是指用脚掌将球由前向后或由左（右）向右（左）做拖拉动作。

（3）扣球　指突然转身和脚腕急转压扣动作，以脚背内侧或脚背外侧部位触球，将球向侧后方或后方改变方向。

（4）挑球　一般是用脚背部位与脚尖翘起上挑的动作或用脚背上撩的动作将球挑起，从对手身侧或头上越过。

6）运球过人方法

运球过人方法包括强行突破，运球假动作突破，快速拉、扣、拨球突破，变速运球突破，穿裆球突破和人球分路突破等。

（1）强行突破　指队员突然以推拨球与快速起跑相结合的动作，越过对手。这种突破方法只要时机掌握恰当，就容易奏效。

（2）运球假动作突破　指队员利用腿部、上体和头部的虚晃，佯装运球动作迷惑对手，使其产生错误判断而做出抢球动作，当其一侧露出空隙时，立即运球突破。

（3）快速拉、扣、拨球突破　以单、双脚快速拉、扣、拨的动作变化，不断变换运球方向，使对手难以判断运球突破的方向和时机。当对手在堵截中露出空隙时，快速运球突破。

（4）变速运球突破　对手位于自己的侧面，在侧身掩护运球的同时，利用运球速度的变化达到摆脱对手的目的。

（5）穿裆球突破　运球遇到对手从正面阻截，其距离较近而又采取两脚平行开立防守姿势时，可突然推球从其胯下穿过，并快速起动从其一侧越过得球。

（6）人球分路突破　指运球队员和球分别从防守者的左右侧超过对手的一种方法。

4. 头顶球技术

头顶球是球员有目的地用头的前额骨把球击向预定目标的动作。根据头顶球部位的不同，可将头顶球分为前额正面顶球和前额侧面顶球。

（1）前额正面顶球　大多是前后摆体用前额正面顶球（见图6-37）。

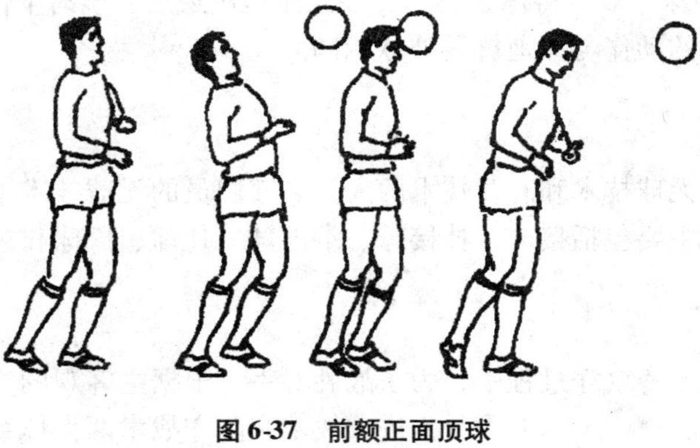

图6-37　前额正面顶球

（2）前额侧面顶球　大多是由一侧向另一侧摆体用前额侧面顶球。

5. 抢、断球技术

抢、断球是指队员为了把对手控制的球、传出的球夺过来或破坏掉而所采用的各种动作。

(1) 抢球　指截获回防队员脚下控制的球，通常可以从正面、侧面抢截。做抢截动作时，重心应适当降低，上体稍前倾，多用脚内侧和脚尖触球。

(2) 断球　指截获即将被对方队员控制的球，要预先判断对方传球的路线、时间、力量与落点，动作要做到迅速、果断。

6. 掷界外球技术

队员将比赛中越出边线的球，按照规则用双手掷入场内预定目标的动作即为掷界外球。掷界外球分为原地掷界外球和助跑掷界外球两种。

(1) 原地掷界外球　面对出球方向，两脚前后开立（或左右开立），膝关节微屈，上体后仰成背弓，重心移至后脚上（左右开立时重心落在两脚之间），两手自然张开，拇指相对持球的后侧部，屈肘上举将球置于头后。掷球时后脚用力蹬地，两腿快速伸膝同时摆体，身体重心由后脚移至前脚，同时甩腕将球掷入场内。掷球后，后脚可沿地面向前滑动，但两脚均不得离地或踏入场内（见图6-38）。

图6-38　原地掷界外球

(2) 助跑掷界外球　双手持球于胸前，在助跑迈出最后一步时上体后仰成背弓，同时举球至头后。掷球时的动作与原地掷界外球相同。

7. 守门员技术

守门员技术分为无球技术和有球技术两大类。守门员的无球技术主要包括准备姿势和移动动作；有球技术主要包括接球、扑接球、拳击球、托球、掷球和踢自抛球等。

三、足球战术

足球战术是指在比赛攻守过程中，为了战胜对手，根据主客观的实际情况所采取的个人行动和集体配合的总称。足球战术分为进攻战术和防守战术两大体系。无论是进攻战术还是防守战术，都包含着个人战术、局部战术和整体战术。

（一）进攻战术

1. 个人进攻战术

（1）摆脱　指无球队员在阻碍对方队员防守的情况下，设法摆脱对手以获得来球的方法。

（2）跑位　指进攻队员在无球的情况下有目的、有意识地跑动方法。

（3）传球　是集体配合的基础，是完成战术配合、创造射门机会的主要手段。

（4）运球突破　进攻战术中极为重要的个人战术。比赛中队员应合理、大胆地采用运球突破战术。

2. 局部进攻战术

（1）两人局部进攻战术　两人局部传球配合可起到突破、控制球、转移球等作用。其配合形式包括交叉掩护配合、传切配合和二过一战术配合。

（2）三过二进攻战术　指在局部地区三个进攻队员通过两次或两次以上连续传球，越过两个防守队员的配合方法。

3. 全队进攻战术

全队进攻战术大致可归纳为边路进攻战术和中路进攻战术两大类

（1）边路进攻战术　在对方两侧地区发动的进攻。

（2）中路进攻战术　在比赛场地中间地带发动的进攻。

（二）防守战术

1. 个人防守战术

选位与盯人是防守战术中重要的个人防守战术。

2. 局部防守配合

保护与补位是局部防守的基础，保护是补位的前提，没有保护就不可能有效地补位。

3. 全局防守战术

全局防守战术体系主要包括盯人防守、区域防守和混合防守三种。

（三）定位球战术

定位球战术包括中圈开球、掷界外球、球门球、角球、任意球、点球等攻守战术。

（四）阵形组织

为了适应攻守战术的需要，全队队员在场上的位置排列、攻守力量的搭配和职责分工的形式，称为比赛阵形。各阵形的名称视队员排列的形状而定，目前，普遍采用的阵形有“四四二”、“四三三”、“三五二”、“五三二”等。

四、足球竞赛规则

（一）比赛时间

比赛分为两个时间相等的半场，上、下半场各为45 min。半场休息时间不得超过15 min。

（二）球员人数

每队不得多于11名队员，最少亦要有7名球员，其中之一为守门员。守门员必须穿着不同于两队球员颜色的球衣。

（三）越位

进攻队员在没有球的状态下，站立于防守一方的球门线与该进攻球员之间，若当时只有一位防守队员，进攻的队员便是处于越位位置。

（四）直接任意球

队员犯规，在该点由对方判罚，直接射进球门，可算得分。下列情况可判为直接任意球：①踢或企图踢对方队员；②绊倒或企图绊倒对方队员；③跳向对方队员；④冲撞对方队员；⑤殴打或企图殴打对方队员；⑥推对方队员；⑦抓拉对方队员；⑧向对方队员吐口水；⑨非守门员故意用手触球；⑩铲球未触球前触及对方。

（五）间接任意球

队员触犯，在该点由对方判罚，未经其他队员触及直接射进球门，不算得分。下列情况可判为间接任意球：①守门员用手将球掷出，在球未触及其他队员前，再一次用手触球；②守门员延误时间；③阻挡对方球员前进；④阻挡守门员用手将球掷出；⑤动作有危险性；⑥规则未规定的其他犯规。

（六）黄、红牌警告

下列情况被处以黄牌警告：①非运动精神行为；②用语言或动作表示异议；③连续违反规则；④延误重新开始比赛；⑤踢角球或自由球，不与球保持必要的距离；⑥未得裁判允许擅自进出球场。

下列情况将被处以红牌警告，判罚离场：①严重犯规；②言语无礼、侮辱或谩骂；③粗鲁行为；④对任何人吐口水；⑤对方有机会进球得分时，故意用手触球；⑥对方有机会进球得分时，故意用犯规手段阻止；⑦在同一场比赛，第二次被黄牌警告。

（七）罚球

队员在己方罚球区内触犯直接任意球的十条规则，由对方在罚球点判罚。

（八）界外球

整个球体在空中或地面全部越出边线时即为界外球。在越出边线地点，由最后触球队员的对方队员掷球入场，重新开始比赛。掷界外球的球员须站在边线外，两脚着地，面对球场，用双手掷球。掷界外球直接进入对方球门的，不算得分。

（九）球门球

球由攻方球员触及，整个球体在空中或地面全部越出球门线时即判球门球。由守方队员在球门区内任何一点踢球门球，直接进入对方球门的，算得分。

（十）角球

球由守方队员触及，整个球体在空中或地面全部越出球门线时，判角球。由攻方队员在离球出界处最近的角球弧内踢角球，直接进入对方球门的，算得分。

http://www.fa.org.cn　中国足球协会官方网站
http://www.news.cn/sports　新华体育-新华网
http://www.16838.com　中体网

第四节　乒乓球运动

一、乒乓球运动简介

乒乓球运动的特点是球小、速度快、变化多，且易开展。经常参加乒乓球运动不仅可以发展人的灵敏性和协调性，提高动作的速度和上下肢的活动能力，改善心血管系统的机能，增强体质，而且有助于培养人勇敢顽强、机智果断、沉着冷静、勇于进取的优良品质。现阶段，乒乓球技术正朝着积极主动、特长突出、技术全面、战术变化多样的方向发展。

二、乒乓球基本技术

（一）握拍方法

1. 直拍握法

以食指第二指节和拇指第一指节在拍的前面构成一个钳形，拍柄贴住虎口，拍后三指自然弯曲贴于拍1/3的上端（见图6-39）。

2. 横拍握法

横拍的一般握法如同人们见面时握手手法，中指、无名指、小指握住拍柄，虎口贴住拍肩，拇指略弯曲紧捏拍或斜伸拍面，食指斜伸在拍的另一面（见图6-40）。

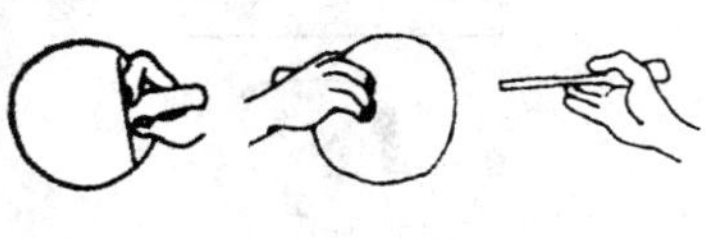

图6-39　直拍握法

图6-40　横拍握法

（二）站位和准备姿势

站位应根据个人不同的打法类型来确定，一般是站在中间偏左、离台 30～50 cm 的位置。两脚平行站立与肩同宽或比肩稍宽，保持身体重心平稳。微微提踵，前脚掌内侧用力着地，以保证快速起动移步。两膝微屈并向内扣，稍含胸收腹，上体略向前倾，持拍手臂自然弯曲。直握拍的肘部略向外张，手腕放松，球拍置于腹部右前侧 20～30 cm 处，以利于照顾左右两侧，加快击球速度；横握拍的肘部向下，前臂自然平举。两眼注视来球，加强注意力以准确判断来球方向及力度。

（三）基本步法

基本步法主要包括单步、滑步、跨步、交叉步、结合步等步法。

1. 单步

动作要领：以一脚为轴心，另一脚向前后左右移动一步，身体重心也随之落到移动脚上，挥臂击球（见图 6-41）。

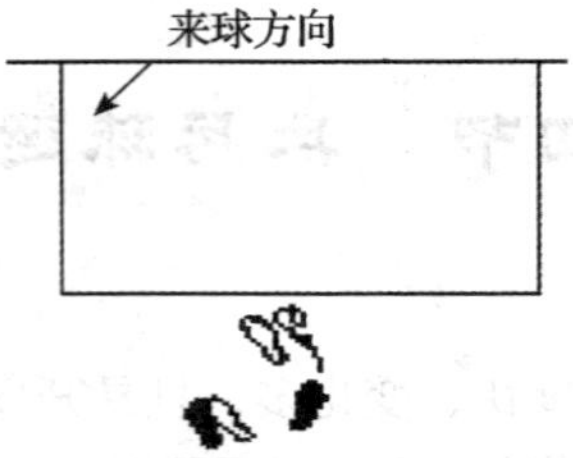

图 6-41　单步

动作特点：移动简单、迅速范围小，重心移动平稳。当来球离身体距离较近时可采用此种步法。

2. 滑步

动作要领：两脚几乎同时向来球方向蹬地、离地，与来球方向对侧的脚先落地，同方向脚紧随着地，挥臂击球（见图 6-42）。

动作特点：移动范围较大，重心转换迅速。当来球远离身体时可采用此种步法。

3. 跨步

动作要领：来球对侧方向脚用力蹬地，同方向脚向来球方向跨出一大步，身体重心随即移至该脚，另一脚迅速跟上（见图 6-43）。

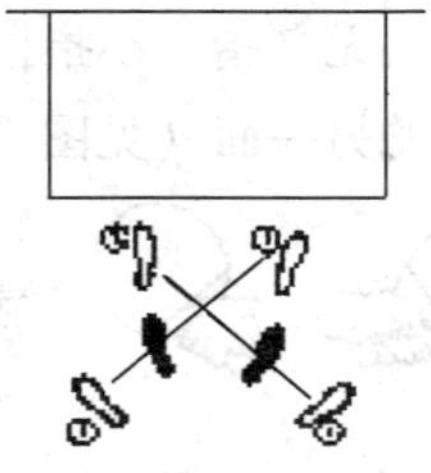

图 6-42　滑步

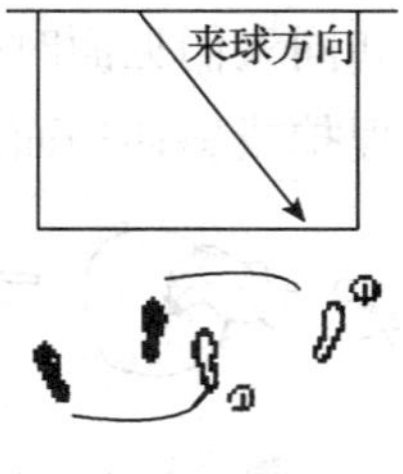

图 6-43　跨步

动作特点：移动速度快，移动范围比单步大。但由于一脚移动幅度大，所以存在重心降低、不易连续使用的缺陷。

4. 交叉步

动作要领：来球同侧方向脚用力蹬地，对侧方向脚向来球方向跨出一大步。此时，双腿在身前形成交叉状，然后蹬地脚迅速跟上，解除交叉（见图6-44）。

动作特点：移动范围比其他方法大，当来球远离身体时可采用此种步法。适用于主动发力进攻。

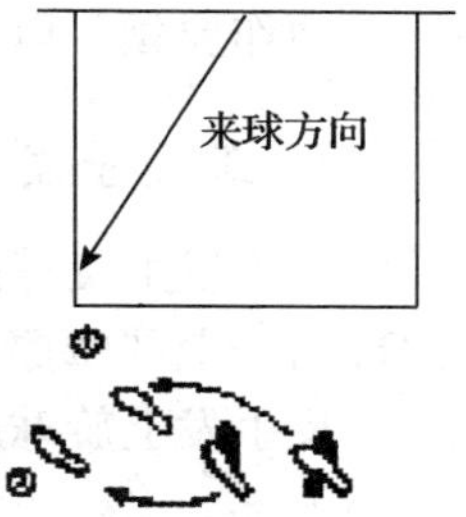

图6-44　交叉步

5. 结合步

动作要领：在完成一次击球时，使用两种或两种以上单一步法的动作方法进行结合使用。

动作特点：使用一种步法仍不能获得最佳击球位置时，可采用结合步来完成。结合步的活动范围比任何一种单一步法都要大。

（四）发球技术

常见的发球技术有正反手发平击球，正反手发上旋球，正手发左侧上、下旋球，正手发下旋球加转和不加转球，反手发右侧上旋球等。

1. 正手发平击球

动作特点：是一般上旋、一般速度的发球。

动作要领：如图6-45 所示。

图6-45　正手发平击球

1）击球前

（1）选位　左脚稍前，身体略向右转，左手掌心托球置于身体右侧前方。

（2）引拍　左手将球向上抛起，同时右臂内旋，使拍面角度稍前倾，向身体右后方引拍。

（3）迎球　右臂从身体右后方向右前方挥动。

2）击球时

当球从高点下降至稍高于球网时，击球中上部向左前方发力。

3）击球后

手臂继续向左前方随势挥动，迅速还原。

基本要点：持球手的抛球过程要符合规则。持拍手的发球过程，要掌握引拍不同方向、拍面角度、挥臂方向、击球点高度、击球部位和摩擦方向、球落台第一落点位置、发力部位和迅速还原。发力部位以前臂为主，动作过程中身体重心从右脚移至左脚。

2. 反手发平击球

动作要领：以右手持拍为例。向左后方引拍，向前发力，轻击球的中部。

3. 正反手发上旋球

正手发上旋球的动作要领：以右手持拍为例。向右后上方引拍，左前方挥拍，击球的中部向中上部摩擦。

反手发上旋球的动作要领：以右手持拍为例。向左后方引拍，右前方横摆球拍，击球的中上部。

4. 正手发左侧上、下旋球

正手发左侧上旋球的动作要领：以右手持拍为例。向右前方引拍，左下方挥拍，击球的中部并向左侧上方摩擦。

正手发左侧下旋球的动作要领：以右手持拍为例。向左上方引拍，左下方挥拍，击球的中下部并向左侧下方摩擦。

5. 正手发下旋球加转和不转球

正手发下旋球加转的动作要领：以右手持拍为例。持拍手腕动作略外展和伸，从右后上方向左前下方挥动，击球的中下部并向底部摩擦。

正手发不转球的动作要领：以右手持拍为例。持拍手腕作略外展，从右后上方向左前方挥动，轻触球的中部。

6. 反手发右侧上旋球

动作要领：以右手持拍为例。右臂稍内旋，左后方引拍，向右上方挥动球拍，击球的中部并向右侧上方摩擦。

（五）推挡技术

1. 正手挡球

动作特点：在正手位利用正手平挡击球，具有力量大、速度快的特点。

动作要领：站位在球台中间或偏左，身体离球台约 50 cm。击球前，引拍至身体右侧，拍、球、身体形成三角形，左脚稍前，身体重心放在右脚上，两膝微屈。击球时，从右脚向左脚移动重心的同时转腰、挥臂、盯球，在上升期击打来球的中后部。击球后，迅速还原成准备姿势。如图 6-46 所示。

图 6-46　正手挡球

易犯错误：前臂和手腕没有向前迎击的动作，拍面过于前倾。

纠正方法：左手托着右肘，体会前臂和手腕向前迎击的动作，调节拍形，使拍面垂直于台面。

2. 反手推挡球

动作特点：在反手位借对方来球的反弹力量结合本身的击球推击力量进行还击，具有动作小、球速快、变化多的特点。

动作要领：左脚稍前，身体略向右转，左手掌心托球置于身体右侧前方。左手将球向上抛起，同时右臂内旋，使拍面角度稍前倾，向身体右后方引拍。右臂从身体右后方向右前方挥动。当球从最高点下降至稍高于球网时，击球的中上部，向左前方发力。击球后，手臂继续向左前方随势挥动，迅速还原。如图 4-47 所示。

图 6-47　反手推挡球

易犯错误：推挡时肘部抬起。

纠正方法：调整肘部高度使其平于前臂或稍低于前臂。

注意事项：击球时发力均匀，向前上方摩擦球，使球略向上旋转。

（六）攻球技术

1. 正手攻球技术

动作特点：站位近台，在正手位利用正手借助球的反弹力击球，具有动作小、球速快的特点。

动作要领：左脚稍前，身体离台面约 50 cm。手臂自然弯曲并作内旋使拍面稍前倾，前臂后引将球拍引至身体右侧后方。击球时，当来球跳至上升期，拍面稍前倾击球的中上部，在上臂带动下前臂快速向左前方挥动时手腕配合外展。击球后，手臂继续向左前上方随势挥动，迅速还原成击球前的准备姿势。如图 6-48 所示。

图 6-48　正手攻击球

易犯错误：击球时吊腕。

纠正方法：击球时手腕自然放松成正常的平直状态。

注意事项：发力主要部位以前臂为主，动作过程中身体重心从右脚移至左脚。

三、基本战术

运动员在比赛中根据自己和对方的具体情况，有目的、有意识地运用技术，就构成了乒乓球的战术。

（一）单打战术

1. 发球抢攻战术

反手发右侧上（下）旋球，至对方中路靠右近网处，伺机抢攻；反手发急上（下）旋球，至对方左角，配合发近网短球，伺机抢攻；正手发左侧上（下）旋球，配合发转与不转球抢攻；正手高抛发左侧上（下）旋球（长、短球）至对方左角后抢攻。

2. 推挡侧身抢攻战术

用推挡技术压住对方反手，伺机侧身抢攻。

3. 对攻战术

这是进攻型打法选手互相对垒时常用的战术，主要包括：紧压对方反手结合变线；连续压中路及正手；调右压左；利用轻重力量变化等战术，伺机抢攻；利用近台打（拉）回头和远台对攻（拉）及放高球的战术，以争取由被动变为主动。

4. 推攻战术

主要运用正手攻球和反手推挡的速度和力量，并结合落点变化和节奏变化来压制和调动对方，以争取主动或得分。主要是利用线路、落点和速度的变化，争取主动和创造扣杀机会。

5. 以削为主的削中反攻战术

以旋转和落点变化迫使对方回球偏高，伺机反攻或使对方失误；以稳削变化旋转和落点为主，适当配合反攻；连续削加转球至对方左角，然后配合送不转球至对方右角；连续削对方正手，突变削对方反手，迫使对方用搓球回接，伺机反攻；削转与不转球，配合控制落点，伺机反攻；交叉削逼两角，伺机反攻。

（二）双打战术

为了协同作战，加强配合，双打选手在发球时可用手势相互暗示发球意图，尽量为同伴创造抢攻条件，力争主动。在接发球时应以抢攻、抢拉为主。发球或接发球后，可运用打一角的战术，迫使对方两人在一角匆忙换位，再突袭另一角；亦可交叉攻两角或利用长短结合的战术，打乱对方两人的基本站位、走位，从中创造进攻机会。

四、乒乓球竞赛规则

1. 场地与器材

球台用木料或其他材料制成，长 274 cm，宽 152. 5 cm，离地面高度 76 cm。球桌中间横放一长 183 cm、高 15. 25 cm 的球网。

2. 比赛项目

乒乓球比赛设男女团体、男女单打、男女双打、男女混双七个比赛项目。

3．一场比赛

一场比赛采用五局三胜制或七局四胜制。

4．一局比赛

以得 11 分为胜，若打到 10:10 后，先多得 2 分者为胜。

5．发球的次序

一局比赛中一方连续发两个球后，就换发球。比分打到 10:10 或执行轮换发球法时，每得 1 分就换发球，直到这局结束。在双打时，发球和接发球次序不变，但每个运动员每次轮发两个球，直到该局结束。

6．合法发球

球静放于伸平的手掌心上。上抛球高度不少于 16 cm，不得偏离垂直线 45°以上，不能使球旋转，球下降后才能击球。球应先落在本方台面，然后越过网落在对方台面。

7．合法还击

运动员必须用球拍或执拍手手腕以下部位击球，使其越过球网落在对方台面。

8．失分

除重发球外，在每个回合中出现下列情况就判失 1 分：①未能合法发球和合法还击；②拦击或阻挡；③连续两次击球和球连续两次触本方台区；④队员和其他物品移动了台面或触及球网；⑤不持拍的手触及台面；⑥发球时队员或同伴跺脚；⑦在双打中，除发球和接发球外，运动员未按正确的次序击球。

http://tabletennis.sport.org.cn　　中国乒乓球协会官方网站
http://cttsl.sports.cn　　中国乒乓球俱乐部超级联赛网站

第五节　羽毛球运动

一、羽毛球运动简介

羽毛球运动起源于 1873 年英国格拉斯哥郡一个名叫 Badminton 的村庄，这也是羽毛球运动英文名称“Bad-minton”的由来。起初，羽毛球运动并没有一致的比赛形式，直至 1875 年，世界上第一部羽毛球比赛规则才出现在印度的普那。1893 年，英国羽毛球协会成立，并重新修订和统一了羽毛球比赛的规则。直至 1934 年，国际羽毛球联合会才正式成立，成员包括多个国家及地区。亚洲羽毛球联合会于 1959 年在马来西亚吉隆坡成立。自 1899 年在英国举行的全英羽毛球锦标赛起，重要的国际羽毛球赛事相继出现，包括世界杯羽毛球锦标赛、汤姆斯杯（男子羽毛球团体锦标赛）、尤伯杯（女子羽毛球团体锦标赛）、苏迪曼杯（男女羽毛球混合团体比赛）及世界羽毛球大赛等。世界杯羽毛球锦标赛属于邀请性比赛，现改为大满贯赛事。直至 1992 年，羽毛球才正式成为奥林匹克运动会的比赛项目之一。

二、羽毛球基本技术

（一）握拍法

1. 正手握拍

虎口对着拍柄窄面的小棱边，拇指和食指贴在拍柄的两个宽面上，食指和中指稍分开，中指、无名指和小指并拢握住拍柄，掌心不要贴紧，拍柄端与近腕部的小鱼际肌平，拍面基本与地面垂直，如图 6-49 所示。正手发球、右场区各种击球及左场区头顶击球等，多采用这种握拍法。

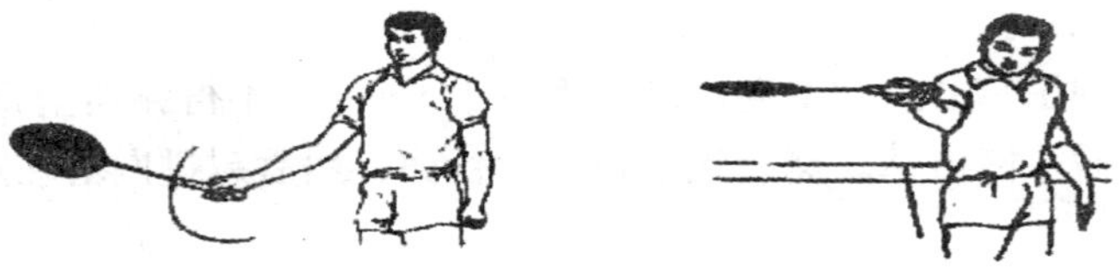

图 6-49　正手握拍

2. 反手握拍

在正手握拍的基础上，拇指和食指将拍柄稍向外转，拇指顶点在拍柄内侧的宽面或内侧棱上，中指、无名指和小指并拢握住拍柄，柄端靠近小指根部，使掌心留有空隙。球拍斜侧向身体左侧，拍面稍向后仰，如图 6-50 所示。

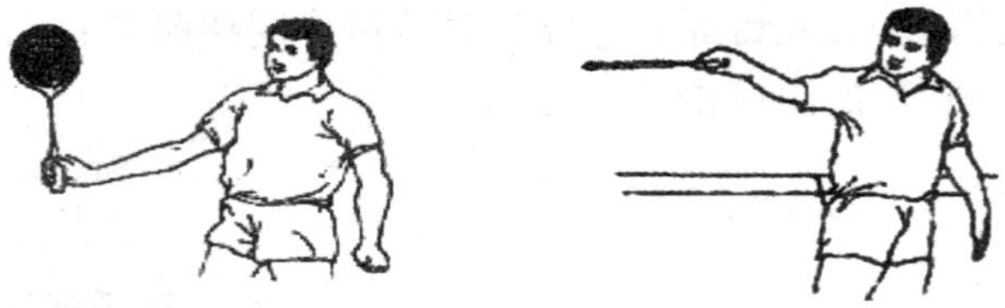

图 6-50　反手握拍

（二）发球法

发球是羽毛球运动重要的基本技术之一。可通过不同的手法，发出不同弧度、不同速度、不同落点的球去控制对方，为本方创造进攻得分的机会。因此，对发球技术应予以高度重视。

发球可分为正手发球和反手发球。发网前球、平快球、平高球均可采用正手与反手发球技术，而发高远球则须采用正手发球。

1. 正手发球（以右手发球为例）

1）高远球

准备发高远球时，站在离前发球线 1 m 左右、发球场区中线附近，面对球网，左脚在前，右脚在后，两脚自然分开。身体重心放在右脚，身体自然地微微后仰，右手向右后侧举起，肘部稍弯曲，左手拿球（可拿球的任何部位）并自然地在胸前弯曲。如图 6-51 所示。

图 6-51　正手发高远球

2）平高球

准备发平高球时，站在距前发球线约 1 m 左右、发球场区中线附近，面对球网，左脚在前，右脚在后，两脚自然分开。身体重心放在右脚，身体自然地微微向后仰，右手向右后侧举起，肘部稍弯曲，左手拿球并自然地在胸前弯曲。发球时，左手把球举在身体靠右前方并放下，使球下落；右手同时由大臂带动小臂，以小臂加速使球拍从右后方向前，并往左前方挥动。当球落到发球员腰部稍下时，紧握球拍，手腕向前上方鞭打击球。如图 6-52 所示。击球时，平高球的动作比发高远球的动作小。

图 6-52　正手发平高球

3）网前球

发网前球时，站位稍前。由于网前球飞行距离短、弧线低、用力轻，因此前臂挥动的幅度和手腕后伸的程度要比高远球小。球拍触球时，拍面从右向左斜切击球，使球刚好越网而过，落在对方前发球线附近。如图 6-53 所示。

图 6-53　正手发网前球

2. 反手发球（以右手发球为例）

1）反手发平球

发球时，球拍的挥动方向与反手发网前球一样，只是在击球一刹那，手腕采用弹击力量方法，拍面角度接近垂直，将球击到双打后发球线以里附近。

2）反手发网前球

站位在前发球线后 10～50 cm 及中线附近，也可站在前发球线后靠近边线附近的地方。面向球网，两脚前后开立（左脚或右脚在前均可），身体重心在前脚，上体前倾，后脚跟提起。右手反握在拍柄稍前部位，肘关节部位提起，手腕稍前屈，球拍低于腰部，斜放在小腹前，左手持球在球拍面前方。发球时，球拍由后向前推送击球，使球的最高弧线略高于网顶，通过拍面的切削动作使球落到对方场区的前发球线附近。如图 6-54 所示。

图 6-54　反手发网前球

3. 发球要点

（1）发球时，双方不能以不当的理由及动作，延误发球。发球员及接球员应站立于斜相对的发球区并不得踩及界线；双方的双脚必须部分与场地面接触，并且固定，不得移动位置，直到发球动作完成。

（2）发球员的球拍击到球体底座的瞬间，整个球体应在发球员的腰部下方。

（3）发球员球拍的轴部在击球瞬间必须朝向下方，且拍框面头部的任何部位的，应低于发球员握拍的手部最下缘。

（4）发球员开始发球时，其球拍的移动必须朝前连续不断，直到发球动作完成。

（5）发球员挥起球拍，拍击羽毛球向上飞行及越过球网，如果未经拦截，羽毛球应落向接球员的发球区。

（6）球员一经就位，发球员首先向前移动其球拍，发球即行开始。

（7）接球员未准备就绪前，发球员不能发球，但是接球员只要有还击的动作，就算已有准备。

（8）一经开始发球，该球就应为接球员击到或落到地面。

（9）双打发球时，只要不妨碍发球员或接球员的视线，双方的同组球员可站于场区的任何地点。

（三）接发球

从战术上来讲，接发球与发球是相互矛盾的。发球方想方设法发出不同弧线、不同速度、不同落点的球，以此来控制对方；而接发球方则以“后发制人”来达到反控制的目的。羽毛球比赛就是在这控制和反控制的争夺中给人以刺激、乐趣和启示。

接发球站位：不论是单打还是双打，都应选择一个合理的接发球站位。一般情况下，单打的接发球站位离前发球线约 1.5 m 处。在右发球区应站在靠中线的位置，在左发球区则站在中间稍偏边线位置，主要防备对方发球攻击反手部位。双打接发球站位可靠近前发球线，因双打的后发球线距前发球线的距离比单打短 0.76 m，发高远球易被扣杀，所以，双打接发球的精力主要用于对付网前球。

准备姿势：单打接发球应左脚在前、右脚在后，侧身对网，重心在前脚，后脚跟稍提起，含胸收腹，持拍手置于右体前，两眼注视对方拍形及拍挥动作直至击中球，如图 6-55 所示。

图 6-55　接发球准备姿势

双打接发球准备姿势基本与单打相同，但重心可放在任何一脚上，球拍高举于肩上，注意力高度集中。

（四）击球法

羽毛球击球技术可分为后场高空击球技术、网前击球技术和杀球技术。

1. 后场高空击球技术

后场高空击球技术也称后场上手击球技术，即在尽可能高的击球点上，自后场经过高空飞行将球打到对方后场端线，分正手击高球、反手击高球、头顶击高球、平高球和吊球五种手法。

1）正手击高球

首先要判断好来球的方向和落点，侧身后退，使球处在自己的右肩稍前上方的位置。左肩对网，左脚在前，右脚在后，重心在右脚上。左臂屈肘，左手自然高举，右手持拍，手臂自然弯曲，将球拍举至右肩上方，两眼注视来球。击球时，右上臂后引，肘关节随之上提直至明显高于肩部，将球拍后引至头部，自然伸腕（拳心朝上）。在后脚蹬地、转体收腹的协调用力下，以肩为轴，上臂带动前臂快速向前上方甩腕，在手臂伸直的最高点击球。击球后，持拍手臂顺惯性往前左下方挥动并收拍至体前，与此同时，左脚后撤，右脚向前迈出，身体重心由左脚移到右脚。如图 6-56 所示。正手击高球也可起跳击球，按上述要求做好准备动作，然后右脚起跳，随即在空中转体，并完成引拍击球动作。击球动作在球从空中最高点落下的瞬间完成。

图 6-56　正手击高球

2）反手击高球

当对方将球击到己方左后场区时可用反手击高球回击。首先判断好对方来球的方向和落点，迅速将身体转向左后方，移动步伐，最后一步用右脚前交叉跨到左侧底线，背对网，身体重心在右脚上，使球处在身体右上方。击球前，迅速换成反手握拍法，持拍于右胸前，拍面朝上。击球时，以上臂带动前臂，通过手腕的闪动，自下而上地甩臂，将球击出。在最后用力时，要注意拇指的侧压力与甩腕的配合以及两腿蹬地、转体，全身协调用力。如图 6-57 所示。

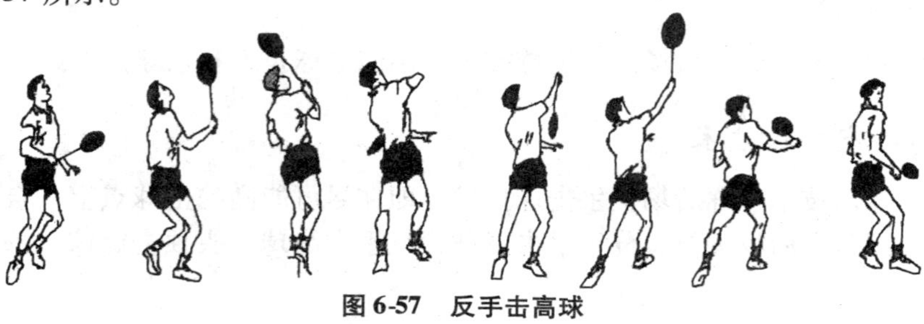

图 6-57　反手击高球

3）头顶击高球

动作要领与正手击高球基本相同，只是击球点向左肩上方。准备击球时，身体向左倾斜。击球时，上臂带动前臂使球拍绕过头顶，从左上方向前加速挥动，注意发挥手腕的爆发力用力击球。落地时左腿向左后方摆动，幅度大些。如图 6-58 所示。

图 6-58　头顶击高球

4）吊球

吊球是自后场打到对方前场向下坠落的球。按球的飞行弧线和击球动作的不同，吊球技术可分为劈吊、拦截吊和轻吊。劈吊击球前动作和打高球、杀球相似，击球时用力较轻，带有劈切动作，落点一般离网较远。拦截吊是把对方击来的平高球拦截回去，击球时用拍面正对来球，轻轻拦切或点击，使球以较平的弧线、较慢的速度越网垂直下坠。轻吊击球前动作和打高球相似，击球时拍面正对来球，在触球的刹那，突然减速或轻切来球，使球刚一过网即下坠。吊球技术还可分为正手吊球、反手吊球和头顶吊球三种手法。

（1）正手吊球　击球准备和前期动作同正手击高球，只是击球时拍面稍向内倾斜，手腕做快速切削下压动作，击球托的后部和侧后部，如图 6-59 所示。若吊斜线球时，则球拍切削球托右侧并向左下方发力；若吊直线球，则拍面正对前方向下方切削。

图 6-59　正手吊球

（2）反手吊球　击球准备和前期动作同反手击高球，不同点在于击球时拍面的掌握和力量的运用，如图 6-60 所示。吊直线球时，用球拍反面切削球托的中后部，向对方的右半场网前发力；吊斜线球时，用球拍反面切削球托的左侧，朝对方左半场网前发力。

图 6-60　反手吊球

（3）头顶吊球　击球准备和前期动作同头顶击高球。头顶吊斜线球时，中指、无名指和小指屈指外拉拍柄，使拍子内旋，拍面前倾，以斜拍面击球托左侧部位，如图 6-61 所示。头顶吊直线球时，球拍击球托的正中部位。

图 6-61　头顶吊球

2. 网前击球技术

网前击球技术包括网前的放、搓、推、勾、扑、挑球等。其中，搓、推、勾、扑属进攻技术，要求击球前期动作有一致性，击球刹那间产生突变；握拍要活，动作细腻，手腕、手指要灵巧，控制好球的落点。网前击球的威胁较大，因球飞行距离较短，落地快，常使对手猝不及防而直接得分。即使不能直接得分，也能迫使对方被动回球，创造下一拍的机会。若网前进攻和中后场进攻能紧密结合起来，则能发挥前后场的连续进攻作用，掌握主动权。

1）放网前球

（1）正手放网前球　当对方将球击至自己正手网前时，以正手握拍法，用球拍轻轻切、托，将球向上弹起恰好一过网就朝下坠落。其一般的动作如下。

侧身向球的方向移动，上身稍前倾，右手握拍于体前。步法移动的最后一步是右脚向来球方向。跨大弓箭步，身体重心要提高，前臂伸向来球，要往前上方举，稍上仰，斜对网。争取高点击球，握拍放松稍收腕，向球托斜侧提击 或搓切。击球过程中左手要向后平举以协调动作。挥拍的力量、速度和拍面角度的大小，主要取决于来球离网的远近和速度的快慢。来球离网远、速度快，则放球时的力量要大些；反之，则力量要小些。放网后，身体还原成准备姿势。如图6-62所示。

图 6-62　放网前球

（2）反手放网前球　击球前的动作要领同正手放网前球，只是方向相反。反手握拍，反面迎球，击球时，主要靠小臂的前伸、外旋和手腕由内收至外展的合力，轻托底部放球轻松过网。击球后，整个动作还原成下次击球的准备姿势。

2）网前推球

（1）正手推直线　站在网前，当球飞来后，球拍向右侧前上举。在肘关节微屈回收时，小臂稍外旋，手腕稍后伸，球拍也随着往右稍下后摆，拍面正对来球。小指和无名指稍松开，使拍柄稍离开手掌鱼际肌。拇指和食指稍向外捻动拍柄，使拍面更加后仰。如图 6-63 所示。

图 6-63　网前推球

（2）正手推对角线球　准备姿势和击球前动作与正手推直线相同，但是击球时击球点在右肩前，要推击球托的右侧后部，使球沿对角线方向飞去。这时，手腕控制拍面角度，闪腕时手臂不要完全伸直。如图 6-64 所示。

图 6-64　正手推对角球

（3）反手推直线球　在网前较高的击球点上，以反手握拍法用推击的方法向对方底线击出弧度较平、速度较快的球。其击球动作是：反手握拍，前臂稍外旋，手腕由外展至伸直闪腕，中指、无名指和小指突然握紧拍柄，拇指顶压球拍，往前挥拍，推击球托的左侧面。如图 6-65 所示。

图 6-65　反手推直线球

（4）反手推对角线　反手推对角线的击球动作基本与反手推直线球相同，区别在于击球的瞬间要急速向右前方挥拍，推击球的左侧后部，使球沿对角线方向飞行，如图 6-66 所示。

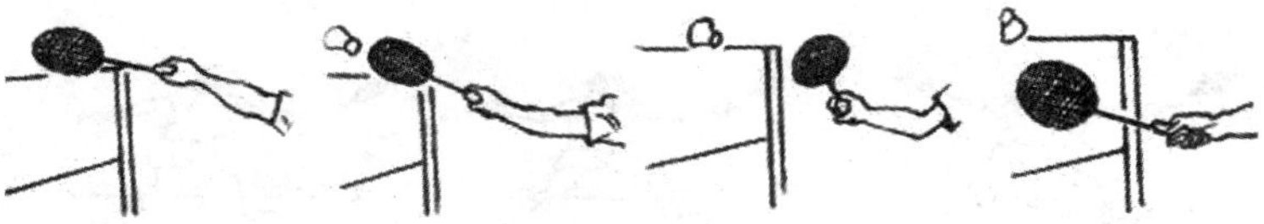

图 6-66　反手推对角球

3）网前搓球

（1）正手网前搓球　击球前，小臂稍外旋，手腕由后伸至稍内收闪动。击球时在正手放网前球动作的基础上，加快挥拍速度，搓切来球的右下部，使球旋转滚过网，如图 6-67 所示。

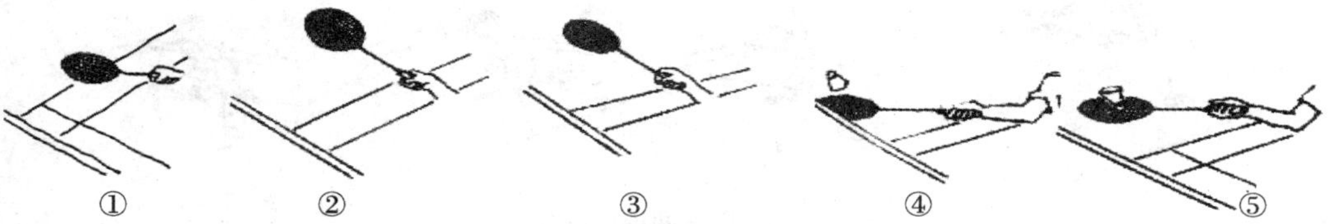

图 6-67　正手网前搓球

（2）反手网前搓球　击球前，小臂前伸外旋，手腕由内收至外展状；搓击球的右侧后底部，使球侧旋滚动过网。另外还可以小臂稍伸直，手腕由外展到内收，带动球拍向前切送，击球托的后底部，使球下旋滚动过网，如图 6-68 所示。

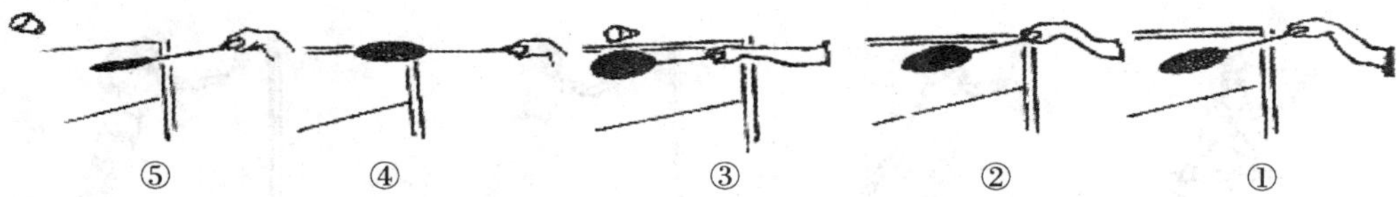

图 6-68　反手网前搓球

4）网前勾球

（1）正手网前勾对角线球　勾球一般采用并步加蹬跨步上网的步法。在步法移动的同时，球拍随着前臂往右前上方举起。前臂前伸的同时，稍有外旋。手腕微后伸，这时的握拍稍有变化——将拍柄稍向外捻动，使拇指贴在拍柄的宽面上，食指的第二指节贴在与其相对的另一个宽面上，拍柄不触及掌心。击球时，靠前臂稍有内旋往左拉收，手腕由稍后伸至内收，球拍拨击球托的右侧下部，由手腕和手指控制拍面角度。击球后，球拍回收至胸前为下次的来球做积极的准备。如图 6-69 所示。

图 6-69　正手网前勾对角线球

（2）反手网前勾对角线球　步法移动的同时，手臂向左侧前方平举（注意手臂不要伸直，稍弯即可）。击球时，随着肘部下沉，前臂回收外旋的同时，食指和拇指协调用力抖动拍柄，使拍面拨击球托的左侧后部，使球沿对角线飞越过网。击球后，球拍回收至胸前，为下次的来球做做积极的准备。如图 6-70 所示。

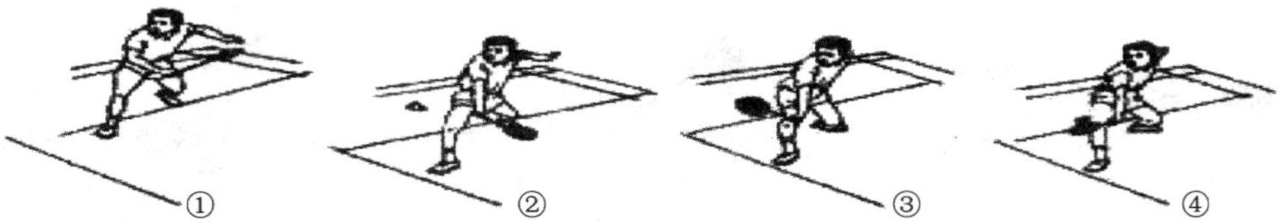

图 6-70　反手网前勾对角线球

5）网前扑球

身体腾空跃起或右脚蹬跨的同时，前臂往前上方举起，球拍正对来球方向。击球时，随着手臂由屈至伸，手腕由后伸至向前闪动及手指的顶压，将球扑下。其中手腕是控制力量的关键。挥拍距离短、动作小、爆发力强，扑击的球才会有威胁。如果球离网顶较近，就采用“滑动式”扑球方式，用手腕从右向左将球扑压下去，这样可以避免球拍触网犯规。扑球后，注意腿上的缓冲，控制重心，以免身体触网。如图 6-71 所示。

图 6-71　网前扑球

6）挑球

（1）正手网前挑球　准备动作同正手放网。击球前，前臂外旋，手腕尽量后伸。击球时，从右前方至左后方挥拍击球。如图 6-72 所示。在此基础上，若球拍向右前上方挥动，挑出的是直线高球；若球拍向左前方挥动，挑出的则是对角高球。

图 6-72　正手网前挑球

（2）反手网前挑球　准备姿势同反手放网。击球前，右臂往后拉，抬肘引拍。击球时，前臂充分内旋，手腕由屈至后伸闪动挥拍击球。如图 6-73 所示。若球拍由左下向左前上方挥动，则球向直线方向飞行；若球拍由左下向右前上方挥动，则球向对角线方向飞行。

图 6-73　反手网前挑球

3. 杀球技术

杀球是把对方击来的球在尽量高的击球点上斜压下去。这种球力量大、弧线直、落地快，给对方的威胁很大，是进攻的主要技术。杀球分为正手杀直线球、正手杀对角线球、头顶杀直线和对角线球、正手腾空突击杀直线球和反手杀直线球等九种。

1）正手杀直线球

准备姿势和动作要领同正手击高球。步子到位后，屈膝下降重心，准备起跳。侧身起跳时，往右上方提肩带动上臂、前臂，球拍上举，以便向上伸展身体。起跳后，身体后仰挺胸成反弓形。右上臂往右后上摆起，前臂自然后摆，手腕后伸，前臂带动球拍由上往后下挥动，这时握拍要松。随后凌空转体收腹带动右上臂往右上摆起，肘部领先，前臂全速往前上挥动，带动球拍高速前挥。当击球点在肩的前上方时，前臂内旋，腕前屈微收，闪腕发力杀球。这时手指要突然抓紧拍柄，把手腕的爆发力集中到击球点上。球拍和击球方向水平面的夹角小于90°，球拍正面击球托的后部，使球直线下行。杀球后，前臂随惯性往体前收，在回位过程中将球拍回收至胸前。如图6-74所示。

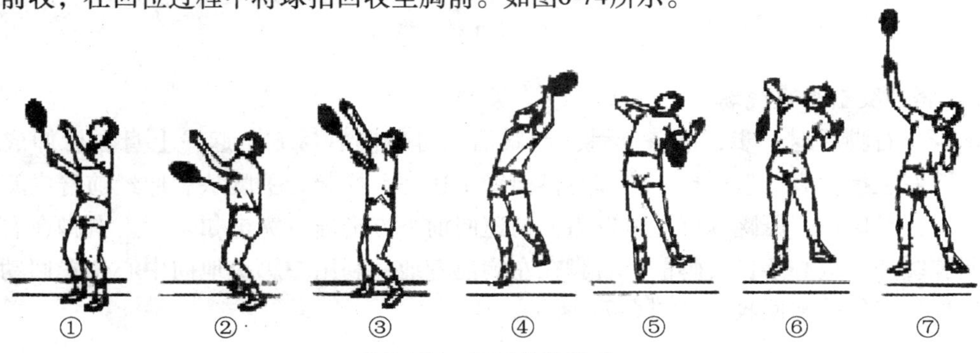

图 6-74　正手杀直线球

2）正手杀对角线球

准备姿势和动作要领同正手杀直线球，不同点是起跳后身体向左前方转动用力，协助手臂向对角线方向击球，如图 6-75 所示。

图 6-75　正手杀对角线球

3）头顶杀直线和对角线球

动作要领和准备姿势同头顶击高球，不同点是挥拍击球时，要集中全力往直线方向或对角线方向下压，球拍面和击球方向水平面的夹角小于 90°。

4）反手杀直线球

准备姿势和动作要领同反拍击高球，不同点是击球前的挥拍用力要大，击球瞬间球拍与杀球方向的水平面夹角小于 90°，如图 6-76 所示。

图 6-76　反手杀直线球

5）腾空突击杀直线球

侧身，右脚后退一步，准备起跳。起跳后，身体向右后方腾起，上身右后仰成反弓形，右臂右上抬，肩尽量后拉。击球时，前臂全速往上摆起，手腕从后伸经前臂内旋至屈收，同时握紧球拍，压腕，产生爆发力，高速向前下方击球。突击扣杀后，右脚在右侧着地，屈膝缓冲，重心落在右脚前；右脚在左侧前着地，利用左脚蹬地向中心位置回动，手臂随惯性自然往体前回收。如图 6-77 所示。

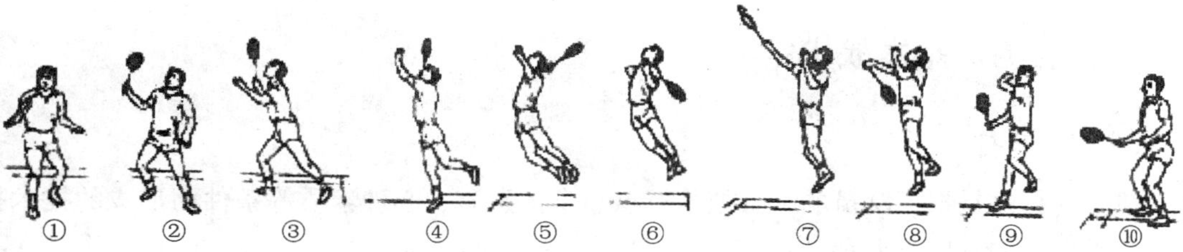

图 6-77 腾空突击杀直线球

6）反手接杀挑后场高球

击球前，前臂内旋，手腕外展，引拍至左侧前。击球时，上臂支撑，前臂急速往右前方挥摆，手腕由外展至后伸闪动，握紧球拍，加上拇指的顶力，全速挥拍击球，使球沿直线方向飞行。若向对角线方向挥拍，则球向对角线方向飞行。

7）正手接杀挑直线后场高球

当对方杀右边线球时，右脚向右侧跨一大步到位。随步法移动往右侧引拍，右臂稍向右后摆的同时稍带外旋，手腕后伸至最大限度，使球拍迅速后摆，紧跟着右臂急速向前挥动，同时略有外旋，手腕从后伸到伸直闪腕，这时，肘起“支点”作用。拍面对准来球，击球托的中下部，使球沿直线向高远方向飞行。击球后，前臂内旋，球拍往体前上方挥动，球拍回收至体前。如图 6-78 所示。

图 6-78 正手接杀挑直线后场高球

8）反手接杀勾对角网前球

击球时，手腕由外展到外伸闪动挥拍，击球托的左侧下部，使球向对角线方向飞行。

9）反手接杀挡直线网前球

用接杀球的步法移至左场区边线，身体左转前倾，右肩对网，右肘弯曲，手腕外展。击球时，借来球的冲力，以前臂带动球拍由左上方向左前方用力挥拍，轻击球托，把球挡回直线网前。击球后，身体由侧面对网转成正面对网，球拍随身体的移动收至体前。如图 6-79 所示。

图 6-79 反手接杀挡直线网前球

三、羽毛球基本战术

（一）单打

单打的打法是根据队员的个人技术特点、身体素质、心理素质等条件而形成的技术打法，常见的大约有以下五种。

1. 控制后场，高球压底

从发球开始就运用高远球或进攻性的平高球压对方后场底线，迫使对方后退。当对方回球不够后时，以扣杀球制胜；当对方疏于前场防守时，就可以以轻吊、搓球等技术在网前吊球轻取。轻吊必须在若干次高远球大力压住后场，对方又不能及时回到前场的基础上进行。这种打法主要是力量和后场的高、吊、杀技术的较量。对初学者来说，这是一种必须首先学习的基础打法。

2. 打四角球，高短结合

在后场以高远球、平高球和吊球，在前场则以放网前球、推球和挑球准确地攻击对方场区前后左右四个角落，调动对方前后左右奔跑，顾此失彼，待对方来不及回中心位置或回球质量差时，向其空当部位发动进攻制胜。这种打法要求进攻队员具有较强的控制球落点的能力和灵活快速的步法以及速度，否则难占上风。

3. 下压为主，控制网前

主要通过后场的高远球、扣杀、劈杀、吊球等技术，先发制人，然后快速上网以搓、推、扑、勾等技术，高点控制网前，导致对方直接失误，或被动击球过网被进攻队员一举击败的一种打法，通常也称“杀上网”。这种打法是进攻型的打法，能够快速上网高点控制网前，对速度耐力和力量耐力的要求较高。这种打法，体力消耗较大，如果碰上防守技术好的对手，体力就成为成败的关键因素。

4. 快拉快吊，前后结合

以平高球快压对方后场两底角，配合快吊网前两角（或运用劈杀）引对方上网，当对方被动回击网前球时，即迅速上网控制网前，以网前搓、勾球结合推后场底线两角，迫使对方疲于应付，为前场扑杀和中后场大力扣杀创造机会。这也是一种积极主动、快速进攻的打法。这种打法，要求进攻队员身体素质好，特别是速度耐力要好，技术全面熟练，而且还需具备突击进攻的特长技术。

5. 守中反攻，攻守兼备

以平高球和快吊球击向对方前后左右四个角落，以调动对方。让对方先进攻，针对进攻方打的高远球、四方球、吊球等，加强防守，以快速灵活的步法、多变的球路和刁钻准确的落点，诱使对方在进攻中匆忙移动，勉强扣杀，造成击球失误；或当对方回球质量较差时，抓住有利战机，突击进攻。这种打法要求队员具有攻中有守，守中有攻的控球和反控球能力，不仅应具备优良的速度耐力、灵活的步法、准确快速的反应和判断应变能力，更应具有顽强的拼搏精神和心理素质，这样才能在逆境和被动中保持沉着冷静，并奋起反击。

（二）双打

双打打法是根据双方的技术水平、身体素质和心理素质以及伙伴的配合特点，经过长期训练而形成的。常见的打法大致有以下三种。

1. 前后站位打法

此打法是本方处于发球状态时所采用的。发球的队员站位较前。当发球员发球后立即举拍封堵前场区，另一名队员则负责中场或后场的各种来球。前后站位法可充分运用快攻压网前搓、吊、推、扑技术，寻找空隙，一举打乱对方站位；或通过后攻前扑，后场连续大力扣杀，前场积极封堵，当回球在网附近时，一举给对方以致命打击。

2. 左右站位打法

此打法是本方处于接发球状态和受到下压进攻时所采用的。对方发球或打来的平高球处于后场，接球方可从原来的前后站位立刻转换为左右站位，两人各负责左右半场区的防守，以平抽、平打压住对方后场底线两角，在对方扣杀球时也能以平抽反击或挑高远球至两底角，造成对方回球无力，一举扣杀或吊球成功。

3. 轮转站位打法

在比赛中，攻守双方总是根据比赛的情况而不断地在前后站位和左右站位间相互变换。站位的变换通常具有如下特点。

（1）发球或接发球时处于前后站位　当对方回击高球至后场偏一侧进攻时，位于前面的队员要直线后退，后方的队员看情况向侧边移动，改换成左右站位。

（2）发球或接发球时处于左右平行站位　在发球后或在对击球过程中，一旦有机会进行下压进攻时，一名队员便快速上网封堵，另一人则快速移动到后场进行大力扣、吊、杀球，致使对方处于被动地位。

四、羽毛球竞赛规则

（一）场地设备

羽毛球场应是一个长方形，用宽 20 mm 的线画出；场地线颜色最好是白色、黄色或其他容易辨别的颜色；羽毛球场地长 13.40 m，单打场地宽 5.18 m，双打场地宽 6.10 m，中间悬挂长 6.10 m、高 1.55 m 的球网。

（二）得分和换发球

国际羽联 2006 年 5 月将比赛由 15 分制改为 21 分的新赛制，实行每球得分制，所有单项的每局获胜分皆为 21 分，最高不超过 30 分。每场比赛采取三局两胜制，率先得到 21 分的一方赢得比赛。如果双方比分为 20:20 时，获胜一方需超过对手 2 分才算取胜；直至双方比分打成29:29时，那么率先得到第30分的一方获胜。首局获胜一方在接下来的一局比赛中率先发球。

（三）发球方位

单打比赛中发球方分数为零或偶数时，双方应在右发球区发球和接发球；分数为奇数时，双方应在左发球区发球和接发球。双打比赛无论是在开始还是在比赛过程中，皆为单发球权。如果发球权方得分为奇数时，位于左发球区的队员发球；偶数时，则由位于右发球区的队员发球。

（四）重发球

有下列情况之一均判重发球：①发球时已挥拍，但没有击中球；②球过网时停置在网上或虽已过网但挂在网上；③发球方位或顺序错误；④球在飞行时羽毛与球托分离；⑤裁判员未报完比分就将球发出；⑥发球时双方同时违例；⑦遇有外界干扰时；⑧裁判员不能做出判决时。

（五）合法发球

发球时（球与球拍接触的瞬间），球的任何部分与拍的击球点不得高过发球员的腰部。球拍顶端虽未向下，整个拍框应该明显低于握拍的整个手部。两脚或任何一脚不得移动或离地，也不得踏线。发过去的球应落在对方规定的区域。

（六）合法击球

击球时不得连击、持球、过网击球。

http://www.badmintoncn.com　　中羽在线网
http://www.cba.org.cn　　中国羽毛球协会官方网站
http://bbs.badmintonline.com/forum.php　　中羽在线网-羽毛球论坛

第七章　现代体操

相貌之美高于色泽之美，雅秀合适的动作美又高于相貌的美，这才是美的精华。

——（英国）培根

第一节　健美操

一、健美操概述

健美操在国外被称为“有氧体操”，美国著名的健美操代表人物简·方达认为，“健美操是改善形体和心理感受的体操”。健美操通过徒手、持轻器械或利用专门器械进行体操化练习，融体操、舞蹈、音乐为一体，通过在动态中表现美的体态，塑造美的形体，陶冶美的情操，以其独特的魅力受到越来越多的人的喜爱。

（一）健美操的概念及分类

健美操是在音乐的伴奏下，融体操、音乐、舞蹈为一体，通过徒手或使用健身器械达到增进健康、塑造形体和娱乐目的的一项体育运动。

健美操是一项新兴的体育运动项目，目前世界健美操种类繁多，分类方法也各不相同。如果以健美操活动的目的和所解决的主要任务为标准来划分，可分为健身性健美操、表演性健美操和竞技性健美操。

（1）健身性健美操　具有群众性、普及性，动作简单、实用，音乐速度比较慢。练习的主要目的是锻炼身体、增强体质。

（2）表演性健美操　是事先编排好的，专为表演而设计的成套健美操。动作比较复杂，音乐速度根据编排可快可慢。表演者可以利用轻器械以及一些风格化的舞蹈动作来烘托气氛，增加表演效果。

（3）竞技性健美操　主要目的是竞赛，其比赛项目有男单、女单、混双、三人和六人五个项目。竞技性健美操在参赛人数、比赛场地、成套动作的时间等方面都有严格的规则。

（二）健美操的特点

1. 高度的艺术性

健美操融体操、舞蹈、音乐为一体，以健体为基础，动作协调流畅，灵活多变，富有弹性，使练习者既锻炼了身体，又从中得到了美的享受，提高了艺术修养。

2. 鲜明的节奏感和韵律感

音乐是健美操的灵魂，健美操不过于强调动作难度，但力求动作简单、自由奔放。随着强劲有力、节奏鲜明的音乐起舞，能使练习者感到心情舒畅，得到美的享受，并提高练习者的协调能力、节奏感及表现力。

3. 广泛的适应性

健美操内容丰富，形式多样，运动量可大可小，动作有难有易，不受时间、地点、场地及性别、年龄的限制。各类人群都能根据自身需求，从健美操练习中找到适合自己的锻炼内容和练习方式，从中找到乐趣。

（三）健美操的作用

1. 提高健康水平

健美操是有氧锻炼，经常练习可以提高运动系统、心血管系统、呼吸系统的机能水平，改善消化系统的机能，增强体质，促进健康。

2. 塑形美体

健美操是一项要求力度和幅度的身体练习项目，是一种动态的健美锻炼，经常练习可以使肌肉力量得到增强，使肌腱、韧带、肌肉的弹性得到提高。适当调节运动负荷，可促进人体内多余能量的消耗，消除体内多余脂肪，使练习者的形体得以改善。

3. 缓解精神压力，娱乐身心

健美操是一项娱乐性很强的体育运动项目，在旋律优美、节奏强烈的音乐伴奏下进行练习，不仅能提高神经系统的传导速度，改善大脑的血液循环，而且还能使练习者忘掉烦恼，尽情享受健美操运动带来的欢乐，从而缓解精神压力。

二、健美操的基本动作

健美操的基本动作是健美操的核心，主要包括上下肢动作及部分躯干的基本姿态动作，各种成套的组合健美操就是在此基础上产生和发展起来的。健美操的基本动作较简单易练习，正确掌握基本动作能为以后学习、编排组合健美操打下良好基础。

（一）手形

健美操的手形是手臂动作的延伸和表现，运用得好，能使健美操动作更加丰富多彩、生动活泼，更具有感染力。健美操手形有多种，主要是从爵士舞、芭蕾舞、西班牙舞、迪斯科、武术等舞蹈形式及体育项目中吸收并发展起来的。常见的健美操手形有八种，如图 7-1 所示。

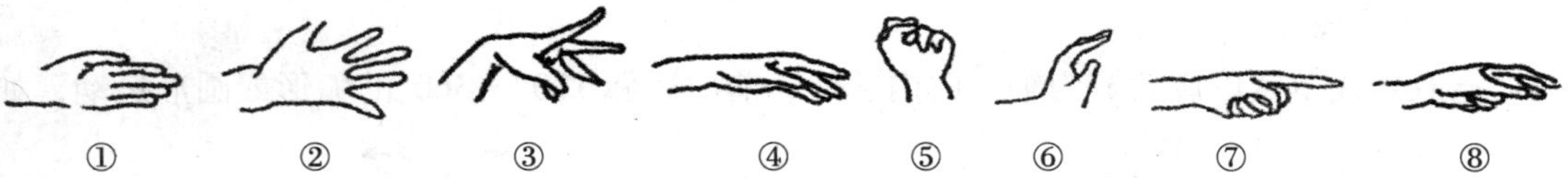

图 7-1　手形

(1) 合掌　五指并拢伸直。

(2) 分掌　五指用力分开，手腕保持一定的紧张程度。

(3) 西班牙手形　五指用力，小指、无名指、中指自掌指关节 处依次屈，拇指稍内扣。

(4) 芭蕾手形　中指、无名指和小指并拢，稍内收，拇指内扣。

(5) 拳式　五指弯曲紧握，拇指压在食指和中指的第二指节处。

(6) 屈指掌式　手掌用力上翘，五指用力弯曲。

(7) 一指式　握拳，食指伸直或拇指伸直。

(8) 响指　拇指与中指摩擦与食指打响，无名指、小指屈指。

(二) 身体各部位基本动作

1. 臂的动作

臂的动作主要由举、屈、绕和绕环、摆、振、旋等动作组成。

1) 举

以肩为轴，臂的活动范围不超过 180°而停止在某一部位的动作，包括单臂、双臂的前举、后举、侧举、侧上举、侧下举、上举等，如图 7-2 所示。

图 7-2　举

2) 屈

指肘关节弯曲的动作，如胸前屈、肩上前屈、肩上侧屈、肩侧屈等，如图 7-3 所示。

图 7-3　屈

3）绕和绕环

指双臂或单臂以肩关节为轴，向内、外、前、后做180°～360°的弧形或圆形运动，如图7-4所示。

图7-4　绕和绕环

4）摆

以肩关节带动手臂来完成臂的摆动动作，包括单臂和双臂同时或依次向前、后、左、右的摆。

5）振

以肩为轴，手臂用力摆至最大幅度，包括上举后振、下举后振、侧举后振。

6）旋

以肩或肘为轴做臂的旋内或旋外动作。

2. 头颈部动作

头颈部动作包括屈、转、绕和绕环等动作。

1）屈

指头颈关节的屈，包括向前屈、后屈、左屈、右屈，如图7-5所示。

图7-5　屈

图7-6　转

2）转

头颈部绕身体垂直轴的转动，包括左转、右转，如图7-6所示。

3）绕和绕环

头以颈为轴心的弧形和圆形运动，包括左右绕和左右绕环，如图7-7所示。

做各种头颈动作时，上体要保持正直，速度要慢，头颈移动的方向要准确。

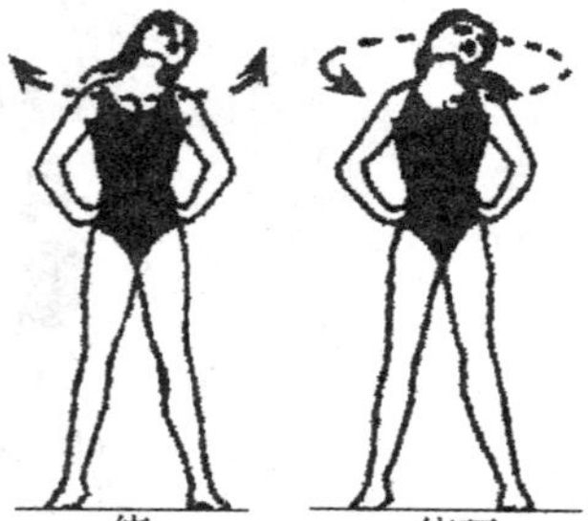

图7-7　绕和绕环

3. 肩部动作

肩部动作包括提肩、沉肩、绕肩、肩绕环、振肩等动作。

1）提肩

肩胛骨做向上的运动，包括单肩、双肩的同时提和依次提，提肩时用力向上，动作幅度大而有力，如图 7-8 所示。

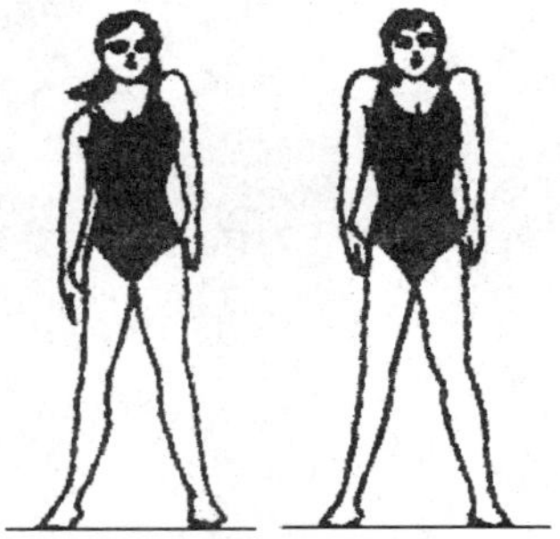

单提肩　双提肩

图 7-8　提肩

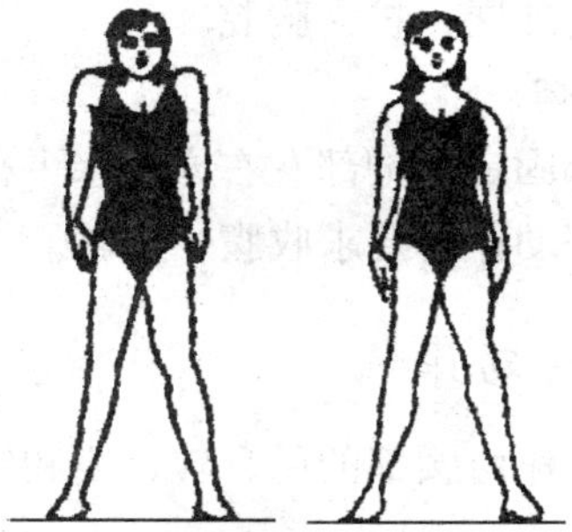

双提肩　沉肩

图 7-9　沉肩

2）沉肩

肩胛骨做向下的运动，包括单肩、双肩的同时沉和依次沉，沉肩时尽力向下，动作幅度大而有力，如图 7-9 所示。

3）绕肩

以肩关节为轴做小于 360°的弧形运动，包括单肩前后绕、双肩同时或依次前后绕，如图 7-10 所示。

4）肩绕环

以肩关节为轴做 360°及 360°以上的圆形运动，包括单肩前后绕环，双肩同时或依次前后绕环，如图 7-11 所示。

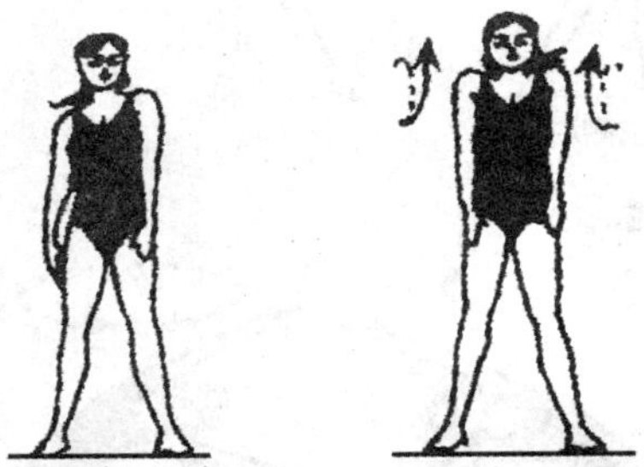

单肩前后绕　双肩前后绕

图 7-10　绕肩

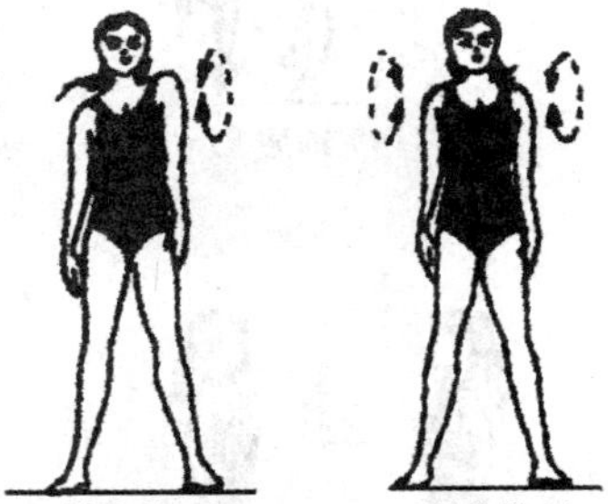

单肩绕环　双肩绕环

图 7-11　肩绕环

5）振肩

固定上体，肩急速向前或向后摆动，包括双肩同时前后振和依次前后振，振肩动作要有速度、力度和弹性。

4. 胸部动作

胸部动作主要包括含胸、展胸和移胸等动作。

1）含胸

指两肩内收，胸腔内收。

2）展胸

指两肩外展，扩大胸腔。

3）移胸

指髋部固定，胸部左右方向水平移动。

做胸部动作时要求收腹、立腰。

5. 腰部动作

腰部动作由腰部的屈、转、绕和绕环等动作组成。

1）屈

下肢固定，上体沿矢状轴和水平轴运动，动作有前屈、后屈、左右侧屈等，如图7-12所示。

2）转

下肢固定，上体沿垂直轴扭动，主要有左转和右转，如图 7-13 所示。

3）绕和环绕

下肢固定，上体沿垂直轴做弧形和圆形运动，主要有左右绕和绕环，如图 7-14 所示。

做腰前屈、转时，要求上体垂直；做腰绕和环绕时，要求速度放慢。

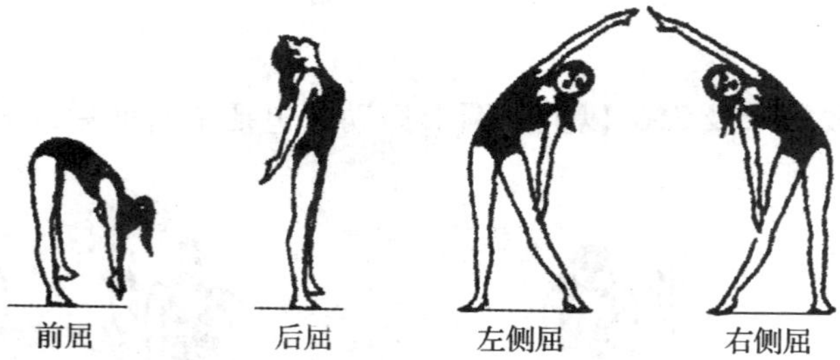

图 7-12 屈

图 7-13 转

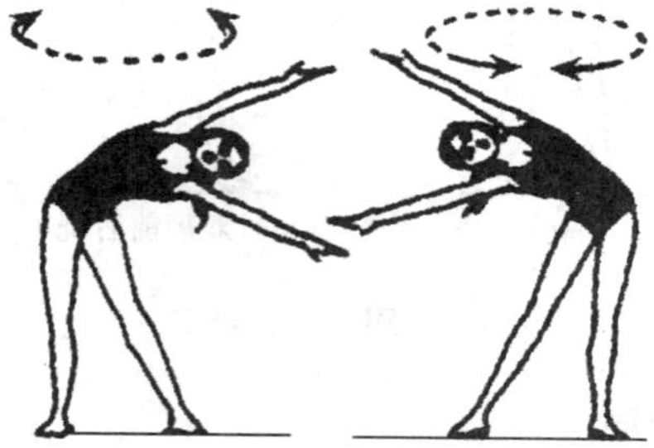

图 7-14 绕和绕环

6. 髋部动作

髋部动作主要包括顶髋、提髋、绕髋和髋绕环等动作。

1）顶髋

指髋关节做急速的水平移动，如左右顶髋、前后顶髋，如图 7-15 所示。

2）提髋

指髋关节做急速向一侧上提的动作，如左右提髋，如图 7-16 所示。

3）绕髋和髋绕环

指髋关节做弧形、圆形移动，如左、右绕或绕环，如图 7-17 所示。

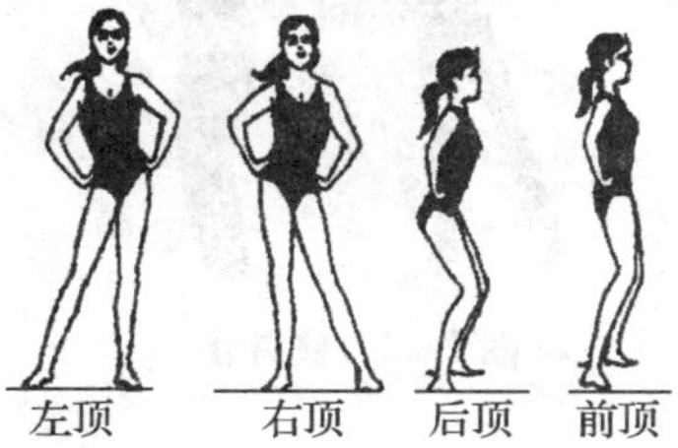

图 7-15　顶髋

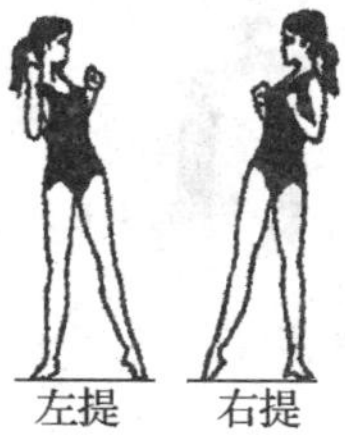

图 7-16　提髋

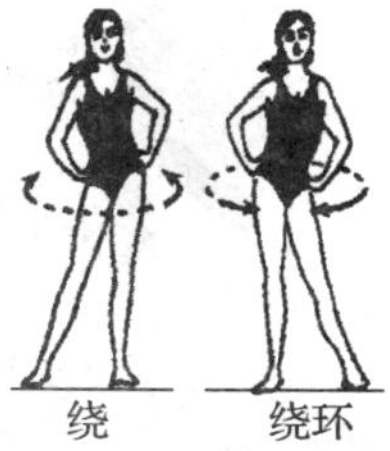

图 7-17　髋绕和髋绕环

三、健美操的基本步法

健美操的基本步法是健美操的基本内容，主要包括七大类：踏步类、弓步类、开合跳类、弹踢类、吸腿类、踢腿类及后踢腿类。

1. 踏步类

两腿依次抬起，依次落地，保持膝、踝关节的弹性，如图 7-18 所示。

图 7-18　踏步

踏步类主要包括“一”字步、“V”字步、漫步、侧并步等步法。

1）“一”字步

右脚向正前方迈步，左脚并右脚，膝盖微微弯曲，左脚向正后方退一步，右脚并左脚还原，如图 7-19 所示。

2）“V”字步

以正“V”字步，左腿开始为例。左脚向左前方迈出一步，由脚跟过渡到全脚掌着地，接着右脚向右前方迈出一步，两脚距离稍比肩宽，两膝自然弯曲，然后依次收回，如图 7-20 所示。“V”字步有正“V”字步、倒“V”字步之分，练习者可结合不同的方向、形式去做。

图 7-19　“一”字步

图 7-20　“V”字步

3）漫步

右脚向前迈步，重心前移，左脚自然后踢。左脚原地落下，右脚向上抬起。右脚向后迈步，重心后移，左脚顺势抬起。如图 7-21 所示。

4）侧并步

以自然站立开始，左腿向左（或前）迈出一步，重心移至左脚，左腿自然弯曲，右脚侧点地，如图 7-22 所示。

图 7-21 漫步

图 7-22 侧并步

2. 弓步类

两腿前后开立，半蹲时后腿膝关节向下，双腿垂直于地面，重心在两腿之间，如图7-23所示。

图 7-23 弓步

3. 开合跳类

以双起双落的开合跳为例。由自然站立开始，两腿蹬地跳起时，两腿左右分开，略比肩宽，脚尖稍外开，膝关节对准脚尖方向。落地时，在脚跟落地前稍屈膝缓冲，双脚经前脚掌迅速过渡到全脚掌。开合跳类步法分双起双落的开合跳、单起单落的开合跳。开合跳可原地、移动中做，也可做转体的开合跳。

4. 弹踢类

第一动时，动力腿屈膝后摆；第二动时，大腿向前抬起至一定角度后，小腿自然弹直。弹踢腿（跳）可原地做、移动中做，也可做转体的弹踢腿（跳）。

5. 吸腿类

一腿大腿用力上提，大腿平行于地面，小腿自然下垂，另一腿站立或蹬地跳起，如图 7-24 所示。吸腿（跳）步法可原地做、移动中做，也可做转体的吸腿（跳），还可沿不同方向做。

图 7-24 吸腿

6. 踢腿类

以一般的直踢腿为例。自由腿用力快速上踢，膝关节伸直，踝关节处于自然状态。上体直立，尽量保持不动。踢腿类步法分弹动踢腿、一般的直踢腿。踢腿可在原地、行进间、转体中进行，也可做跳的踢腿动作，还可沿不同方向去做。

图 7-25　后踢腿

7. 后踢腿类

小腿交替向后踢，小腿尽量叠于大腿，另一腿自然下伸，两腿交替进行，如图 7-25 所示。后踢腿可在原地、移动中做，也可做转体的后踢腿跑。

四、健美操组合动作

1. 1×8 拍（见图 7-26）

图 7-26　1×8 拍

预备姿势：立正姿势。
第 1 拍：左脚向前迈步同时左手体前屈，拳眼向内，右手放于体侧。
第 2 拍：右脚向前迈步，向左脚并拢，右手体前屈，拳眼向内。
第 3 拍：左脚后退，双臂前平屈，拳心向下。
第 4 拍：右脚并拢左脚，双手放于体侧。
第 5 拍：左脚向左迈一步，双臂侧上举，掌心向前。
第 6 拍：左脚后交叉，双臂前屈交叉。
第 7 拍：同第 5 拍，方向相反。
第 8 拍：左脚并拢右脚，还原成预备姿势。

2. 2×8 拍（见图 7-27）

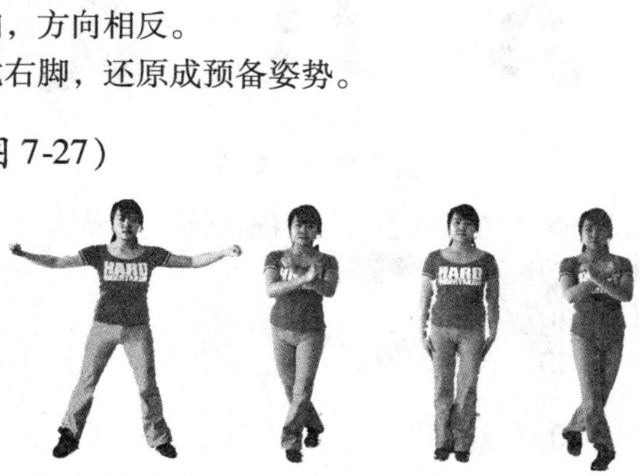

图 7-27　2×8 拍

第 1 拍：左脚迈出一步，双臂侧平举，拳心向前。
第 2 拍：右脚后交叉，双臂屈臂胸前交叉，拳心向内。
第 3 拍：同第 1 拍。
第 4 拍：同第 2 拍。
第 5 ~8 拍：同第 1 ~4 拍，换方向做。

3. 3 ×8 拍（见图 7-28）

图 7-28　3 ×8 拍

第 1 拍：左脚上步，双臂上举，掌心相对。
第 2 拍：右脚并左脚点地，左臂侧平举，右臂前平屈，掌心向下。
第 3 拍：同第 1 拍。
第 4 拍：还原成预备姿势。
第 5 ~8 拍：同第 1 ~4 拍，换方向做。

4. 4 ×8 拍（见图 7-29）

图 7-29　4 ×8 拍

第 1 ~2 拍：身体右转 90°，左脚上步，左臂前平举，右臂斜上举。
第 3 ~4 拍：右脚收回成开立，双臂侧平举。
第 5 ~6 拍：同第 1 ~2 拍。
第 7 ~8 拍：同第 3 ~4 拍，换方向做。

5. 5 ×8 拍（见图 7-30）

第 1 拍：左脚上步，向右转体 90°，两脚开立，双臂前平举，拳心向下。
第 2 拍：右脚后踢腿，双臂落回体侧。

第3拍：同第1拍。

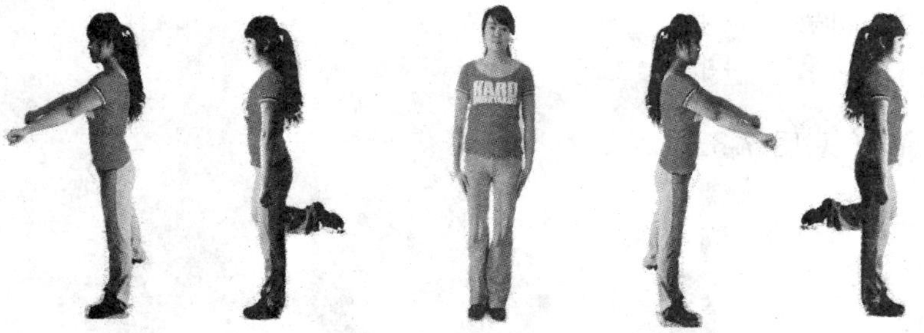

1、3　　2　　4、8　　5、7　　6

图7-30　5×8拍

第4拍：还原成预备姿势。
第5~8拍：同第1~4拍，换方向做。

6. 6×8拍（见图7-31）

1~2、5、7　　3~4、6　　8

图7-31　6×8拍

第1~2拍：双脚开合跳，双臂侧平举，拳心向下。
第3~4拍：双脚并拢，双臂屈臂胸前交叉，拳心向内。
第5~8拍：同第1~4拍，换方向做。

7. 7×8拍（见图7-32）

1~2、5~6　　3~4、7~8

图7-32　7×8拍

第1~2拍：右腿弹腿，双臂前摆。

第3~4拍：左腿弹腿，双臂前摆。
第5~6拍：同第1~2拍。
第7~8拍：同第3~4拍。

8. 8×8拍（见图7-33）

图7-33 8×8拍

第1~2拍：右腿后点地，左手扶于左膝上，右臂上举，掌心向前。
第3~4拍：右腿收回，双臂胸前屈绕动两周。
第5~6拍：同第1~2拍换左腿做。
第7~8拍：同第3~4拍，还原成预备姿势。

第二节 形体训练

一、形体训练概述

爱美是人的天性，追求美是全人类的共同心愿，随着人们健康意识的增强和生活质量的提高，越来越多的人开始追求和寻找适合自身的科学健身方式，以提高健康水平和生活质量，培养高雅的气质和风度。社会竞争会越来越激烈，人们将更多地借助于形象，当然形象并不只是外在的，更是内在素养与外在气质的和谐统一，是个人魅力的完美体现。

（一）什么是形体训练

形体训练是以身体练习为基本手段，利用不同项目的练习形式塑造体形，培养正确、优美的姿态，促进人体形态更加健美的一项体育运动。一说到形体训练，人们很容易想到芭蕾舞、体操等项目。那么，是不是形体训练就是舞蹈和体操练习吗？其他体育项目比如球类运动、田径、游泳、举重等就不属于形体训练了呢？我们通过不同项目运动员的身体形态可以看出，不同的运动方式对人的体形的影响是不同的。例如，短跑运动员和长跑运动员的体形就有很大的区别，前者的体型在肌肉方面要比后者来得健壮饱满且围度要大。这主要是因为运动方式和训练手段决定了运动员的身体形态。形体训练就是要利用不同项目的练习形式达到塑造体型的目的。形体是指人体结构的外在表现，它是一门艺术，人体只有在四肢、躯干、头部及五官的合理配合下才能显示出姿态优美、体形匀称的整体美。形体美的内容很广泛，包括体型美、姿态美和动作美，因此形体训练也必须选择多种内容，运用多种方法。

（二）形体训练的基本内容

形体训练包含的内容有很多，如有氧训练、无氧训练、针对身体局部的练习、舞蹈或体操的基本功练习等。练习形式也是多样的，可以参加培训班在专业教练的辅导下练习，也可以自己练。事实上，形体练习可以和我们生活中举手投足的动作融合在一起，例如，平时走路时注意走路的姿态，与别人讲话时注意站姿，睡觉前做一些伸展性的练习等。这些都会对身体形态有很大的影响。

通过练习可以改变体形，培养气质，还可以提高身体素质，如身体的协调性、柔韧性、平衡能力和肌肉力量等。

1. 基本姿态练习

人的基本姿态是指坐、立、行、卧。俗话说："坐有坐相，站有站相"。一个人若只有好的体形，而不注意自己的基本姿态，也会给人一种不美好的印象。一个人的姿态具有较强的可塑性，也具有一定的稳定性。通过站姿、走姿、坐姿等形体训练，可以改变诸多不良体态，如斜肩、含胸、松垮、行走时屈膝晃体、步伐拖沓等，从而形成正确和优雅的姿态。

2. 基本素质训练

形体基本素质包括力量、柔韧性、控制能力、协调性、灵活性和耐力，其中最重要的是力量和柔韧性。形体基本素质练习是形体训练的最重要的内容之一，在训练中可采用单人练习和双人配合练习两种形式。通过大量的练习，可对人体的肩、胸、腰、腹、腿等部位进行训练，以提高人体的支撑能力和柔韧性，为塑造良好的人体形态，改善形体的控制力打下良好的基础。形体基本功练习的内容较多，在训练时，应遵循从易到难、从简单到复杂的原则，同时也要注意自己和配合者的承受能力，不能超负荷，以免发生伤害事故。

形体训练可采用各种徒手练习，如徒手姿态操、韵律操、健美操、太极、健身跑以及各种舞蹈动作；也可以采用不同的运动器械进行各种练习，如把杆、绳、圈带、球、肋木、哑铃、杠铃、壶铃等以及各种特制的综合力量练习架。

形体训练的动作方式和内容是多种多样的，但其基本的内容离不开基本功的练习和基本形态的练习。为了增加形体训练的趣味性，可进行健美操、舞蹈、野外健身跑等训练。形体训练简单易行、适用性强，能有效地增强人们的体质，增进健康，改善人们的体形、体态，陶冶情操。

（三）形体训练的特点

1. 训练内容和方式多种多样

从训练内容上看，基本动作、器械及项目都是十分丰富的，既有局部练习，也有整体练习；既有基本姿态练习，也有基本素质练习；既有单人练习，也有双人、集体练习；既有徒手练习，也有持轻器械的练习。练习者可根据自身情况，合理选择。

2. 广泛的群众性和针对性

形体训练是内外结合的全身运动，运动量可大可小，动作可难可易，体力上也可自由调节。同时，还可以针对身体的某一部位、某块肌肉进行锻炼，或对某一不良体态进行纠正。因此，无论男女老少，不论何种职业，皆可根据各自不同的年龄、性别、能力、爱好选择有针对性的练习。

3. 高度的艺术性

形体训练中有悠扬的音乐伴奏，有优美的舞姿贯穿其中，在锻炼身体的同时既欣赏了音乐，体会了舞蹈，又提高了对美的认识。

4. 形体训练具有一定的运动量

进行形体训练不是一两个动作或一两天的事情，要想得到优美、高雅的体形、体态，需要经过长时间的练习，并且要达到一定的运动量。训练时必须保持一定的练习密度，消耗一定体力，并持之以恒，才能达到预期的效果。

（四）参加形体训练的基本要求

（1）选择合适的服装和鞋子，衣服最好是棉质的，有较强吸水性。
（2）训练时不能佩戴饰物，以免发生伤害事故。
（3）万事开头难，要做好一定的心理准备。训练要有计划、有步骤，重要的是要持之以恒。
（4）饭后一小时再进行训练，这样不会影响消化系统的工作。
（5）在做器械练习时，要有专人指导和帮助，特别是联合器械的使用，要注意训练安全。
（6）在训练中和训练后要注意适当补充水分，同时要注意饮食营养的合理搭配。

（五）如何选择适合自己的形体训练

1. 根据每个人的身体状况选择

例如，体形较胖想瘦身的人，可以选择一些具有有氧训练特点的锻炼方法，以减少体内的脂肪含量，既对身体健康有益，又可以获得苗条的身材，如有氧健身操、慢跑、游泳等练习项目；身体有某些疾病的人，一定要根据医生的建议来选择运动项目，以保证健康的身体为基础，如有椎间盘突出症的人就不可以做脊椎过于前屈或后仰的动作，可以选择一些静止的加强背部肌肉力量的练习内容。

2. 根据兴趣爱好选择

如果喜欢动感十足的练习方式，可以选择具有搏击、拉丁特点的健身操或代表性舞蹈的练习，通过强劲的鼓点节奏、极具动感的动作，尽情释放热情和魅力；如果喜欢安静，则可以选择一些垫上体操进行伸展性练习。

二、形体训练的基本动作

形体训练的动作方式和内容虽然具有多样性，但其基本的内容都离不开基本形态训练。

基本形态是形体训练的基础，内容包括基本姿态、基本部位、基本舞步、把杆基本形态等。掌握了形体训练的基本形态，可以培养正确的身体姿态，领会动作的正确方法，发展柔韧性、灵敏性、协调性等身体素质，增强动作的协调性、节奏感和表现力。

（一）基本姿态

基本姿态包括站姿、坐姿、走姿。

1. 站姿

正确站姿

双脚站成小“八”字或“丁”字步，头、颈、躯干、腿在一条垂直线上，头正直，向上顶，下颚略回收，两肩下沉，挺胸、收腹、立腰、收臀、提气，两臂自然下垂，目视前方，如图 7-34 所示。

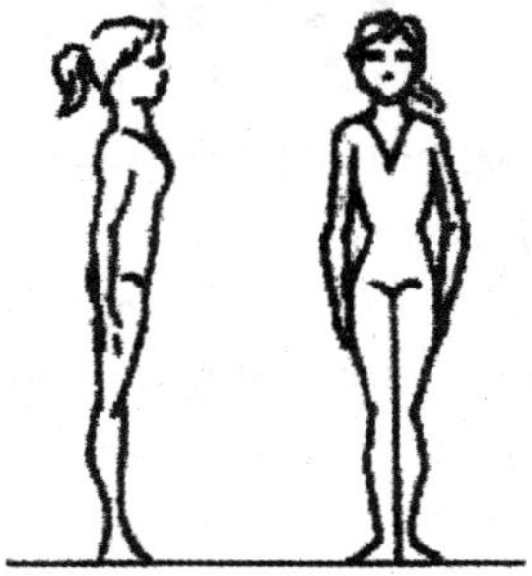

图 7-34　站姿

练习方法

（1）靠墙立　在正确站立姿势的前提下，脚跟、腿、臀、肩胛骨和头紧靠墙，使头、躯干和腿在一条垂直线上。

（2）单腿立　在正确站立姿势的前提下，一腿支撑，另一腿屈膝上抬，脚贴于支撑腿，两手叉腰。

（3）分腿立　两腿在小“八”字站立的基础上分开与肩同宽，双手叉腰，双肘微向前扣，收腹、挺胸、立腰、立背，双肩后张下沉。此练习主要训练臀、腹及上体的正确感觉，夹臀与收腹协同紧张。

通过以上站立姿态的练习，可使练习者保持良好的身体姿态，对于驼背、“O”形腿和“X”形腿等不良姿态的矫正具有很好的作用。

2. 坐姿

正确坐姿

臀部坐在椅子的中后部，上体保持自然挺直，肩部放松，两臂自然下垂放在两膝之上，颈部伸直前倾，两膝自然弯曲，两脚掌均匀着地，目视前方。

练习方法

（1）正坐　在正确坐姿的前提下，两脚并拢，脚尖向前，两膝放松稍分开，两手自然扶于大腿上，肩放松，头、肩、臀应在一条直线上。

（2）侧坐　在正确坐姿的前提下，上体稍向侧转，两腿弯曲并拢并稍侧向一边，靠外侧的脚略向前，两手自然放于两大腿之间。

（3）地面坐　在正确坐姿的前提下，两腿弯曲，两脚脚心相对盘于体前，两手自然放于膝上。

3. 走姿

正确走姿

在正确站立姿态前提下，收腹、挺胸，两臂自然下垂，前后协调摆动，脚尖向前，两脚在一条直线上的左、右侧有节奏地交替前移，膝关节正对前方，目视前方，如图 7-35 所示。

图 7-35　走姿

练习方法

（1）行走姿态分解动作练习，体会正确的动作要领。

（2）完整动作练习，连续练习。

（3）提踵走。

养成正确的行走姿势，可以使行走姿态更规范、更有风度，帮助矫正内外“八”字脚、身体摇晃、弓背、挺腹等不良姿态。

（二）基本部位

1. 手的基本部位

一般采用的是芭蕾舞的七个基本手位，如图 7-36 所示。

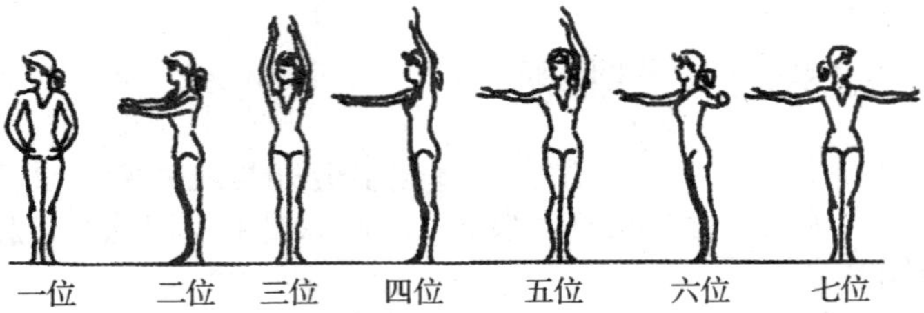

图 7-36　手位

手形

五指并拢，自然伸直，拇指和中指稍向里合，其他三根手指与手腕自然放松。

（1）一位　两臂成弧形下垂于体前下方，两手中指相对，一拳间距，掌心稍向内。

（2）二位　两臂成弧形前举，稍低于肩，手指相对，掌心向内。

（3）三位　两臂成弧形上举，稍偏前，掌心相对。

（4）四位　一臂上举（三位），另一臂前举（二位）。

（5）五位　一臂上举（三位），另一臂侧举（七位）。

（6）六位　一臂前举（二位），另一臂侧举（七位）。

（7）七位　两臂弧形侧举，掌心向下。

动作要求

肩放松，肘腕稍呈弧形，保持芭蕾舞手形。

2. 脚的基本部位

我们采用的是芭蕾舞脚的五个基本位置，如图 7-37 所示。

图 7-37　脚位

（1）一位　两脚站在一条横线上，两脚伸直，两脚跟靠拢，脚尖向两侧，重心在两腿上。
（2）二位　两脚站在一条横线上，两脚跟相距一脚掌，重心在两脚上。
（3）三位　两脚前后平行，脚跟相叠（一脚的脚跟位于另一脚的中部），脚尖向侧。
（4）四位　两脚前后平行，前脚尖与后脚跟在一条直线上，脚尖向侧，前后相距一脚。
（5）五位　两脚前后平行，前脚尖与后脚跟在一直线上，脚尖向侧，两脚靠紧。

动作要求

站立时身体要直，挺胸、抬头、收腹、立腰、收臀、绷腿，两腿外旋，全脚掌着地，重心在两脚上。

三、形体训练动作组合

（一）垫上练习

1. 正踢腿练习

预备姿势

练习者平躺在地毯上，双手放于体侧，手心向下，双腿并拢，伸直，绷脚背。

动作方法

第 1 拍左腿向上踢起，第 2 拍落下至预备姿势。反复练习 4 个 8 拍，两腿交换练习。如图 7-38 所示。

预备姿势

图 7-38　正踢腿

2. 侧卧踢腿

预备姿势

身体侧卧成一直线，左肘撑地，手指向前，手心向下。

动作方法

第 1 拍右腿外旋向侧上方踢起，第 2 拍落回至预备姿势。3 ~ 4 拍同1 ~ 2拍，5 ~ 8 拍同 1 ~ 4 拍。如图 7-39 所示。

预备姿势

图 7-39　侧卧踢腿

3. 跪撑踢腿

预备姿势

双手直臂撑地，双腿跪立，抬头，挺胸，塌腰。

动作方法

1×8 拍的第 1 拍，右腿向后上方踢出，第 2 拍右腿还原成直膝点地，反复练习 2 个 8 拍，换另一腿练习。第 5×8 拍的第 1 拍，右腿向右侧直腿踢出，2 拍还原成预备姿势，反复练习 2 个 8 拍，换另一腿练习。如图 7-40 所示。

图 7-40　跪撑踢腿

（一）形体韵律操练习

第一节（见图 7-41）

图 7-41　第一节

第 1 拍：双脚并拢直立，双手掌心相对前平举，五指并拢。
第 2 拍：身体姿势不变，双臂肩上前屈，掌心向内。
第 3 拍：双臂肩上侧屈，掌心相对。
第 4 拍：双臂肩下侧屈，掌心相对。
第 5 ~ 6 拍：双手胸前交叉后，分开至侧面双点肩。
第 7 拍：双手掌心相对，斜上举。
第 8 拍：还原至预备姿势。

第二节（见图 7-42）

图 7-42　第二节

第 1 ~ 2 拍：两脚开立，双手点肩向内绕环两周。
第 3 拍：右脚左前点地，左脚屈膝，左手斜下举，右手斜上举。
第 4 拍：收右脚成右侧直腿点地，左脚直立，左手斜上举，右手斜下举。
第 5 拍：左手左斜上举，右手肩侧屈，同时收右脚成右脚在前的歇步。
第 6 拍：伸直右手，屈左肘。
第 7 拍：同 5 拍。
第 8 拍：还原至预备姿势。
方向相反，再做 1 个 8 拍。

第三节（见图 7-43）

图 7-43　第三节

第 1 拍：两腿开立，右手上举（掌心朝前），左手屈肘触头部。
第 2 拍：左臂侧平举（掌心朝前），右手屈肘触头部。
第 3 拍：右臂侧平举（掌心朝前），左臂屈肘触头部。
第 4 拍：右手屈肘触头部，左手上举（掌心朝前）。
第 5 拍：内扣右脚，侧上体，双手呈弧形七位手，掌心向前。
第 6 拍：双手屈肘触头后部，分腿屈立。
第 7 拍：同第 5 拍，方向相反。
第 8 拍：还原至预备姿势。
重复练习 4 个 8 拍。

第四节（见图7-44）

1　　2　　3

4　　5　　6

图7-44　第四节

第1拍：右脚小跳，吸左腿，双臂前平屈，握拳，拳心向下。
第2拍：小跳成预备姿势。
第3~4拍：同1~2拍，方向相反
第5拍：左脚小跳，右脚弹踢，双手胸前屈肘，握拳，拳心朝内。
第6拍：右脚小跳，左脚向后，屈膝小踢腿，同时双手体侧平屈肘。
第7拍：同第5拍，方向相反。
第8拍：同第6拍，双臂屈侧平举，拳心朝下。
重复练习4个8拍。

第三节　踏板操

踏板操是大众进行健身、健美练习的一种特有的借助专门性器械进行的一项运动。练习者在一块长100 cm，宽45 cm，高10 cm（可调节高度）的踏板上进行锻炼，可以提高锻炼强度，增强心肺功能，减少腹部脂肪，发展腿部肌肉力量，培养动作的协调性；同时配合各种手臂练习，可以使身体得到全面发展。踏板操是在音乐伴奏下进行的身体练习，通过上板、下板的各种脚步动作变化及踏板高度的变化，可以丰富练习的内容，提高练习者的兴趣，达到良好的锻炼效果。

一、基本动作

踏板操包括横板练习和纵板练习，动作方向分前、后、左、右，具体方向应根据身体方向的变化而确定。踏板操基本动作包括上板、下板和过板三个部分。

1. 上板、下板（见图 7-45）

图 7-45　上板、下板

上板：一脚蹬地，另一脚踏板，重心移至板上。

下板：重心由板上移到地上支撑腿。

上板、下板组成踏板操的最基本动作，一般包括左脚上板、左脚下板、右脚上板、右脚下板。

2. 过板（见图 7-46）

图 7-46　过板

过板：从板的一端通过板上到板的另一端，包括并步过板、并跳过板、转体过板等基本动作。横纵板动作相同。

二、跳踏板操应注意的事项

（1）检查踏板的稳定性。

（2）根据个人情况选择踏板高度，高度越高强度越大。要注意，踏上板时，膝关节弯曲角度不可小于 90°。

（3）上板时，落脚要有控制，并保持脚尖朝前。

（4）要注意脚的正确位置：脚跟先着地，再过渡全脚掌，使全脚掌落在踏板中央。

（5）保持正确的身体姿态：抬头挺胸，收腹，身体微微前倾，呈 70°～80°。

正确的上板动作如图 7-47 所示。

错误的上板动作如图 7-48 所示。

图 7-47　正确的上板

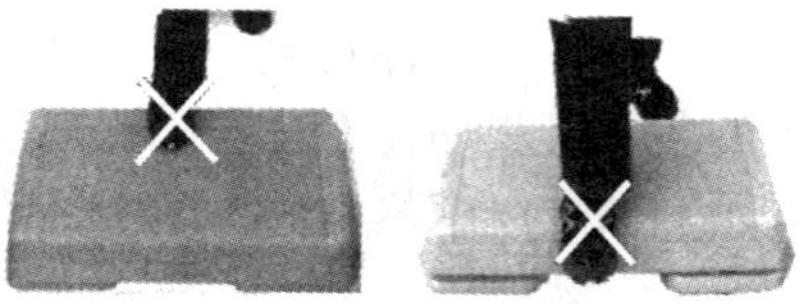

图 7-48　错误的上板

第四节　矫正体操

一个人的行为举止、风度仪表是展现其外在魅力的主要方式之一，优雅的行为举止使人风度翩翩。在现实生活中，人们都希望自己拥有健美、匀称的身材以及漂亮的外貌和良好的性格修养。但人无完人，无论是相貌，还是身材，都或多或少存在一些遗憾。有些人由于种种原因造成了体形的缺陷和畸形，其中有些是先天的，有些是后天人为因素造成的。例如，有些人打扮非常得体，但两肩不在同一水平线上；走路时总是弓着背，等等。这些不正确的姿势，都会在某种程度上影响人们的形象。这些轻度的畸形虽然不影响日常生活，但久而久之，若畸形加重就会给身体发育和健康带来不良影响。因此，应及早采取治疗和参加体育锻炼，以使畸形得到不同程度的矫正。

一、矫正体操的概念

矫正体操是为了矫正身体不同程度的畸形而编排的身体练习操，包括徒手、持轻器械和牵引等方法。

二、矫正体操的作用

通过系统而又有针对性的练习，可以增强弱侧肌肉力量，牵引缩短的肌肉和韧带，改善身体各部位的比例，弥补身体的缺陷和不足，达到矫正畸形、改善体形的目的。

三、矫正体操的练习方法

根据现实生活中常见的畸形种类，现介绍几种矫正畸形的练习方法，供练习者参考。

（一）矫正斜肩

斜肩即两肩一高一低，不在同一水平线上。

练习方法

（1）面对镜子，两脚开立，上体直立。徒手或手持轻哑铃做两臂侧平举。上举时吸气，下落时呼气，做 10～12 次，练习 3 组。

（2）引体向上练习：在单杠上做引体向上，引至下颌后做屈臂悬垂姿势（静止），然后用低肩一侧手臂承受主要力量，坚持时间尽量长一些。

（3）悬垂举腿：背对肋木，双手正握杠，女性做屈膝收腹举腿至大腿水平，男性举直腿至水平，控 10～15 s，反复练习 3 组。

（4）两脚开立，与肩同宽，上体直立，低肩侧手持哑铃或重物做单臂前平举、侧平举和耸肩提铃等练习，做 15～20 次，反复练习 4 组。

（二）矫正驼背

驼背是指胸椎后突所引起的体态改变，可分为病理性驼背和姿势性驼背两种，后者可用矫正操进行不同程度的矫正。

练习方法

（1）双脚并拢直立，双手体后互握，做卷肩动作，同时双手用力向下伸，向后上方抬起振动。做 10 ~ 12 次，练习 3 组。

（2）俯卧两头起：俯卧在床上或地毯上，双手抱头吸气，头、胸部和腿部同时向上抬起，使身体呈背弓形，控 4 ~ 5 s，再呼气还原。做 10-12 次，练习 3 组。

（3）扩胸运动：徒手或持轻器械，经两臂前平举，向外打开至侧平举，注意抬头、挺胸。

（4）卷肩练习：两脚开立，与肩同宽，双手体后互握，体前屈，使身体与腿呈 90°角，抬头、塌腰。另一人立于侧面，双手推动其双臂向头部方向振动。注意动作不能过猛，做 10 ~ 12 次，练习 3 组。

（5）开胸腰练习：面对墙约 30 cm 处站立，两脚开立与肩同宽，双手交叠上举放于墙上，胸部、手臂尽力向墙上贴。注意抬头挺胸，塌腰、撅臀，动作至最大幅度后控 5 ~ 8 s，做 10 ~ 12 s，练习 3 组。

（6）开肩练习：两脚开立与肩同宽，双手扶于肋木或桌上，体前屈重心在两腿之间，手臂约与地面平行。抬头、塌腰，振动 10 ~ 12 次。同伴也可用双手上下交叠，按压其肩胛骨中间，动作由轻到重。练习 3 组。

（三）矫正“八”字脚

“八”字脚，即走路时两脚尖向内扣或向外撇，最常见的是外“八”字脚，这里只介绍外“八”字脚的矫正方法。

练习方法

（1）直线走　在家画一条直线，沿直线走；或平时走路时在马路边的路沿石上行走。注意观察膝盖和脚尖是否正对前方。

（2）踢毽子　双脚交换用脚外侧踢。注意髋关节放松，脚尖上翘。

（3）利用圆圈练习　画一直径 4 m 的圆，沿圆周慢走，要求双脚必须踩到线上，根据自身情况选择顺时针走或逆时针走。左脚外撇严重的按顺时针方向走，反之按逆时针方向走。

（四）矫正“O”形腿

练习方法

（1）站军姿练习　直立时，双膝做用力夹紧、放松的练习；或膝关节处夹一本书，控 15 ~ 20 s，保持书不掉落。做 10 ~ 15 次，练习 4 组。

（2）双脚并拢　做屈膝半蹲；下蹲时，双手用力向内推压膝关节外侧，尽量使两膝间距缩小，慢慢放松还原，做 10 ~ 15 次，练习 3 组。

（3）外踢腿跑　外踢腿时，用足外侧去触及同侧手，要求立腰，落地要轻松。做 10 ~ 15次，练习 3 组。

http://www.titan24.com　体坛网
http://www.caa.net.cn　中国健美操协会官方网站

第八章　武术与健身

天行健，君子以自强不息。　　——《易经》

清空你的杯子，方能再行注满。　　——李小龙

第一节　武术运动概述

一、武术的起源与发展

武术在我国有悠久的历史，它的产生缘于我国远古祖先的生产劳动。在原始社会，由于生产力低下，庞大而凶猛的野兽对人类的生存构成了巨大威胁，这就决定了只有依靠群体力量，才能抵御自然灾害和猛兽袭击。人们为了生存，不得不到处流动，从事采集和狩猎活动。严酷的自然条件，迫使人类不断地改善自己的体力和智力，并发展形成了徒手或利用简单武器的攻防格斗技能，如拳打、脚踢、躲闪、跳跃、摔跤等技能，这就是武术的萌芽；而劈、砍、扎、刺等技能则是武术长、短器械及使用方法的萌芽。可见，武术起源于生产劳动。

武术作为独立的社会文化，是与中华民族文明同步发展的。商、周时代，激烈的军事斗争，不仅促使了武术由简单到复杂、由单一化向多样化发展，而且还促进了攻防格斗技术的提高和发展。

商、周时期，开始有了专门的武术教育。练武在教育中占有非常重要的地位，武术也开始成为人们有目的、有意识、有组织的社会活动。

春秋战国时期，提倡“拳勇”、“技击”，特别是“相搏”与“斗剑”发展较快。对此，《吕氏春秋》、《庄子·说剑》均有记载，书中论述精到，至今仍不失学习价值。

宋、元时期，尚武的社会风气促进了武术的发展。以武艺组织为主体的民间练武活动蓬勃兴起，先后出现了“英略社”、“弓箭社”、“锦标社”、“射弓踏弩社”、“相扑社”等民间社团。这些民间武术社团的发展与兴起为武术的交流、传授、发展创造了有利条件。

明、清时期是武术大发展时期，各种流派林立，拳种纷呈。著有完整套路图谱的武术书籍有《武备志》、《纪效新书》、《耕余剩技》等。有记载的有三十二式长拳、少林拳、内家拳、俞大猷少林棍、杨家棍、马家枪、六合枪、单刀、双刀、偃月刀、二十四式剑等。到明末清初时期，形成了太极拳、形意拳、八卦掌等为主体的拳术体系。民国时期，民间出现了许多拳术社、武士会、武术会、体育会等武术组织。1910 年，在上海成立了

“精武体育会”，1918 年成立了“中华武士会”，1926 年成立了“致柔拳社”、“武当太极拳社”、“尚武国术研究社”，其中以上海的“精武体育会”最为庞大。它以上海的总会为中心，在一些省市建立了精武分会，还在东南亚一带建立了海外精武分会，将中华武术传到了海外。

新中国成立后，武术成为社会主义文化和人民体育事业的一个主要组成部分，并得到了蓬勃发展。1956 年，中国武术协会在北京成立。1957 年，原国家体委将武术列为体育竞赛项目。1958 年，原国家体委制定了第一部《武术竞赛规则》。1987 年、1989 年在日本和我国香港举办的亚洲武术锦标赛中，中国队都取得了优异的成绩。1990 年北京亚运会召开，武术作为表演项目向世人展示了它独特的运动风格和运动魅力。

二、武术的价值

1. 健身价值

经常进行武术锻炼，可增长肌肉力量，增强关节韧带的柔韧性，提高身体协调能力、灵活性及平衡能力。

2. 修身价值

经常进行武术锻炼，可培养坚韧、顽强、勇于战胜困难的意志品质和良好的武术道德以及团结、协作的精神。

3. 医疗价值

经常进行武术锻炼，可矫正身体姿态，提高大脑兴奋、反应能力，治疗慢性疾病，促进疾病患者康复。

4. 观赏、娱乐价值

经常进行武术锻炼，可提高审美观念，培养健美姿态，感受力与美的矫姿形神，陶冶情操。

5. 国防价值

经常进行武术锻炼，可提高军队的擒拿格斗技术、身体力量以及快速反应能力，促进国防建设。

6. 交流价值

经常进行武术锻炼，可促进社会交往，改善人际关系。通过国际比赛，还可加强各国人民之间的友好交流。

第二节　简化二十四式太极拳

一、太极拳基础知识

“太极拳”这个名称是因为它采用中国古代“阴阳”、“太极”哲学理论来解释拳理。太极拳主要有陈式、杨式、吴式、孙式、武式五个流派，简化二十四式太极拳是以杨式太极拳为动作素材，从原套择取二十四个不同姿势，编串而成的简化套路。

（一）太极拳的保健作用

1. 调理神经系统

太极拳主张练意养神，练习时要求“心静”，注意力集中，并且讲究“用意识引导动作”。通过神经系统的调节机能，协调全身各个系统、器官的生理功能来完成动作练习，这样可使大脑皮层的兴奋与抑制得到调整，为大脑提供有效的休息和修复机会，达到合乎生理要求的协调和均衡。

2. 促进消化功能

太极拳的很多动作要求气向下沉，即所谓“气沉丹田”。这是一种横隔呼吸，利用隔肌和腹肌的收缩与舒张，使腹压不断改变，对胃、肠、肝、胰等器官起到按摩作用，增强胃、肠的蠕动功能，促进消化系统的分泌、消化、排泄、吸收机能。

3. 改善运动器官

太极拳是“以腰带动，节节贯穿”的全身性运动。各关节、韧带及肌肉群的活动能够相互衔接，连贯一气，得到不同程度的锻炼，这对改善运动器官的生理机能、延缓关节功能衰退均有益处。

4. 提高心肺效能

太极拳主张练气，“以意行气、以气运身”，要求腹式呼吸与胸式呼吸相结合，强调呼吸“匀、细、深、长”；通过连绵不断的匀速运动方式，使周身上下气血通畅，提高了肺活量，增强了肺通气和换气的功能。同时，促进了血液循环，对心脏血管、毛细血管功能的改善也有积极的作用。

（二）基本桩功和步法

1. 太极桩

桩功是指下肢固定或全身静止的基本训练。由于它的身形、步形松、静、稳、固，好像木桩栽于地面，故称桩功。太极桩亦称“浑元桩”，站立时两脚平行开立，与肩同宽，两腿屈蹲，重心落于两脚中间，两臂屈抱于胸前，手指微屈自然展开，指尖相对（相距约10 cm），掌心向里，呈抱球状，目视前方。要求上体中正，头正悬顶，下颌微收，沉肩垂肘，松腰敛臀，精神集中，意守丹田，呼吸自然平缓。初练时每次 3 ~ 5 min，久练后每次练习时间可逐渐增加。

作用：端正身形，强固下肢，培养敛神入静、调息用意的能力。

2. 太极步

太极拳的根基在腿，主宰于腰，行步如猫，轻灵沉稳。加强步法训练，对提高太极拳基本技术、掌握太极拳要领、培养下肢力量有着重要意义。太极拳的步法主要有进步、退步、侧移步三类。进步时，前进脚脚跟先着地，随之过渡到全脚掌踏实，继而脚趾下扣抓地；退步时，后退脚脚尖先落地，随之过渡为全脚掌踏实；侧移步时，侧移脚脚尖先着地，随之过渡为全脚掌踏实。各种步法均要求重心移动要平衡、均匀、清楚，两脚距离和跨度（横向距离）要适当，脚掌和脚跟碾转要合度，膝部要松活自然，直腿时膝部不可僵挺，要体现出轻灵、沉稳、平移、匀速四个特点。

（三）太极拳的基本要领及运动特点

1. 基本要领

（1）虚灵顶劲。
（2）气沉丹田。
（3）含胸拔背。
（4）松腰敛臀。
（5）圆裆松胯。
（6）沉肩坠肘。
（7）舒指坐腕。
（8）尾闾中正。
（9）内宜鼓荡，外示安逸。
（10）运劲如抽丝，迈步如猫行。

2. 运动特点

心静体松、呼吸自然，轻灵沉着、圆活连贯，上下相随、虚实分明，柔中寓刚、以意导动。

二、动作名称

（一）第一组

（1）起势　如图 8-1 所示。

①　　②　　③

图 8-1　起势

（2）左右野马分鬃　如图 8-2 所示。

图 8-2　左右野马分鬃

（3）白鹤亮翅　如图 8-3 所示。

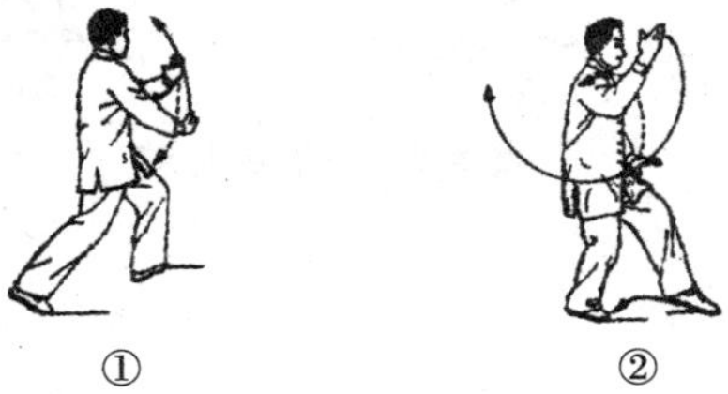

图 8-3　白鹤亮翅

（二）第二组

（1）左右搂膝拗步　如图 8-4 所示。

图 8-4　左右搂膝拗步

（2）手挥琵琶　如图 8-5 所示。

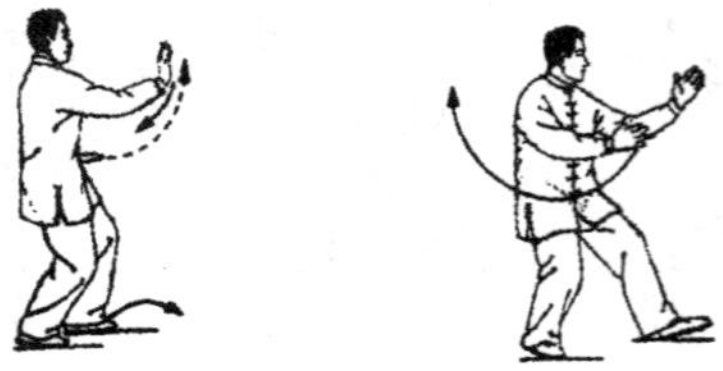

① ②

图 8-5　手挥琵琶

（3）左右倒卷肱　如图 8-6 所示。

① ② ③ ④ ⑤ ⑥ ⑦ ⑧

图 8-6　左右倒卷肱

（三）第三组

（1）左揽雀尾　如图 8-7 所示。

① ② ③ ④ ⑤ ⑥ ⑦ ⑧

图 8-7　左揽雀尾

（2）右揽雀尾　如图 8-8 所示。

图 8-8　右揽雀尾

（四）第四组

（1）单鞭　如图 8-9 所示。

图 8-9　单鞭

（2）云手　如图 8-10 所示。

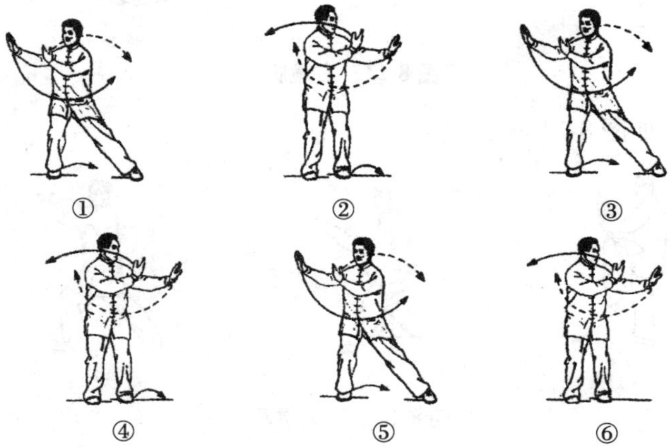

图 8-10　云手

（3）单鞭　如图 8-11 所示。

① ② ③

图 8-11　单鞭

（五）第五组

（1）高探马　如图 8-12 所示。

① ②

图 8-12　高探马

（2）右蹬脚　如图 8-13 所示。

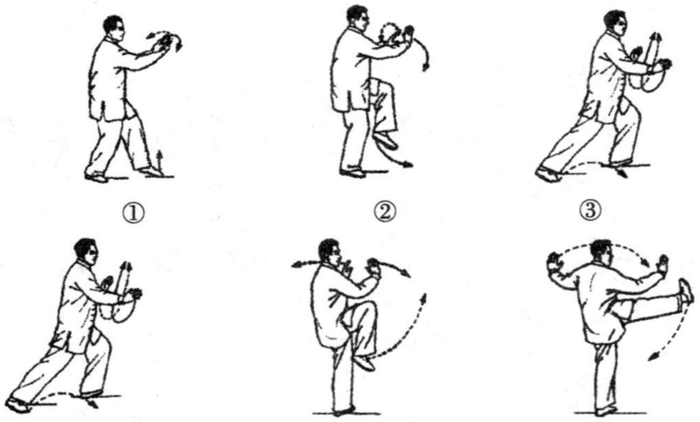

① ② ③ ④ ⑤ ⑥

图 8-13　右蹬脚

（3）双风贯耳　如图 8-14 所示。

① ② ③

图 8-14　双风贯耳

（4）转身左蹬脚　如图 8-15 所示。

图 8-15　转身左蹬脚

（六）第六组

（1）左下势独立　如图 8-16 所示。

图 8-16　左下势独立

（2）右下势独立　如图 8-17 所示。

图 8-17　右下势独立

（七）第七组

（1）左右穿梭　如图 8-18 所示。

图 8-18　左右穿梭

（2）海底针　如图8-19所示。

①　②

图8-19　海底针

（3）闪通臂　如图8-20所示。

①　②

图8-20　闪通臂

（八）第八组

（1）转身搬拦捶　如图8-21所示。

①　②　③　④　⑤

图8-21　转身搬拦捶

（2）如封似闭　如图8-22所示。

①　②　③　④

图8-22　如封似闭

（3）十字手　如图8-23所示。

①　②　③　④

图8-23　十字手

（4）收势 如图 8-24 所示。

① ②

图 8-24 收势

第三节 散 打

散打，是以踢、打、摔为基本内容，以双方格斗为形式的对抗性体育竞赛项目，是武术徒手搏击的组成部分。

历代由于名目不同，散打的称谓也有所不同，有“角力”、“手搏”、“相散手”、“卞”、“白打”、“拖手”等说法。

一、散打运动简介

散打的起源可追溯到上古时代。人们为了生存与获取生产资料，在与自然环境和其他部落的争斗中，运用拳打、脚踢、擒拿、绊摔等动作，逐渐形成了一种原始的格斗技能。据史料文献记载，在距今 3000 年左右的商、周时期，就已经有了用“执技论力”来决定胜负的相搏之技。从春秋、战国的“相搏”，到秦、汉时期的“手搏”、“角抵”；从唐代始行的“武举制”，到宋、元、明时期的“打擂”和清代发展起来的“社”、“馆”操练武艺。戚继光的《纪效新书》对散打技艺有着较为详细的记载。民国初年，习武开禁，拳技之风盛行。1928 年和 1933 年中央国术馆举行了两届国术国考，参加人数众多。

新中国成立后，武术被作为优秀民族文化遗产加以继承和发展。尤其是进入 20 世纪后期，我国为了让世界了解武术，让武术走向世界，先后在 1988 年、1990 年、1991 年、1999 年、2000 年多次成功举办了国际散打擂台赛、武术锦标赛和散打邀请赛等，现散打运动已被列为亚运会和世界锦标赛正式项目。目前，世界上已有 70 多个国家和地区开展散打项目，散打运动在国内外受到越来越多的喜爱和重视。

1. 散打运动的特点

（1）体育性 寓技击于体育是散打的第一个特点。

（2）对抗性 对抗性的技击内容是武术散打的基本特征。

（3）民族性 武术散打是中华民族优秀的文化遗产，是在中国特定的社会历史条件下逐渐演变发展形成的。

（4）与传统文化联系的紧密性 散打运动是集传统与现代、竞技与实用、修身与养性于一体的运动项目。

2. 散打运动的社会价值

（1）提高身体素质，增强防身自卫。
（2）锻炼意志品志，培养高尚武德。
（3）竞技观赏娱乐，丰富文化生活。
（4）相互交流技艺，增进友好往来。

二、散打基本技术

（一）散打的基本姿势

1. 实战姿势（预备式）

两腿开立步站立（正架为左腿在前，右脚在后，本文统一为正架姿势），两手握拳，左前右后，拳眼均朝上，左手臂弯曲，肘关节夹角为90°～110°，左拳与鼻同高，左手臂弯曲，肘关节夹角小于90°，上、前臂紧贴右侧肋部，身体侧立，下颌微收，闭嘴合齿，面部和左肩、左拳正对对手，如图8-25所示。

图8-25　预备式

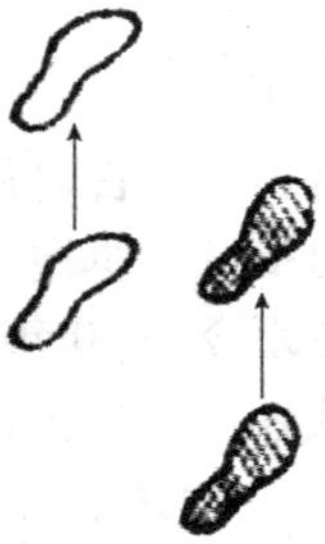

图8-26　前进步

2. 前进步

预备势，正架实战步。前脚先向前进半步，后脚再跟进半步，成实战步，如图8-26所示。进步步幅不易过大，后脚跟的身体姿势不变，衔接进步与跟步时越快越好。

3. 后退步

预备势，正架实战步。左脚蹬地，右脚向后跨步，左脚掌擦地后撤。

4. 上步

正架实战步。后脚向前上一步，同时左、右拳交换成反架。
要点：上步时身体不能前后摆动，上步与两手交换要同时进行。

5. 撤步

前脚向后撤一步，左脚跟离地，右脚尖稍外展，重心偏于右腿。

（二）基本拳法

1. 冲拳

正架实战势。右脚微后蹬，重心前移，身体向右转腰送肩；同时，左拳直线向前冲击，前臂内旋，拳心向下，力达拳面，如图 8-27 所示。

要点：右冲拳时上体不可前倾，拳面领先，快出快收，迅速还原。

特点：攻击距离长，充分利用腰、腿部力量，杀伤力大。

2. 掼拳

正架实战势。上体微向右转，同时左拳向外（45°）、向前或向里横掼，臂微屈，拳心朝下，力达拳面。右拳护于右腮，力从腰发，腰绕纵轴向右转动，含胸收腹，图 8-28 所示。

图 8-27 冲拳

图 8-28 掼拳

3. 抄拳

正架实战势。重心稍下沉，左拳由下向前上抄起，肘关节夹角为 90°～110°，拳心朝里，力达拳面。

要点：动作要连贯顺达，用力要由下至上，发力时腰微右转。重心下沉，利用前脚蹬地拧转的反作用力，增大抄拳的力量。

（三）基本腿法

1. 蹬腿

正架实战势。右腿直立或稍屈，左腿提膝抬起，勾脚，以脚跟向前蹬出，力达脚跟，上体正直，两拳不变，如图 8-30 所示。

要点：屈膝高抬，发力时伸髋、挺膝、蹬腿，快速连贯。

2. 踹腿

正架实战势。右腿直立或稍屈，左腿屈膝抬起，小腿外摆，脚尖勾起，脚外侧攻击对方，展髋、挺膝，向前踹出，力达脚掌，上体可侧倾，如图 8-31 所示。

要点：上体、大腿、小腿、脚掌成一条直线，踹出时一定要以大腿推动小腿直线向前发力。

3. 横踢腿

正架实战势。上体稍右转侧倾，同时带动左腿收髋扣膝，直腿向右上方横摆，踝关节屈紧，力达脚背至小腿下端，如图8-32所示。

要点：转体带动摆腿，动作连贯、快速。

图8-30　蹬腿

图8-31　踹腿

图8-32　横踢腿

（四）基本摔法

1. 抱腿摔

正架实战势。左腿向对手两脚间上步，右脚跟进一步，屈膝半蹲，两手抱住对手双腿，身体起立，视具体情况，可灵活采用侧摔或踢腿摔。

要点：进步同时进身，动作连贯迅速，上体要尽量贴紧对手躯干。

2. 夹颈摔

正架实战势。当对手以左掼拳进攻时，用右手抓住对手左臂，同时，上左步、插右步，左手挟搂对手的颈部，右转体180°，屈膝，接着左手同时向右后下用力，伸腿、弓背、转腰，将对手摔倒，如图8-33所示。

要点：动作要迅速、连贯，进身时双腿要半蹲，臀部贴紧对手的胯关节，全身发力要协调一致。

3. 接腿勾踢

正架实战势。当对手左腿进攻被抱住后，微右转，同时右腿垫步，用勾踢对手踝关节，左手配合，将对手摔倒，如图8-34所示。

要点：抱腿后接勾踢动作连接要快。

图8-33　夹颈摔

图8-34　接腿勾踢

（五）防守方法

1. 接触性防守

（1）拍挡　左手（右手）以掌心或掌根为力点，向里横向拍挡。

(2) 挂挡　左手（右手）屈臂，以前臂对侧为力点，向同侧头部外侧发力挂挡。

(3) 拍压　左拳变掌，以掌心或掌跟为力点，由上向前下快速拍压，发力要干脆，拍压后迅速还原。

要点：眼睛盯住对方肩部，反应、判断均迅速果断。

2. 非接触性防守

(1) 侧闪　当对手从正面进攻时，右腿蹬地，重心移至左脚，上体左移，同时以腰为轴右转，使对方攻击从体侧经过。

(2) 下潜　当对方攻击头部时，两腿稍屈，重心下降，缩颈低头，双手护住头部，让对方攻击从头上掠过。

(3) 后仰　当对方从前方攻击时，前脚蹬地，后脚尖点地，重心移至后脚，上体稍后仰。

要点：动作时机要把握好，幅度不要太大，眼睛始终盯住对手。

（六）练习方法

在散打运动的教学与训练中，主要有以下几种练习方法。

(1) 个人重复练习　有针对性地对某一个技术动作进行反复练习。

(2) 假设性练习　自己想象对手的进攻，练习相应的防守动作，经过反复强化，形成巩固的动力定型。

(3) 不接触的攻防练习　在教师或同学的帮助下，以动作为信号，间隔距离，不接触身体，自己根据信号做出相应的防守动作。

(4) 配合的攻防练习　两人一组，互相接触，进一步提高防守的实效性。

(5) 进攻与防守反击的练习　专门性的练习防守，在初级阶段是非常重要的。应尽量把防守和反击结合起来，防守是途径，反击是目的。

(6) 实战练习　实战是检验和提高进攻、防守能力的重要方法。

三、战术训练

战术在散打技术中占有重要的地位，它是根据实战双方的具体情况，为战胜对手而采取的计策和方法。

1. 进攻战术

学习进攻战术必须一丝不苟地掌握动作的要领，并熟练地运用到实战练习和比赛中去。学习要循序渐进，从易到难。在教学训练中常用的方法有以下几种。

(1) 慢速度原地练习。

(2) 结合步法练习。

(3) 假设性练习。

(4) 不接触的攻防练习。

(5)“喂”靶练习。

(6) 打固定靶。

（7）条件实战。

（8）实战练习。

2. 防守战术

学习防守战术与学习进攻战术一样，必须先掌握防守技术动作，然后了解对手的具体情况，根据对方的情况制定出战胜对手、取得最后胜利的战术，并且在实战练习中充分发挥出来。在教学和训练中常用的方法有以下几种。

（1）个人模仿练习。

（2）假设性练习。

（3）不接触的攻防练习。

（4）接触的攻防练习。

（5）进攻与防守反击的练习。

（6）实战练习。

四、主要规则简介

（一）比赛场地

散打运动比赛场地为高 0.6 m、长 8 m、宽 8 m 的木质结构平台，台面上铺有软垫，软垫上有帆布盖单，台中心有直径 1 m 的阴阳鱼图，台面边缘有 5 cm 宽的红色边线，台面四边 0.9 m 处有 0.1 m 宽的黄色警戒线。台下四周铺有高 0.2～0.4 m、宽 0.2 m 的保护软垫。

（二）裁判人员

散打比赛时，裁判人员负责检查场上运动员的护具，保证安全比赛；用口令和手势指挥运动员进行比赛，判定运动员倒地、下台、犯规、消极、强制读秒、得分、临场治疗等有关事宜；宣布每场比赛结果。每场比赛有 5 名裁判员，他们的主要职责是：根据规则记录运动员的得分；每局结束后根据裁判长信号，同时迅速显示评判结果，每场比赛结束后在记分表上签名并保存，以备检查核实。

（三）运动员

运动员的年龄限为 18～35 周岁。报名时，必须携带《运动员注册证》及本人 15 天以内县级以上医院出具的包括脑电图、心电图、血压、脉搏等指标在内的检查证明。运动员必须有参加比赛的人身保险证明。运动员按体重分为 11 个级别：48 公斤级、52 公斤级、56 公斤级、60 公斤级、65 公斤级、70 公斤级、75 公斤级、80 公斤级、85 公斤级、90 公斤级、90 公斤以上级。运动员必须穿戴指定的护具。散打比赛用的护具有拳套、护头、护齿、护胸、护裆，赤脚。运动员必须穿着与比赛护具颜色相同的背心和短裤，护裆必须穿在短裤内，比赛护具分红、黑两种。拳套的重量按体重级别有所不同，65 公斤以下级别为 230 g，70 公斤以上级为 280 g。比赛前，运动员先经过资格审查，然后称量体重。运动员必须在大会规定的时间内到指定地点称量体重。称量体重时裸体或只穿短裤，并在 1 小时内称完，逾期即取消比赛资格。

（四）比赛过程

1. 比赛前常规程序

（1）检录员检录（检录时不到按弃权处理）和接受医生检查。

（2）宣告员介绍仲裁委员会成员、裁判员、运动员。介绍运动员时，运动员向观众行抱拳礼。

2. 比赛常规程序

（1）台上裁判员示意运动员上场，让双方运动员行抱拳礼，然后发出“预备——开始”口令开始比赛。

（2）每场比赛采用三局两胜制，每局净打 2 min，局间休息 1 min。

（3）比赛结束时，由宣告员宣布比赛结果。宣布结果时，运动员交换站位，台上裁判员站在双方运动员中间，举起获胜运动员的手臂表示胜方。

（4）宣布结果后，运动员先相互行抱拳礼；再同时向台上裁判员行抱拳礼，裁判员回礼；然后向对方教练员行抱拳礼，教练员回礼。

（五）比赛的评判

1. 有关概念

（1）得分部位　头部、躯干、大腿和小腿。

（2）禁击部位　后脑、颈部、裆部。

（3）禁用方法　用头、肘、膝和反关节的动作进攻对方；用迫使对方头部着地的摔法或有意砸压对方；用腿法攻击对方的头部。

（4）可用方法　除禁用方法外的武术各流派的攻防招法。

2. 得分标准

（1）得 4 分　在一局比赛中，一方第一次下台，对方得 4 分；用转身后摆腿击中对方躯干部位而自己站立者得 4 分；用主动倒地的动作致使对方倒地，而自己即刻站立者得 4 分；使用勾踢将对方踢倒而自己站立者得 4 分。

（2）得 2 分　一方倒地（两脚外任何部位接触台面），站立者得 2 分；用腿法击中对方躯干部位者得 2 分；被强制读秒 1 次，对方得 2 分；受警告 1 次，对方得 2 分。

（3）得 1 分：用手法击中对方得分部位者得 1 分；用腿法击中对方头部和下肢者得 1 分；消极 8 s（被指定进攻 8 s 后仍不进攻），对方得 1 分；主动倒地超过 3 s，不起立，对方得 1 分；受劝告 1 次，对方得 1 分；使用方法双方先后倒地，后倒地者得 1 分。

（4）不得分　方法不清楚，效果不明显不得分；双方下台或同时倒地，双方均不得分；双方互打互踢，对方均不得分；用方法主动倒地，对方不得分；抱缠时击中对方不得分。

3. 犯规与罚则

（1）技术犯规　消极搂抱对方；处于不利状况时举手要求暂停；比赛中场外进行指

导；比赛中对裁判员有不礼貌的行为或不服从裁判；比赛中大声叫喊；有意拖延比赛时间；上场不戴或吐落护齿；有意松脱护具；运动员不遵守礼节。

（2）侵人犯规　在口令“开始”前或“停”后进攻对方；击中对方禁击部位；用不允许的方法击中对方。

（3）罚则　每出现1次技术犯规，劝告1次；每出现1次侵人犯规，警告1次；受罚失分达6分者，判对方为胜方；运动员故意伤人，取消比赛资格，判对方为胜方；运动员使用违禁药物、局间休息时输氧，取消比赛资格。

4. 胜负判定

（1）优势胜利　在一场比赛中，3次有效使用4分动作者（下台除外）；在比赛中，双方实力悬殊，台上裁判征得裁判长的同意，判技术强者为该场胜方；被重击（侵人犯规除外）倒地不起达10 s，或能站立但知觉失常，判对方为该场胜方；比赛中，被重击强制读秒（侵人犯规除外）达3次，判对方为该场胜方；比赛中，运动员出现伤病，经医务人员诊断不能继续比赛者，判对方为该场胜方。

（2）在每局比赛结束时，依据边裁判员的评判结果，判定每局胜负。

（3）一局比赛中，一方两次下台，另一方为该局胜方；两次有效使用4分动作者为该局胜方。

（4）一局比赛中，双方出现平局，按下列顺序判定胜负：本局受警告少者为胜方；本局受劝告少者为胜方；体重轻者为胜方（以当天体重为准）。上述三种情况仍相同，则为平局。

（5）一场比赛中，先胜两局者为该场胜方。

（6）比赛中因一方犯规，另一方诈伤，经医务人员确诊后，判犯规一方为该场胜方。

（7）比赛中，如获胜局数相同，按下列顺序决定胜负：受警告少者为胜方；受劝告少者为胜方；体重轻者为胜方。上述三种情况仍相同，则加赛一局，依次类推。

第四节　跆拳道

跆拳道是一项利用拳、脚进行搏击的对抗性运动。它通过竞赛、品势和功力检验等运动形式，使练习者增强体质，掌握技战术，并培养坚忍不拔的意志品质。跆（TAE），意为脚踢、脚踹；拳（KWON），意为用拳击打；道（DO），即为练习的方法，也为一种精神。

一、跆拳道运动简介

跆拳道有着悠久的历史，源于朝鲜半岛。原始跆拳道处在萌芽阶段时，就与人类求生的本能活动及其生存需求密切相关。考古发现，早在高丽王朝就存在跆拳道的表演和格斗的比赛。当时由于多次军事冲突和政变，朝廷重视军队建设，尚武之风盛行，这为跆拳道的产生与发展提供了一个有利的背景。

李朝是跆拳道集大成的发展时期，在李朝，无论是徒手还是器械等跆拳道技术，都趋于成型和完善，逐渐形成了跆拳道的完整体系。1966 年在韩国成立了国际跆拳道联盟。1973 年首届世界跆拳道锦标赛在汉城（今首尔）举行。1980 年国际奥委会正式承认世界跆拳道联合会。1988 年汉城奥运会将跆拳道列为表演项目。2000 年悉尼奥运会将跆拳道列为正式比赛项目。

跆拳道运动在中国除台湾、深圳、广州、延边、昆明等少数地区开展得较早，在其他地区开展得时间不长，但跆拳道与中国武术在某些方面比较相似，因此，中国人学习和掌握跆拳道的技法并将之用于实战和比赛中都存在着得天独厚的先决条件。近年来，跆拳道运动在我国得到了推广和开展。1993 年以来我国许多省市、自治区成立了跆拳道协会，不少体育院校和普通高校还将跆拳道列为教学的主要内容，并组建代表队参加全国比赛。在 1997 年世界锦标赛上我国运动员第一次夺得该项目的世界冠军，2000 年悉尼奥运会上我国女子运动员陈中获得该项目金牌。

1. 跆拳道的特点

（1）注重内劲，以刚为主。
（2）广泛的适应性。
（3）独具特色的功力检验。
（4）体系科学完善。

2. 跆拳道的健身价值

（1）增强体质。
（2）防身自卫。
（3）娱乐观赏。
（4）培养意志品质和道德情操。

3. 跆拳道的内容

（1）跆拳道的基本技术。
（2）跆拳道的实战技术。
（3）防身自卫术。

4. 跆拳道的技术风格

（1）技术型　以韩国为代表的在世界上起步较早的国家和地区，如美国、加拿大、菲律宾、中国台湾等都属于技术型打法。这些国家开展跆拳道已有近 30 年的历史，运动员在比赛中动作稳健、脚法多变、技术成熟、心理稳定、攻防一体。

（2）力量型　以欧洲和拉美国家，如西班牙、瑞典、英国、墨西哥等为代表。这些国家的运动员身体条件好、腿长、肌肉爆发力强，先天素质高人一等，攻势凌厉，常以力量取胜。

（3）散打型　以土耳其为代表，运动员作风顽强，比赛中多主动进攻，攻守得宜，自成一体，动作实用，经常做出高难度动作，表现出很高的训练水平和比赛技术。

二、跆拳道基本技术

（一）姿势与礼节

1. 姿势

在跆拳道中，姿势又称“站柱功”，是学习跆拳道必修的内容。姿势正确与否，直接关系到练习者训练水平的发展程度，因此，掌握正确的姿势是很有必要的。跆拳道的常用姿势包括实战势、品姿准备势、并步站立势、自然体势等14种姿势。

1）实战势

动作要领：两腿开立步站立，两脚尖朝斜方面约35°。腿间距约为两个脚掌，膝稍内收，两手握拳，左前右后，左臂稍屈，左拳与鼻同高，左臂弯曲，靠近肋部，身体侧立，目视对手胸部或眼部。

2）品势准备势

动作要领：两脚开立与肩宽，两臂自然下垂，两手握拳置于距腹前，拳心向下，目视前方。

3）并步站立势

动作要领：两脚并步站立，两脚内侧，后跟并拢，两手自然下垂松握置于体侧，拳背向下，目视前方。

2. 礼节

跆拳道的礼节是跆拳道深层内涵的精神表现。在某种意义上讲，礼节反映了一个国家和民族的文明程度，同时也反映了一项体育运动是否有很强的生命力，因此礼节在跆拳道运动中极为重要。

一名训练有素的跆拳道高手，应具备两个要素：一是高超的技艺，二是良好的礼节。在练习时要做到“以礼始，以礼终”，相互尊重，切磋技艺。在比赛中，当听到主裁判喊“立正敬礼”的口令时，面向裁判长敬礼。最后一个回合结束后，运动员互相行礼等待最后判定。

（二）基本步法

1. 主要步法

（1）上步　实战姿势，后脚朝前上一步，主要用于快速进攻。

（2）后撤步　与上步相反，前脚后撤一步，主要用以快速退防。

要点：拧腰转髋迅速，进退步时重心保持平稳。

（3）前滑步　两脚同时向前滑进一步，同时保持准备姿势。

要点：滑动时，重心起伏不宜过大，尽量使重心平稳移动，两脚稍离地即可。

（4）后滑步　两脚同时向后滑一步，保持准备姿势。

要点：同前滑步。

（5）原地换步　右架站立，两脚原地前后交换，由右架换成左架，反之亦然。

要点：重心起伏不宜过大，尽量使重心平稳移动，两脚稍离地即可。

（6）侧移步　第一种步法是以前脚为轴，后脚向左（右）侧方向移动，用以改变与对手的站立方向；第二种步法是右架站立，右脚先向右（或向左）侧移动一步，随之左脚也迅速向右（或向左）侧移动一步。

要点：一般将身体重心移向前脚，以利于后腿攻击。

（7）垫步　右架站立，右脚向左脚内侧上步，同时左腿迅速抬起以便进攻和防守。

要点：右脚垫步时，左脚要迅速提起，重心落在右腿上，右膝微曲。

2. 练习方法

（1）慢速单步左右进退步练习。

（2）快速左右进退步练习。

（3）结合进步与退步交替练习。

（4）配合拳法、腿法进退步进行练习。

（5）左架与右架之间的换步练习。

（6）前滑与后滑步练习。

（7）左右侧移步练习。

（8）连续垫步练习。

（9）几种步法熟练后，可组合起来练习。

（10）结合教练员的手势或声音信号进行练习。

（11）两人配对练习。

（12）结合技术进行步法练习。

（三）基本手法

1. 主要手法

（1）冲拳　开步站立。两手抱拳于腰际，左脚向前迈步，右拳从腰际前旋臂猛力平冲出，臂伸直，力达拳面。出拳时收腹、转腰，打出寸劲。

（2）鞭拳　开步站立。左拳置于右侧前方，拳心向内，右拳收于腰际，左拳由内向外鞭打对方的面部或胸部。以腰带动前臂，鞭打甩拳。

（3）砍掌　实战势。右脚上步，左手抓挡，右臂向前正砍或斜砍，力达掌侧。以肩为轴，砍掌时，腰、肩、臂紧张用力，肘微屈，掌领先击打对方。

（4）顶肘　实战势。左拳内扣，右拳变掌，掌心顶住左拳面，推左拳，展胸、推肩，向前顶击，力达肘尖，右脚随之跟半步，变为骑马势。手臂夹紧，动作连贯，目视攻击目标。

2. 练习方法

（1）单手慢动作练习，体会动作要领。

（2）左右手交替快速练习。

（3）击打手靶、沙包等练习。

（4）结合步法、腿法进行练习。

（四）基本腿法

1. 主要腿法

（1）前踢　实战势。左脚支撑，以左脚前掌为轴，脚后跟随身体转动约 120°，同时，右脚伸直的脚尖勾紧，以前脚掌快速有力地向对方下颌和脸部踢击，右脚快速前落成实战姿势。

（2）劈腿　实战势。左脚支撑，以右脚前掌为轴，脚后跟随身体向前转动约 120°，同时，右脚蹬地起动，重心前移，脚尖勾紧，右脚尽量上举到头部上方，踝关节放松。下劈腿时，用脚掌向下劈击对方的头、颈、肩、腹部，然后右腿自然下落成实战势。

（3）侧踢　实战势。右腿直立或稍屈支撑，左腿屈腿抬起，小腿外摆，脚尖勾起，膝关节与大腿平行，然后左脚后跟朝上，继续尽量上抬，脚掌正对攻击目标，左膝关节由屈到伸快速踹出，力达左腿、后跟或脚的外侧边缘，上体稍侧倾。

（4）横踢　右架站立。重心移至左腿，提起右大腿，同时髋部略向左转，膝盖朝前，大小腿折叠，脚面崩直。右腿快速鞭打踢出小腿，膝盖朝向左侧。击打后，右脚自然落下成左架。

（5）后踢　右架站立。重心移至左腿，以左脚尖为轴，左脚跟外旋，身体向右后方转动，同时提起右大腿，使大小腿几乎折叠，脚尖勾起，头部稍向右后方转动，右腿向后平伸后蹬，在蹬直前膝盖稍外翻（向右侧），用脚跟部位击打对方腹部和胸部，击打后，右脚自然落下成左架，然后后撤右脚，还原成右架准备姿势。

（6）后旋踢　右架站立。身体向右后方转动，同时提起右大腿向斜后方 40°左右处蹬伸，头部向右后方转动，右腿借旋转的力向后划一个半圆形的水平弧线，快速屈膝，用脚掌击打对方头部。击打后，身体重心依然在左腿上，右脚自然落下，还原成右架准备姿势。

（7）勾摆踢　右架站立。身体向左方转动，同时提起右大腿向前，头部向左方转动，右小腿由外向内有一定弧度的摆动，并伸小腿。身体随之侧倾斜。突然屈膝，用脚掌向右横着鞭打对方面部。击打后，右脚自然落下，还原成右架准备姿势。

2. 练习方法

（1）原地左右腿交替空踢练习。
（2）速度由慢到快、幅度由小到大练习。
（3）行进间左右腿交替空踢练习。
（4）原地、行进间左右腿踢靶练习。
（5）护具练习。
（6）双人配对模拟对抗练习。

三、主要规则简介

（一）比赛场地

比赛场地呈 12 m×12 m 的正方形，水平，无任何障碍物，有一定弹性的垫子。

（二）裁判人员

（1）主裁的任务 掌握整场比赛的主导权；比赛中的开始、停、分开、继续、计时、警告、扣分、进退场、胜败的宣判；根据比赛规独立行使宣判权力，不记录得分；比赛结果同分或无分情况时，依据是否占优势，判定胜负。

（2）副裁的任务 判定得分时应立刻采分；主裁询问时，可发表自己的意见。

（三）运动员

运动员必须是当年度登记注册的、身心健康、持有世界跆联或中国跆协的段位证书者。

跆拳道比赛体重级别分男子、女子各 8 项。男子：50 公斤级、54 公斤级、58 公斤级、64 公斤级、70 公斤级、76 公斤级、83 公斤级、83 公斤以上级；女子：43 公斤级、47 公斤级、51 公斤级、55 公斤级、60 公斤级、65 公斤级、70 公斤级、70 公斤以上级。运动员须穿道服和护具，参赛队员必须戴护头、护身、护裆、护臂、护腿，专用号码要佩带在上臂。当日比赛的运动员在开赛前 1 小时要称完体重，称体重时，须裸体或仅着内裤。有超重或不足时，在称重时间内可以再给一次机会称重。

（四）比赛过程

（1）运动员点名 比赛开始前，每隔 1 min 点一次名，共点三次，检录后运动员要在指定地点接受检查。

（2）运动员出场 检查后运动员和自己的一名教练一起进入比赛场地。

（3）比赛开始与终止 每回合主裁喊“开始”或“停”比赛就开始或终止。

（4）比赛进行的程序 ①运动员听到主裁喊“立正敬礼”时，运动员相互行礼；②主裁喊“准备”、“开始”时，比赛开始；③每场比赛采用“三分钟三回合制”，中间休息 1 min；④最后一个回合结束后，运动员相互行礼，等待最后的判定。主裁根据比赛判定的结果举起胜方的手。

（五）比赛的评判

1. 有关概念

（1）得分部位 胸、腹、两肋、头部。

（2）使用的技术 手是拳面的正面，脚是踝关节以下。

（3）得分 利用正确的进攻技术，打击正确的得分部位，打击的力量要强，得分 1 次记 1 分。脚踢对方头部有效部位得分 1 次记 2 分。得分统计三回合中所得的分。

（4）采分与标出 所得的分即刻采出，并即刻标出。使用一般护具时用采分表，由副裁采分；使用电子护具时，躯干部得分，由护具内感应器自动汇分，头部得分由副裁的采分器或采分表汇入。

2. 犯规行为

犯规行为由主裁处罚，处罚分警告和扣分两种，警告 2 次扣 1 分，扣分 1 次记 1 分。警告通常为轻微犯规，扣分为严重犯规。累计扣分 3 次，直接判“犯规败”。

3. 优势的判定

（1）同分时有扣分时，得分次数多者占优势。
（2）除以上情况外，有同分或不得分情况发生时，根据比赛情况判定占优势者。
（3）优势的判定以比赛中掌握主动情况为基准。

4. 比赛结果的判定

（1）击倒胜（K. O 胜）。
（2）主裁判终止比赛胜（RSC 胜）。
（3）比分或优势胜（判定胜）。
（4）对方弃权而获胜（弃权胜）。
（5）对方失去资格而获胜（失格胜）。
（6）对方犯规而获胜（犯规胜）。

http://wushu.sport.org.cn 中国武术协会网
http://www.cntaijiquan.com 中国太极拳网

第九章　新疆少数民族体育

每天锻炼一小时，健康工作五十年，幸福生活一辈子！

——周济

第一节　民族体育概述

一、民族体育的概述

我国是一个多民族的国家，各民族人民共同创造了灿烂的华夏文明。各具特色的少数民族体育在中华民族发展史的长河中，犹如百花园中的奇葩，反映了各民族的历史、政治、经济、文化、宗教、风俗习惯等，为中华民族的繁荣、促进各族人民身心健康、活跃民族文化做出了贡献。

对于民族传统体育，1986 年 9 月在新疆举行的首届少数民族传统体育学术研究会上将其概括为“长期流传在各民族民间的以锻炼身心和娱乐为目的的各种活动”。民族体育的基本内容是各个少数民族按各自不同的风俗习惯，经过漫长的历史发展而形成的健身强体的运动项目。其特点就在于它悠久的历史、绚丽多姿的内容和浓厚的民族风格。它的重要意义在于同其他民族文化艺术一样，它也是中华民族灿烂文化不可或缺的一部分，是伟大的文化遗产之一。

新中国成立后，党和政府把发展少数民族体育作为民族工作和体育工作的一项重要任务，组织了大批专家、学者对少数民族体育项目进行挖掘、整理和研究，并在原国家体委和原国家民委的组织下，编撰出版了一部大型的民族传统体育志书《中华民族传统体育志》（中国体育博物馆，1990），收集到 55 个少数民族的传统体育项目 676 项，汉族传统体育项目 310 项，共计 986 项，充分反映了中华民族体育文化多样的形式和丰富的内涵。1953 年在天津举办了全国第一届民运会，至今已成功举办了 7 届。我国各省市也先后多次举行民族传统体育运动会，新疆自 1985 年以来也已成功举办了 5 届少数民族体育运动会。

新疆是一个多民族地区，各民族创造出了形式多样的富有浓郁民族特色和独具魅力的传统民族体育项目，这些种类繁多的民族体育项目广泛分布于全疆各地。民族体育作为地域文化重要组成部分，为新疆各族人民所喜闻乐见，在社会主义精神文明建设和促进全民健身活动的深入开展中起着特殊的作用。

新疆各族人民创造出了瑰丽多彩、繁花似锦的传统体育活动。《新疆民族体育》将新疆民族体育分为竞赛项目、传统体育活动、传统游戏三大部分，共收入 120 个项目。对于那些群众喜闻乐见、经常开展的活动项目，如且里西、叼羊等，经反复研究、修改，在保留原传统内容和形式的基础上，制定出了比较科学的竞赛规则，使其成为新疆地区民族传统体育运动会的正式比赛项目，其中叼羊、且里西、赛马已成为全国民运会的比赛项目。另外，达瓦孜、恰克皮来克、帕普孜、盖来特盖、射箭（古代）、马上拾银、姑娘追等，经制定规则也都成为表演项目。

民族体育作为新疆民族文化的重要组成部分，在各个历史时期的典籍中都存留着各民族从事狩猎、射箭、投掷、骑马、舞蹈、游戏等各种体育活动的记载。民族体育与劳动、宗教、游乐和军事等活动紧密联系在一起，历经时代变迁而演化为当今各种体育形式。这些民族体育活动，不仅对人们起到了强身健体的作用，更为我们提供了一种丰厚的精神文化生活，成为各民族生活中不可或缺的一部分。

一、民族体育的特征

（1）具有鲜明的民族性与地域性　其魅力首先在于它的独有性，其次还在于它能创造出一种民族体育环境、一种地域性民族体育氛围，这种环境和气氛是任何其他地域中所无法创造出来的。

（2）具有丰厚性与节律性　民族体育内容丰富，多姿多彩，几乎每个民族都有几种乃至数十种民族体育项目，各个民族的体育千姿百态，风格各异，都有其独特的民族风格和浓郁的民族色彩。

（3）具有健身性与娱乐性　民族体育文体合一的特点是运动者和观赏者得以愉悦身心、陶冶性情、调节情绪、满足精神文明需要。

（4）具有独特的审美特征　民族体育项目不仅体现了身体美、力量美和速度美，同时也充分反映了各民族胸怀宽广、热情友好的精神美特征。体育美感与民俗风情的交融，体育美感与音乐美、文艺美的交融，体育美感与服装美、器械美的交融又体现了民族体育的交融美特征。

二、民族体育项目的分类

1）以嬉戏娱乐为主导的民族体育项目

这类项目是一种以闲暇消遣、健身娱乐为主要目的而又有一定模式的民族体育活动，如以启迪智力为主的夏合麻特、沙勒玛塔西拉西、达木卡棋、九子棋、围连等；有助于人与人之间联系沟通，增强群体凝聚力的帕普孜球、盖来特盖、阔依拉托甫、瓦来伊、恰甫恰克等；再现狩猎生产的飞马投鞭、沙勒阿、窝尔达伊提希、掷坷垃等；表现身体表征与精神运动的抱巨石、抱犍牛等。这些项目虽有一定的规则，但不严格，嬉戏、娱乐是其主旨。

2）以竞技能力为表现形式的民族体育项目

这类项目是以竞赛体力、技巧、技能为内容的娱乐活动，项目数量众多，范围广泛，如在运动中发展身体素质、提高体能的喀亚克、顶沙袋赛跑、二人三足跑、荡远等；比赛速度的塔依拜伊该、吾南拜伊该、赛骆驼、叼羊、赛驴等；以中靶多少评定成绩的射箭、飞马射银、掷木棒、来派克等；对抗性较强的且里西、马上较力、趴地拔河、拔棍等；以竞赛技巧为主要内容的恰克皮来克、马上技巧、飞马拾银、达瓦孜、灵格尔塔克塔克等。

3）以配合节庆习俗的民族体育项目

这类项目是各民族在欢度喜庆节日时举行的各类民族体育活动，如赛马、叼羊、姑娘追、荡秋千、挤马出圈、穿麻袋摔跤、斗羊、布喀梭库西吐鲁西、鞭裂牛皮、约皮凯比兰等。几乎所有的民族节日中都伴有体育活动内容。可以说，民族体育与民族节日活动有机结合、密切相连，是民族传统体育的一大特点，构成了一种寓意深刻的独特的文化表达方式，它作为一种文化传递的方式起着重要的作用。

三、从民族体育在学校体育教育中的地位与作用

民族体育作为民族传统文化的重要组成部分，蕴含着丰富的中国传统哲学、美学、伦理、医学、民俗、宗教、文学、历史和军事等方面的基本理论与基本知识，是民族的价值观、审美观念和民族情感的反映，在素质教育和促进学生全面发展中起着积极的作用。

（1）通过民族体育的教学或训练，对学生进行爱国主义、民族精神、民族风貌、集体主义的教育。

（2）各民族学生同在课堂上分享民族体育的艺术和技术，有利于增强各民族的凝聚力、团结力和向心力，具有增进各民族大团结的现实意义。

（3）通过对民族体育理论及实践的学习，有利于学生开阔视野、活跃思想、陶冶精神，促进兴趣多元化的发展。

因此，民族体育作为学校体育课程的重要内容，大学生通过对民族体育的了解，对民族体育养生与保健知识的学习，提高体育文化素养，促进体育意识与习惯的形成，这不仅使身体得到锻炼，意志得到增强，心灵上得到洗礼，精神上也会得到充实和拓展。

民族体育是各族人民共同创造的文化财富，在民族体育将人类一些传统的文化印迹和生活气息展现在现代人面前的同时，民族体育在相当程度上填充和弥补着现代体育的不足，在较多层面上满足着现代人教育、娱乐、健身、健美的需要。民族体育既有浓厚的民族特点，又有现代体育的运用价值，成为振兴民族精神、加强民族团结、促进身体健康的活动，将在祖国现代化建设和全民健身活动中发挥更加积极的作用。

第二节　且里西

一、且里西的概述

且里西是维吾尔族、哈萨克族、克尔克孜族、乌孜别克族等民族的一项古老的传统体育项目。新疆是摔跤之乡，且里西在新疆是一个普及程度很高的传统体育项目，除了有组织的各级正式比赛外，在民间也开展得极为广泛。维吾尔族和其他少数民族都喜欢摔跤活动，在节日和盛会上举行摔跤比赛。比赛时推荐一名有威望的人担任裁判员，奖品就放在赛场上。裁判员先向运动员做一番鼓励，然后运动员身着民族服装，系腰带上场。比赛开始前双方相互抓腰带，裁判员宣布比赛开始后，双方用手臂和腰部技术将对方摔倒，使对方肩背着地即为胜，不能用脚使绊和抱腿。连续战胜5人为优胜者。比赛采用一跤制或三跤两胜制，一般先由年龄小的跤手开始比赛，年龄大、技术好的跤手安排在后面。优胜者由其父母或亲友簇拥着抬出场外。人们常用它来活跃文化生活，锻炼身体，娱乐身心，在南疆地区较为普及。

且里西场地简单，选一平整软地或沙地即可为摔跤场。普通的以娱乐为主的比赛，场外人可以自由、自愿与胜者比赛，服装也没有特别规定。而较为正规的比赛，摔跤手则要

身穿民族服装，腰系布带入场，须在2名裁判主持下进行比赛。

且里西摔跤种类有南疆式摔跤、东疆式摔跤和自由式摔跤三种。

1）南疆式摔跤

喀什、克孜勒苏柯尔克孜自治州、和田、阿克苏等地使用。摔跤手腰系布带入场，在主持人、裁判员的主持下双方行见面礼，然后互相抓住对方的腰带，开始后各施身手，只要不使用缠绊动作，使对方肩背着地为胜，常采用一赛定胜负制。

2）东疆式摔跤

吐鲁番、哈密等地使用。摔跤手系腰带和右大腿根部系布带入场，双方相互用右手抓住对方的腰带，左手抓住腿部的布带，比赛开始后没有任何技术限制，只要一方肩背着地另一方即为获胜，常采用三赛两胜制。

3）自由式摔跤

摔跤手腰系布带入场，开始后可以手脚并用，没有任何技术与动作限制，只要使对手倒地便为获胜。

二、且里西的基本动作

且里西式摔跤的技术比中国式摔跤技术要简单，它在技术上有三个最基本的要求：①开始前双方互抓对方腰带；②不许抓对方的衣服、手臂、下肢等；③必须是站立式摔跤。

虽然在比赛中攻守双方的技术都是千变万化的，但都离不开且里西摔跤的基本动作。

（一）跤架

摔跤时首先要有固定的基本姿势，犹如战斗时要构筑堡垒一样，这个姿势就是“跤架”。且里西的跤架十分简单，两人面对面站立，脚可以分前后站立，也可以平行站立，但相互必须抓好对方的腰带，手臂必须一内一外。

（二）步法

步法是摔跤运动的基本技术之一，步法移动灵活、准确，就能有效地发挥技术和使用战术。因此，要学好摔跤，掌握步法是非常重要的。下面介绍几种最基本的步法。

（1）上步　一脚向前或向斜前方踏出一步。

（2）撤步　一脚向后或向侧后方踏出一步。

（3）横步　左脚向右移动或右脚向左移动。这种步法在防守时运用较多，被对手向侧拉动时，可用横步与对手同方向移动。

（4）滑步　向某侧移动时，先移动该侧脚，另一脚跟着滑进。

（5）跨步　右脚向右移动跨出一步，或左脚向左移动跨出一步。

（6）盖步　右脚或左脚向前一步移动到左脚或右脚前，两脚似在一条直线上，同时转体。

（三）手法

手法就是抓握对方的方法，是手臂的基本动作。在步法的基础上，还须掌握手法基本技术。且里西手法比较简单，但对抓握有严格的规定，不像中国式摔跤，可以抓的部位很多，根据规则，且里西允许的抓握手法只有一种：两手在对方体侧抓住腰带。

三、且里西的基本技术

且里西技术与中国式摔跤技术相比，技术动作要少得多，但对运动员身体素质要求较高。运动员不仅需要具备良好的协调性、柔韧性及快速敏捷的反应能力，还须具备良好的腰、背、腿部爆发力和耐力。在一局比赛中，可以一跤定胜负——南疆式，也可采用三跤二胜制——东疆式。下面简单介绍一些最基本的技术。

（一）抱腰带摔跤技术

1. 抱腰带折

两手抓住腰带，抱住对方腰部，一腿从对方两腿间插入，两臂勒紧，上体前压，迫使对方向后倒地，如图 9-1 所示。

技术要求：身体必须紧贴对手身体。

练习提示：前压与紧勒必须同时进行。

注意事项：前脚落位要快、要准，要紧贴对手。

2. 抱腰带摔

两手抓住腰带，抱住对方腰部，使其重心悬空，用自身腰部旋转的力量并配合下肢力量将对手摔倒，如图 9-2 所示。

技术要求：一提抱，二转体。

练习提示：快速、猛烈，一定要使对手重心悬空。

图 9-1　抱腰带折

①　②　③

图 9-2　抱腰带摔

（二）推拉技术

两人互相抓住对方腰带后，用上步、撤步、跨步等动作，向不同的方向猛推（猛拉）对手，使其猝不及防失去平衡而摔倒。

技术要求：猛推、狠拉。

练习提示：主要目的是破坏对方的身体平衡。

注意事项：动作一定要迅速、猛烈，不被对手所察觉。

（三）过腰技术

一手抓住对手前腰带，另一手抓住对方后腰带，上提、盖步、移腰、屈膝、进胯，以臂部抵住对方小腹，扎头、伸膝、提臀，将对方从腰上摔下，如图 9-3 所示。

技术要求：进胯、蹬腿、扎头、提、拉。

练习提示：要使对手重心紧贴在自己腰部。

注意事项：稳定好自己的重心，转体一定要到位。

图 9-3　过腰技术

图 9-4　过胸技术

（四）过胸技术

抓住对方的腰带，把对方抱或提至自己的胸部后，转体侧摔，如图 9-4 所示。

技术要求：抱起、提起对方，转体。

练习提示：下肢与转体协调配合，适合大个子运动员采用。

注意事项：动作一定要迅速、猛烈，转体一定要到位。

（五）旋转技术

抱住对方的腰部（抓住其腰带），使其重心悬空，利用脚下快速转动的惯性将对手摔倒。

技术要求：悬空、旋转。

练习提示：转动时控制好身体平衡。

注意事项：重心悬空和脚下旋转配合好。

四、且里西的基本战术

（一）以柔克刚

当对方进攻时，不要硬拼，应以柔顺的办法使之攻不到要害，在由防守转入进攻时，出手必须迅速。

（二）诱招

这是把对方的注意力转移到我方要进攻的相反位置，便于我方进攻，先用假动作引诱对方，要假里有真、真里有假、真假莫测。还可有意露出破绽，给对方一定的“机会”，等对方上当后再进攻。

（三）以己之长取胜

充分发挥自己的特长，主动创造能发挥自己特长的机会。在比赛前了解对方的技术特点、身体状况、心理特征等，再根据自身的特长制定战术。谁能及时掌握对方的技术特点和战术特点，谁就可以先采取有效的进攻措施，取得好的成绩。

（四）以快制胜

摔跤比赛中，出手前需冷静、放松，一旦决定进攻就要迅速出击，出其不意，攻其不备。出击速度快慢是决定胜负的关键。

（五）稳扎稳打

做好跤架，严阵以待，先试探、观察，找出对方弱点，创造机会再发动进攻是取得胜利的保证。

五、且里西的基本规则

（一）竞赛的性质

（1）个人竞赛　以个人在所属级别内竞赛所得成绩，确定个人名次。

（2）团体竞赛　以每个团体所有被录取名次的运动员的成绩总和，确定团体名次。

（二）竞赛制度

竞赛可采用单循环、分组循环、单败淘汰及双败淘汰等制度。

（三）年龄及体重级别

（1）年龄不受限制。

（2）体重分五个级别：52 公斤级、57 公斤级、62 公斤级、74 公斤级、90 公斤级。

（四）称量体重

（1）全部比赛只称量一次体重，在开赛前一天称量。

（2）运动员称量体重时，应赤身或仅穿短裤，如果运动员体重低于或超过原属级别，并在规定称量体重时间内不能达到原属级别，则按全部弃权论，成绩作废。

（五）比赛场数

运动员在一天之内的比赛场数一般不超过两场，遇到特殊情况，则可比赛三场，场与场之间至少有 15 min 的休息时间。

（六）竞赛通则

（1）比赛礼节　比赛开始前和比赛结束后，双方运动员互相握手，并与场上裁判员握手致意。

（2）比赛时间　每场比赛分三局，每局净摔 2 min，中间休息 1 min，每局中谁胜一跤即停止比赛。在比赛时间内，一切暂停时间均应扣除。

（3）比赛中的信号　每场比赛均由场上裁判发令开始。每场比赛结束，均由计时员鸣哨或鸣锣。在比赛进行中，场上裁判员发出停止口令时，双方运动员应立即停止比赛。

（4）比赛服装　运动员上场前应穿好民族服装、软底鞋。运动员上场前，按规定扎红色或蓝色腰带（腰带要绕腰一圈，松紧要适度）。

（5）比赛中的规定　双方运动员必须抓好对方腰带。裁判员发令后，比赛即开始。在比赛中，运动员双手均不得松开对方的腰带去抓握对方的其他部位。

（七）裁判方法

（1）胜一跤　在比赛中，当一方用扛、勾、举过胯骨再摔，翻过头顶翻下、转抛、拌脚、缠、别挡脚等方法将对方摔倒，使对方肩、背着地或侧身倒地或头朝下着地，一方被摔倒后，根据倒地的情况判对方胜一跤，即一局胜利。

（2）不得分　比赛中如一方把对方摔至膝盖着地或用手支地，则不予判分，比赛继续。

（3）互不得分　比赛中，双方运动员同时倒地，分不出先后时，则判无效。

（八）犯规

1. 侵人犯规

（1）使用反关节动作有意伤害对方者。
（2）用手、肘、膝、头击对方或抓对方生殖器者。
（3）踩着对方的脚进攻或用脚尖踢对方或用脚蹬踹对方者。
（4）用脚踢、弹对方小腿中部以上者。
（5）已将对方摔倒，还故意压砸对方者。

2. 技术犯规

（1）场上裁判发出“开始”的口令前或发出“停”的口令后，进攻对方者。
（2）比赛进行中，教练员或助手干扰比赛者。
（3）比赛进行中，自行停止比赛者。
（4）比赛进行中，由于处于不利情况而要求暂停者。
（5）比赛中双手或单手离开腰带抓握对手其他部位者。

第三节　达瓦孜

一、达瓦孜的概述

达瓦孜，维吾尔语叫“达尔哈齐克西”，古称“走索”、“走软索”、“踏索”、“绳技”。达瓦孜是维吾尔族人民世代相传的，具有悠久历史和浓郁民族特色的传统体育项目之一，它以独特的风格和神秘的色彩称绝，是新疆民族体育百花园中一朵瑰丽的花朵。

在吐鲁番阿斯塔那古墓出土的佛像中，有两个手持平衡杆、腿向上的佛像，其形象酷似如今达瓦孜的表演动作，而古墓距今有近1000年。据维吾尔史诗《白头巾女神》记载，早在维吾尔族人民信仰萨满教时代，人们在丰收时就架起绳索，弹奏旋律，在空中绳索上表演各种惊险的动作。拜城县克孜尔千佛洞77号洞穴的壁画中就绘有表演“达瓦孜”情景的图像。

在喀喇汗王朝时期，维吾尔族大学者麻赫穆德·喀什噶里所著的《突厥语大辞典》中就有这样的记载："人们表演的达瓦孜，就是在绳索上表演杂技"。

对新疆绚丽多姿的民俗风情有入微观察的清人王芭孙、福庆等人，对技艺精湛的"达瓦孜"更是做了出神入化的赞美：

高架双竿与屋平，
铜绳盈丈西头横。
持裙莫莫留飞燕，
看取凌风蹑影轻。

——福庆《异域竹枝词》

众多史实证明，达瓦孜是源于西域的民间表演艺术，是在维吾尔族民间广泛流传的具有悠久历史的传统体育项目。喀什英吉沙县是达瓦孜的故乡，达瓦孜的第六代传人阿迪力·吾守尔就出生在此，他以非凡的绝技渡东瀛、下南洋、过珠江、走"亚运"、跨三峡、越衡山，刷新了吉尼斯世界纪录，被誉为当代的"高空王子"。

现在的达瓦孜已兼有体育、杂技和民间艺术的特色。表演者身着民族服装，骑着经过修饰打扮的高头大马，宛如古代勇士，绕场一周，向观众致意，然后在唢呐、鼓声中开始走绳。表演者侧身走绳，蒙眼走绳，倒立，踩碟走绳，飞身跳绳及骑独轮车等高难度动作。

为了弘扬民族传统文化，使达瓦孜这朵奇葩开放得更加艳丽，培养出更多的达瓦孜传人，在英吉沙建有一所"英吉沙达瓦孜培训中心"，集训练、表演为一体，为新时代培养出更多的达瓦孜精英。

二、达瓦孜的练习

为了把新疆传统体育项目达瓦孜搬进大学的课堂，我们根据学校的实际条件以及学生的具体情况，大胆地做了一些尝试。

（一）达瓦孜的技术原理

达瓦孜是一项典型的平衡运动，其内容包括各种走、跑、跳、转体、平衡、倒立、翻腾等动作。由于支撑面小，做动作时人体重心时刻都在发生变化，支撑点也在不断改变，要求练习者具有一定控制身体平衡的能力。因此，通过达瓦孜练习主要是改善平衡器官的机能，提高动作的准确性、稳定性，并培养学生勇敢、果断的意志品质。

（二）基本教法

（1）初学时，先在地上划一直线在地上做相关动作，然后再上达瓦孜。做难度较大或不易掌握的动作时，可以采用海绵垫作保护。

（2）完整教学法与分解教学法紧密结合。简单动作可采用完整教学法；复杂动作或学生不易掌握的动作宜采用分解练习法，待动作熟练后再逐渐进行完整练习。

（3）加强练习者自我保护意识和自我保护能力的培养。在达瓦孜上练习，除了采取必要保护措施外，还要加强对练习者自我保护能力和意识的培养。

(4) 消除不必要的紧张情绪，克服恐惧心理。在达瓦孜的教学中，练习者很容易产生紧张情绪与一定的恐惧心理，使肌肉协调性下降而使动作不稳定，因此在教学中要鼓励和引导练习者，适当改变高度、降低难度，以消除不必要的紧张情绪和恐惧心理。

(三) 基本技术

1. 正面走索

手持平衡杆，在索上向前行走或向后退，如图 9-5 所示。

2. 侧面走索

手持平衡杆，在索上侧身行走，如图 9-6 所示。

图 9-5　正面走索

图 9-6　侧面走索

3. 盘腿坐索

手持平衡杆，在索上坐下，如图 9-7 所示。

4. 鸭式走索

手持平衡杆，两脚如鸭行走，如图 9-8 所示。

5. 蒙眼走索

手持平衡杆，用一手巾把眼睛蒙住，在索上行走，如图 9-9 所示。

图 9-7　盘腿坐索

图 9-8　鸭式坐索

图 9-9　蒙眼走索

6. 索上转体

手持平衡杆，两脚前后站立，以两脚脚前掌为轴，向右或左旋转 90°、180°，如图 9-10所示。

图 9-10　索上转体

7. 索上跳跃

手持平衡杆，两脚前后站立，膝关节微屈，用力蹬索，向上跳起，落下后还原成开始姿势，如图 9-11 所示。

图 9-11　索上跳跃

第四节　叼　　羊

一、叼羊简介

叼羊是维吾尔族、哈萨克族、柯尔克孜族、塔吉克族人民非常喜爱的马上运动。此项运动要求两方对抗，多在喜庆、节日和众人欢聚的场所举行。相关资料表明，此项运动有着悠久的历史。产生于公元 9—11 世纪的柯尔克孜史诗《玛纳斯》中。诗中有这样的叙述：

从年轻人当中，选出骑马的能手。将宰杀的小山羊，当众放在赛场中。

使快马奔跑起来，俯身抢起羊羔。众骑手蜂拥而至，就在马上激烈争夺。

挣脱众人的追赶，跑向预定的终点。羊羔不被别人夺去，那就是你的战利品。

叼羊比赛开始之前，将预先准备好的山羊（羊羔）宰杀，割去头和后小腿，将食道口束勒紧，有的还将内脏掏除，泡在水中。浸泡完毕，将羊抛至开阔的草原或选定的广场中，骑手们从同一方向纵马奔去，抢先者将羊拾取后压放在蹬索或大腿之下，拍马而驰，其他骑手则群起追赶抢夺。叼羊是力、勇、技的较量，即使平时最要好的朋友，这时也互不相让，奋力争夺。持羊疾驰的骑手一旦被别的骑手追上，双方即在马背上展开争夺战，这时马匹左盘右旋不住地转圈子，人也激奋难抑，使出浑身解数，观众不住地呐喊助威。须臾，众骑齐至，挤作一团，形成多人争抢。有欲冲人人群夺羊的，有欲突出重围远走的，有的则千方百计阻挡不令持羊骑手出人。场内高潮迭起，场外群情沸腾，那种紧张激烈的情景令人叹为观止。如图 9-12 所示。

图 9-12　叼羊

叼羊也有战术配合和角色分工。若分队比赛，两军对垒，阵线分明。一般情况是，几人达成默契，彼此联合互相保护，马匹健壮、人亦力大者突入抢羊，其他人则掩护出围，阻挡追赶，接应者一等羊传递到手立即策马奔逸。经过多次反复争夺，最后谁能携羊绝尘而去不令别人追上，并将羊投放到规定地点便为胜者，羊亦归胜者所有。

叼羊，也有采取双人对抗方式进行的。这种形式是双方各出一骑，一人将羊从地上拾起后双方即在马上展开争夺。这种叼羊不奔跑，只在原地进行。这种方式适合于淘汰制比赛。

还有一种柯尔克孜式叼羊，方法虽与普通叼羊相似，但人数有一定限制，规定每方各派出 4 ~5 人参赛。这种叼羊危险性较小，人畜不易受伤。

二、叼羊的练习

（一）一阶段：人羊熟悉练习

（1）单手抱羊跑步练习　手提羊垂臂跑步练习、腋下夹羊跑步练习、单手背羊跑步练习。

（2）双手抱羊跑步练习　胸前抱羊跑步练习、背后抱羊跑步练习。

（3）传羊练习　单手传羊练习、双手传羊练习、两人甩传练习、抛羊练习。

（4）投羊练习　甩投练习、抛投练习。

（5）身体素质练习　臂力练习、耐力跑练习、变向跑练习。

练习方法

（1）原地对练　两排队员相距 5 m 左右进行单手传羊练习、双手传羊练习、两人甩传练习、抛羊练习、甩投抛投练习。

（2）移动中练习　两排队员相距 5 m 左右从底线开始两人一组进行行进间单手传羊练习、双手传羊练习、两人甩传练习、抛羊练习、甩投练习、抛投练习。

（3）力量和身体素质练习　利用铅球、提壶、哑铃、单杠进行手臂力量练习；利用沙袋沙衣等器材进行带羊的耐久跑、变相跑、加速跑等身体素质练习、跑位的练习、侧身跑的练习、后退跑的练习。

（二）第二阶段：队友配合练习

（1）进攻战术　两人掩护、多人掩护传切、集体快攻等练习。

（2）防守战术　单人防守、多人防守。

练习方法：

（1）场地中两人一对一练习进攻和防守，从前场到后场，然后带羊进行练习。

（2）无羊队员在场地中进行两人掩护练习，然后带羊进行练习。

（3）两人进行无羊的掩护、传切、快攻练习。

（4）两人战术比较熟悉后进行三人或多人的传切、掩护、快攻和集体防守练习。

三、叼羊的基本规则

（一）场地与器材

1. 场地

篮、排、足球场或600～1000 m^2 的空地，如图9-13所示。

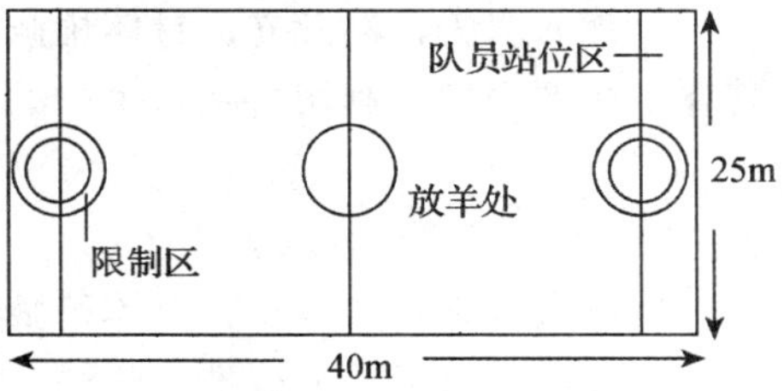

图9-13　叼羊场地

2. 器材

（1）用皮革或帆布等质地结实的物体缝制羊状物体（内装海绵或柔软填充物）。

（2）可承重20 kg的单柱体两个立于距场地两端1～5 m处，并与场地中心或中线在一条直线上。

（3）在场地两端画半径为2 m的圆。

（二）规则

（1）双方队员不得用身体任何部位撞击或击打对方队员身体，只限于对羊体的抢夺，可以单独带羊进攻也可以几人配合进攻（否则犯规）。

（2）进攻时两方队员不得待在圆圈之内超过4 s（否则犯规）。

（3）比赛时间可根据场地大小、队员年龄大小、气候等条件安排在50 min以内（也可以分节比赛，队数多时可进行编排）。

（4）一方犯规、出界时，由另一方在就近处重新进攻，如果在圆圈附近，则在地线处重新进攻，重新进攻时另一方队员必须位于2 m开外。

（5）各队犯规不得超过10次，分节比赛单节不超过4次（达到次数或达到次数后的每多一次犯规，都由对方队员在圆圈外背向投羊，得分或不得分都由对方队员重新在底线进攻）。每个队员全场的犯规次数不得超过5次，否则罚出场，换人比赛，并记本队犯规1次。

（6）对场上队员的不道德行为和恶劣犯规可罚下场，不得替换并记本队犯规1次。

（7）安排1～2名裁判，进行犯规、取胜、比赛时间及秩序的维持和裁定。

第五节　盖来特盖

一、盖来特盖的简述

盖来特盖是维吾尔语，击木的意思，也是俄罗斯族的传统项目。这项活动在 19 世纪 60 年代由俄国传入，最先传入伊犁，继而又传到了阿图什、乌什、塔城和乌鲁木齐等地，后来成为塔塔尔族、维吾尔族、乌孜别克族共同喜爱的体育活动。活动不需要太大的场地和复杂的器械，所以便于开展。盖来特盖是一项既有趣味又具有对抗性的体育活动，对于增强臂力、提高瞄准能力和强身健体很有益处。

二、盖来特盖的基本技术及练习方法

（一）基本技术

1. 抛击

持棒人双脚自然开立，身体稍微前倾，持棒手由下至上挥动，肘关节伸直，上臂带动前臂，协调用力，利用抖腕将手中的木棒扔向目标。一般用于打击木棒堆。

2. 平击

持棒人双脚自然开立，身体稍微后倾，持棒手由后至前挥动，肘关节约成 90°角，肩关节打开约成水平，上臂带动前臂，前臂带动腕关节，协调用力，利用抖腕将手中的木捧扔向目标。一般用于打击单个木柱。

3. 掷击

持棒人双脚自然开立，身体稍微后倾，持棒手由后至前挥动，肘关节约成 90°角，持棒手举至头顶上，上臂带动前臂，前臂带动腕关节，协调用力，身体由后至前过渡，利用抖腕将手中的木棒掷向目标。一般用于打击单个木柱。

（二）练习方法

（1）熟悉掷棒的各种手法，徒手练习，让同伴或利用镜面检查动作是否正确。
（2）由近至远打击各种样式的木堆，提高准确率。
（3）打击指定距离的木堆，实战练习。
（4）各种专项身体素质练习，如提高手部力量练习、各种稳定性练习等。

三、盖来特盖的简单战术

由于盖来特盖以 10 棒为一轮，因此练习者要学会计算棒次，安排最优棒次，选择哪些掷击者，掷哪种图形，以及将棒次留给技术好的掷击者，要经常在组内磨合。

四、盖来特盖的简单规则

（一）场地与器材

1. 场地

平坦而又不过分松散的地面、篮球场、排球场均可，边线长 22 m，端线长 6 m。场地中央画一条连接两条边线又与端线平行的中线。中线两侧间隔 1.5 m 各画一条平行线，作为中区掷击起步辅助线。场地两端线外各画一个边线为 3 m 的正方形，作为摆木区，亦称“方城”。方城的一条边即场地端线的中间线段，该线段亦为最初掷击线。如图 9-14 所示。

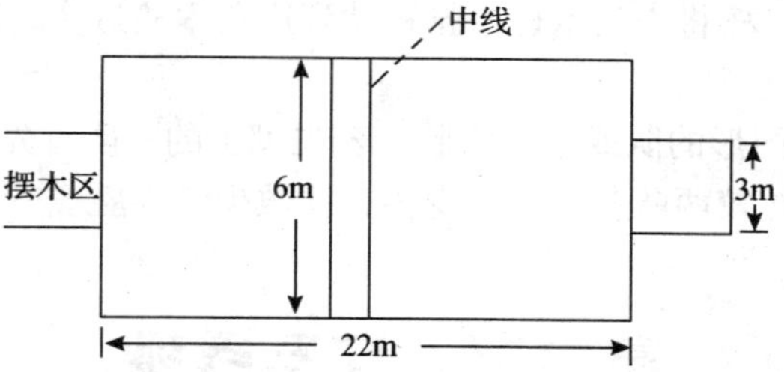

图 9-14　盖来特场地

2. 器材

（1）所需器材是小木柱和击木棒。小木柱长 18 cm，直径为 4 ~ 5 cm，共 10 根。每队各持有 5 根。击木棒长 80 cm，手握的一端直径 5 cm，另一端直径 7 cm。

（2）击木棒编号为 1 ~ 5 号，每两根棒编为同号，每个队员持两根同号棒。为避免因器材故障造成比赛中断，应准备备用击木棒。

（二）规则与方法

（1）参赛运动员一般是每队 5 人，每人有两棒掷击权（两人对抗赛的掷击次数，可协商决定，但必须是偶数），木柱摆放图形有十余种，可分给 2 组，每组 5 种，如图 9-15 所示。

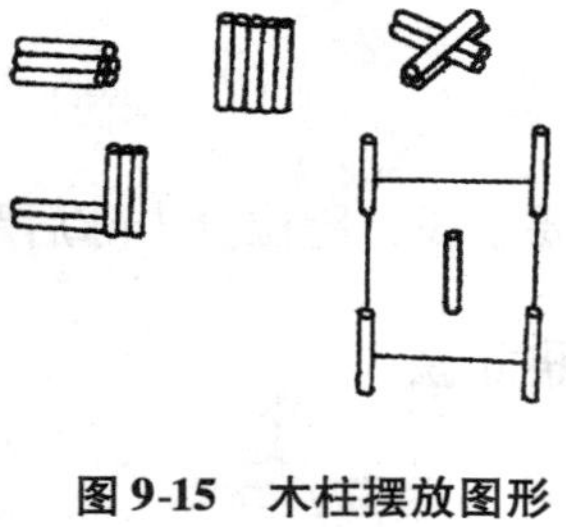

图 9-15　木柱摆放图形

（2）比赛开始前，首先确定哪一方先掷击。然后全部队员站于掷击线后方（对方方城内），依次掷击摆放成图形的小木柱。

（3）运动员掷击木棒时，必须位于最初掷击线或中线后方，不得越线或踏线，只要将摆放成图形的小木柱中的一个击出方城之外，队员便可移至中线处掷剩余的木柱。若方城内的全部木柱都被击出，可摆放第二种图形。若只是将木柱的图形打散而全部木柱仍在方城之内，则应恢复原来的图形，再次于掷击线后掷击。若第一棒将5根木柱全部击出，可摆下一种图形，于掷击线继续掷击。若小木柱虽被击出方城，但落于方城近侧边城延长线与中线之间，则视为未被击，重新恢复原图形于方城之内。

（4）掷击木棒的直接击着点（第一落点）必须在方城之内，在此前提下，击木棒跳动或滚动产生第二击着点是允许的，成绩有效。

（5）全队5人各掷两棒为一轮，一轮结束换对方掷击。前4种图形的击出方法如前所述，但第5种图形从始至终都在掷击线后掷击，不移至中线。而且，必须首先将中间的一个木柱击出后，才能掷击四角处的木柱。中间的一个木柱击出后，一棒连打两个或两个以上木柱是允许的。若前一棒将中间木柱击打移动到边角木柱近旁，下一棒将两木柱同时击出也是允许的。

（6）先击完所商定图形的队或个人为胜。若先掷击的一队首先击完，后一队在随后的一轮中紧接着击完，则比较两队各击了多少棒，棒数少者为胜。

第六节　打毛线球

一、打毛线球简介

打毛线球（阔依拉托甫）是一种球类活动，略似现代体育中的垒球。“阔依拉”意为“堡垒”、“安全区”。阔依拉托甫是维吾尔族的传统体育游戏，它趣味性强、机动性大，对于提高奔跑速度、培养机智敏捷的反应能力有较大作用，属对抗性项目。此项活动在南北疆各地农民中较为普及，也为青少年所喜爱。伊犁地区称此游戏为“喀其刊秋克”。

二、打毛线球的基本技术

（一）进攻基本技术

1. 击球

击球技术是决定自己跑位和出局的关键技术，也与同伴的跑位和得分息息相关，击球又有挥击法和触击法两种技术。

2. 跑位

跑位技术是进攻队员得分的重要手段，跑位分击球后跑位、掩护同伴跑位两种技术。

（二）进攻基本技术的练习方法

1. 击球的练习方法

（1）正确的挥棒徒手练习，让同伴或在镜面前检查动作的正确性。

（2）将球用绳子悬挂起来，选择一个合适的高度，不停地挥棒击打，感觉球性。

（3）让同伴扔球，逐渐增大难度，自己挥棒击打，接近实战。

2. 跑位的练习方法

（1）短跑的各种辅助练习。
（2）侧身跑的练习。
（3）后退跑的练习。
（4）身体素质练习。

（三）防守基本技术

1. 传球

传球技术是防守队员阻止对方得分和跑位员出局的重要手段，传球要求快、稳、准。传球方式有肩上、肩侧、低手传球三种。

2. 接球

接球技术是决定击球员和跑位员是否出局的关键，要求接球要稳。接球方式有接高飞球、接平直球和接地滚球三种。

3. 投手投球

投手投球方式有后摆式和环绕式两种。必须是正面手投球。

4. 跑位杀和击杀

跑位杀是防守队员持球用身体的任何部位，在被迫进位的跑位员之先进入位区；击杀是跑位员离位被防守队员持球触及或击中。

（四）防守基本技术的练习方法

1. 传接球的练习方法

（1）2 人之间的传球，从静止到跑动，逐渐增加难度。
（2）3 人之间的传接球练习，静止时采用三角站位，移动时采用绕“8”字进行。
（3）5 人或多人之间的传接球练习，采用固定站位或跑动传接球。
（4）各种跑的练习，增强奔跑能力。

2. 投球的练习方法

（1）徒手模拟练习，让同伴或在镜面前检查动作的正确性。
（2）投球击准练习，提高投球准确性。
（3）手部力量练习，专项素质练习。

3. 跑位杀和击杀的练习方法

（1）持球快速跑动练习。
（2）跑动中用球进行击准练习。

三、打毛线球的基本战术

1. 进攻战术

打各种球及打各种位置球的战术，以便于自己或掩护同伴跑位。

2. 防守战术

选择采用哪一种杀法使跑位员出局，根据场上的形势做出判断。

四、打毛线球的简单规则

（一）场地与器材

2. 器材

（1）球（托甫） 用桃核、杏核做核心，外以粗线缠绕，做成苹果般大的线球。球面以五彩线绣饰，并分出 4～8 个球瓣。也可用没有气的排球代替。

（2）球棒 长 90 cm，粗若砍土镘、铁锹柄，手握的一端要旋削得圆而光滑，击球的一端制成扁平状，以便于握持和击球。也可用普通木棒代替。非正式比赛或场地较小时，也可用手代替球棒击球。

1. 场地

（1）篮、排、足球场或平坦、便于跑动的地方或田地，都可做球场，大小可视地形和人数多少而定。正规场地一般长 8 m、宽 60 m。

（2）参加活动的人须分成人数相等的两方，各选一人担任队长。人数不宜过少或过多，以每方 9～12 人为宜。

（二）规则与方法

（1）参赛双方运动员一般是 9～12 人，其中一人是队长，两队抽签决定攻守权，比赛轮流进行攻守。防守队队员全都上场分别把守内外场，攻击队队员按击球顺序在击球区击球。

（2）击球后迅速跑位，能依次跑完各位区并回到安全区者得 1 分。防守队员用跑位杀和击杀等防守战术，使进攻队员累积 3 人出局时，双方互换攻守，两队攻守互换一次为一局，共打七局，累积得分多者获胜。

（3）守方队员一人做投球手，其余队员分散站在场内适当地方，为接球手。攻方击球手击球后，立即向规定的位区跑去。跑动中不被守方接球手用球击中，并安全跑进位区者，可等待下一位击球者击球并跑向第二个位区，一次只能跑一个位区。

（4）击球手击球未中，或击出不远，认为不能跑时可退入“安全区”，待第二人击球后一起跑出，在位区里的跑位者也有同等的权利。

（5）守方队员接到攻方队员击出的球后，迅速传递或直接用球击打跑动中的攻方队员。

（6）跑位杀出局：击球员击出的球被防守队员接住传向位区，持球的防守运动员先于跑位员到达位区，则判跑该位区的跑位员出局，成为跑位杀出局。

（7）击杀出局：防守运动员将接住的球掷向跑位员，若击中则判该跑位员出局，称为击杀出局。

（8）注意事项：只准击打跑动队员头部以下部位。

第七节　打尜尜

一、打尜尜简介

打尜尜是深受维吾尔族青少年喜爱的传统游戏。此游戏与国外的板球有些相像，具有对抗性，对增强臂力、提高准确性、锻炼奔跑能力有很好的促进作用。维吾尔族人打尜尜要求守方的人在跑动中不停地呼喊“瓦来伊！瓦来伊！”所以，维吾尔语称此游戏为“瓦来伊”。此游戏对场地和设备要求不高，不限人数，单人对抗和分组对抗都可以。

二、打尜尜的基本技术

母棒击尜练习是此项目的关键，它的技术环节的掌握程度直接影响比赛水平的高低。

1. 击准练习

（1）将子棒用线绳吊于空中，进行击准练习。

（2）空中连击练习，从地上击起子棒进行多次连续垂直击尜练习。

（3）接尜练习。

① 练习用统一的帽子进行接尜练习（两列纵队相隔 30 m 左右，一队用手抛扔子棒，另一队用帽子接棒）。

② 戴好手套进行手接练习（两列纵队相隔 30 m 左右，一队先手抛扔子棒，另一队用手接棒）。

③ 整体配合接尜练习（少数人在击尜区用手扔子棒，多数人在 50 m 左右场地分区域排列进行接尜练习）。

④ 击远练习。

2. 备注

根据年龄和场地的不同，器械（母棒和子棒）的大小、质量也应随之改变。

三、打尜尜的基本战术

1. 击尜方的战术

可利用一远一近的击尜距离来牺牲一名队员，以便不被接尜队员接住（此环节的关键是一旦前队员的子棒被接，下一队员必须快速交接）。

2. 接尜方的战术

可利用场地进行队员的均匀分布，根据和击尜方的击尜远近距离，快速整体移动尽量接住子棒，使被击尜权对方取消。

四、打尜尜的基本规则

（一）场地与器材

1. 场地

（1）可利用平坦、开阔场地或足球场地，也可利用铁饼、铅球场地。

（2）在场地一边画一个直径为50 cm的圆，圆的中央部位挖一条长约20 cm、宽可容纳子棒的小沟，如图9-16所示。如果在足球场或坚硬地面，则不用挖小沟；如果双方约定使用将尜置放棒端抛击的方法进行比赛，则不用挖小沟。

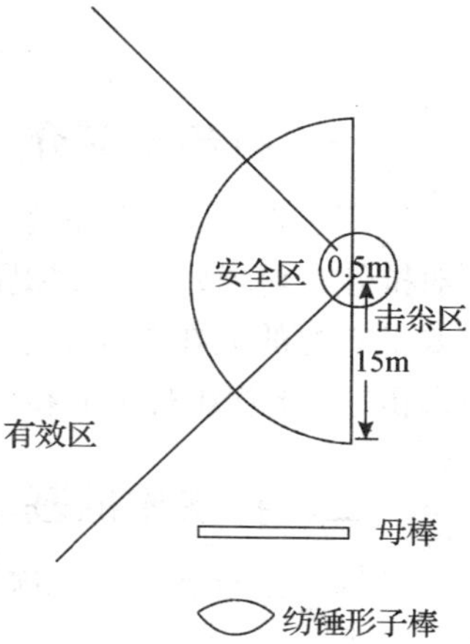

图9-16　打尜尜场地

2. 器材

（1）母棒　用长80 cm、直径约6 cm的硬木经刨削光滑制成，一端可略扁平。母棒即为击尜棒。

（2）子棒　即尜尜，长16 cm左右，粗若拇指，两头细中间粗，呈纺锤形。

（二）规则与方法

1. 击尜的方法

（1）将尜尜横向担放于长条小沟上，用击尜棒从下面把尜尜挑起击打。

（2）将尜尜横担在击尜棒顶端，抛起击打。

（3）将尜尜放于小沟沿，用击尜棒打尜尜一端，使其跳起后击打。

无论使用哪种方法，都是打出尜尜后以“步”或母棒测距，以累计步数或棒数的多少定胜负。攻方打尜尜时，守方人员分散在场内各处，用双手或帽子接尜尜。攻方成员打出尜尜后，将母棒原地放在圈内。若守方队员将尜尜接住了，此队员的击尜权就“烧了”，换下一位队员。若未能接住，则从尜尜落地处由守方持尜瞄准圆圈向放置于圈内的母棒投掷，尜尜落于圈内或击中对方的母棒，交换队员或交换攻守。若未投入圈内，也未击中对方的母棒，则由攻方从尜尜落地处连打一至三次，用大步或母棒量出至圆圈的距离，记录下来，换本方另一人打尜尜（此时击尜队员在空中击打一次按一倍计数，若在空中连击，连击几次按几倍计数）。如这次打出的尜尜被守方队员接住，那么攻方的击尜权连同此次累积的步数就一齐被“烧了”，换下一位队员或交换攻守；如未被守方队员接住，便将本队人所得步数累加，直到攻方最后一名队员打完为止。比赛中，每人只有一次击尜权。如果挑起尜尜后击打不中，便失去了本轮的击尜权。比赛如此进行下去，哪一方获得了最多或事先约定的步数，即为获胜。获胜的一方，每人有三次击尜权，这时对方既不能阻挡也不能用手去接。胜负双方队员两两成对，胜方队员连击三次后，负方队员从尜尜落地处持尜尜跑回圆圈，且从始至终口中不停地喊着“瓦来伊！瓦来伊！”如间断呼喊，则胜方队员从停顿处再击尜尜，负方队员重新喊着“瓦来伊！”返回圆圈为止。

2. 规则

（1）必须将尜尜击打出安全区。
（2）尜尜须落入有效区。

http://www.xinjiang.gov.cn　　新疆维吾尔自治区人民政府网

第十章　选项指导

为了更好地在我区高职院校开展选项教学，满足学生的学习需求，使学生在选择运动项目时对开设的各运动项目的教学内容、锻炼方法、健身功能以及考核标准有所了解，针对个人身体素质发展的需要来选择学习内容，特设选项指导供教学参考。

表 10-1　田　径

项目	田径	学时	
项目简介	短跑运动是人体在较短时间内，其运动器官和内脏器官在缺氧的条件下完成较大强度的运动，属于负氧极大的运动项目。经常参加短跑练习可提高人们快速奔跑能力，并能提高其无氧酵解的供能能力（非乳酸功能能力）；同时可培养人们坚毅、坚强及勇往直前的拼搏精神。该项目是其他各运动项目的基础，是其他运动项目不可或缺的主要练习内容 中长跑属于有氧、无氧混合代谢，长跑属于有氧代谢，故中长跑运动能够改变人们的呼吸系统和心血管系统的功能（简称心肺功能），发展耐力素质，同时可培养人们不怕苦、不怕累和战胜困难、战胜自我的意志品质 跳跃项目的练习可培养爆发力、弹跳力、协调性、灵敏素质 投掷项目的锻炼可提高力量素质和爆发力		
教学内容	（1）基本技术　短跑技术、中长跑技术、跳远技术、跳高技术、推铅球技术 （2）基本能力　提高跑、跳、投的能力		
课外练习	（1）速度　30 m 起动跑、60 m 加速跑、高抬腿跑、后蹬跑 （2）力量　引体向上、实心球前后抛、负重半蹲、仰卧起坐、收腹举腿 （3）弹跳力　立定跳、单足跳、交换腿跳、弓箭步跳、跨步跳、弧铃跳 （4）耐力　变速跑、匀速跑、间歇跑 （5）柔韧性　颈肩伸展、体前屈、伸膝、伸踝		
考试内容	男生　50 m、1000 m、推铅球或实心球、屈臂悬垂（或单杠、双杠、俯卧撑）、立定跳远或跳远 女生　50 m、800 m、推铅球或实心球、仰卧起坐、立定跳远或跳远		

表 10-2　篮 球

项目	篮球	学时	
项目简介	篮球运动是一项技能类同场对抗的集体运动项目，具有技术复杂、对抗性强、竞争激烈等特点。经常参加篮球活动，能促进速度、灵敏、力量、耐力、柔韧性等身体素质的发展，提高中枢神经系统的灵活性，增强心血管系统、呼吸系统、消化系统的机能，促进肌肉和骨骼的生长发育，使身体得到全面发展。能够培养积极勇敢、果断顽强的意志品质，激发竞争意识和进取精神，同时能感悟到和谐、宽容、助人等许多做人的道理。现代篮球运动富有表演性和较强的观赏性，深受人们的喜爱		
教学内容	（1）篮球运动的基础理论　起源、演进与发展概述，篮球技术，战术分类，个人战术行动职责，主要规则与裁判法 （2）篮球技术　移动、传接球、运球、持球突破、个人防守及组合技术与对抗情况下的组合运用 （3）篮球战术　配合、传切（一传一切、空切）、突破分球、掩护、挤过、交换防守、补防等攻守配合 （4）专项身体素质		
课外练习	（1）专项技术　移动（各种跑、跳、急停急起、各种防守滑步等）运球与突破、传接球、投篮（原地、行进间、跳起、运球后等投球）、个人防守等。 （2）专项练习　半场或全场 3 对 3、4 对 4、5 对 5 的攻守对抗练习，三人制比赛或全场友谊赛 （3）专项素质　结合篮球运动的各种跑、跳、负重练习，耐力、柔韧、灵敏练习，腰腹肌练习等		
考试内容	（1）专项技术考核（量化标准与技术评定）　原地投篮、行进间投篮、跳投等技术、战术评价 （2）过程评价　出勤率、参与态度、进步与提高程度、品质与品德等 （3）专项理论考核 （4）专项素质考核		

表 10-3　排　球

项目	排球	学时	
项目简介	排球运动是以两队对抗，每队 6 人分两排站位，以中间球网为界，用移动、垫球、传球、发球、扣球、拦网等技术动作和战术配合，击球过网以决胜负的一项球类运动 经常参加该项活动，能促使人体各个器官、系统的正常发育，使身体得到匀称的发展；使人动作灵活、反应敏捷；有效地培养勇敢、坚韧、机智、果断和团队合作等优良品质		
教学内容	（1）排球运动的基础理论　起源、演进与发展概述，阵容配备特点及分工，排球发展特点与锻炼价值及主要规则与裁判法 （2）排球的基本技术　移动（准备姿势、跨步、交叉步）、垫球（正面、侧面垫球、挡球）、传球（正面双手传、背传）、发球（正面向上发球、正面下手发球）、扣球和拦网 （3）排球的基本进攻战术　“中一二”、“边一二”、“插上”		

续表

项目	排球	学时	
课外练习	(1) 排球的基本技术　个人或2～3人进行移动、发球、垫球、扣球等练习 (2) 使用硬排球或软排球组织小型多样的对抗或教学比赛 (3) 排球专项素质练习　力量、速度、弹跳、耐力、灵敏和柔韧性练习		
考试内容	(1) 专项技术考核（量化标准与技术评定）　垫、传准确（到位）能力；扣、防能力；发、垫能力 (2) 过程评价　出勤率、参与态度、进步与提高程度、品质与品德等 (3) 专项理论考核　闭卷或开卷或其他形式 (4) 专项素质考核		

表10-4　足　球

项目	足球	学时	
项目简介	足球运动是一项激烈而富有魅力的运动项目，被誉为“世界第一运动”。它的特点是具有很强的整体性、竞争激烈的对抗性、技战术的多边性以及场地大、时间长的艰辛性和易于开展的易行性。经常参加足球运动能促进力量、速递、灵敏、耐力、柔韧性等身体素质的发展，能增强心血管、呼吸系统的机能，能促进肌肉和骨骼的生长发育，使身体得到全面发展，促进身体健康；能够培养勇敢顽强、机智果断、坚忍不拔、勇于克服困难和团结互助、热爱集体、遵守纪律等优良品质		
教学内容	(1) 基本技术　踢球技术、停球技术、运球技术、头顶球技术、抢截球技术、掷界外球技术 (2) 基本战术 (3) 整体攻守战术		
课外练习	(1) 专项基本技术和战术练习 (2) 专项身体素质练习　柔韧和灵敏的素质练习、身体力量的练习、速度练习、身体的耐力练习		
考试内容	(1) 身体素质部分　50 m跑测试、立卧撑、折返跑 (2) 技术部分　运球过杆射门（提高班）、定点射门 (3) 专项理论考核		

表 10-5　乒乓球

项目	乒乓球	学时	
项目简介	乒乓球运动起源于英国，是在网球运动发展过程中派生出来的，其特点是球台距离短、回球速度快，球线变化多。经常参加乒乓球运动不仅可以提高灵敏性和协调性、提高动作的速度和上下肢活动能力、改善心血系统的机能、增强体质，而且有助于培养勇敢顽强、机智果断、沉着冷静、勇于进取的优良品质。乒乓球技术正朝着更加积极主动、特长突出、技术全面、战术变化多样的方面发展		
教学内容	（1）乒乓球运动基础理论球技术 （2）乒乓球基本技术　基本步法、发球、接发球、挡球、攻球、搓球 （3）基本战术 （4）介绍专项素质练习方法		
课外练习	（1）专项技术练 （2）组织小型对抗或教学比赛 （3）专项身体素质　提高反应速度、移动速度的练习；发展上肢、下肢专项力量的练习；发展专项耐力、灵敏素质的练习		
考试内容	（1）专项技术考核（量化标准和技术评定）①正手对攻：两人一组正手斜线对攻，以掌握技术动作的情况和一次练习击球的次数进行评分；②反手对推（拨） （2）过程评价　出勤率、参与态度、进步与提高程度、品质与品德方面等 （3）专项素质考核 （4）专项理论考核（闭卷、开卷或其他形式）		

表 10-6　羽毛球

项目	羽毛球	学时	
项目简介	羽毛球运动起源于英国，随着该项运动的演进与发展，现已成为国际正式赛事，如男子“汤姆斯杯”团体锦标赛、女子“尤伯杯”团体锦标赛、奥运会比赛项目等。20 世纪 60 年代，我国羽毛球运动的技术水平跨入世界先进水平，多次取得世界比赛的冠军 羽毛球运动场地、器材简便易行，动作方法较易掌握，运动量可大可小，不同性别、年龄和身体情况的人均可以从事这项活动，因此，深受广大群众的喜爱 经常参加羽毛球活动，可以增强体质，发展人的灵敏和协调能力，提高动作速度和上下肢活动能力、促进内脏器官的功能，使身体得到全面发展，并有助于培养人勇敢顽强、机动灵活、沉着果断等优良品质的形式		
教学内容	（1）握拍与步法 （2）发球与击球技术 （3）杀球与吊球技术 （4）基本战术（单打与双打）		

续表

项目	羽毛球	学时	
课外练习	（1）基本技术的练习　步法、发球与击球、杀球与吊球 （2）专项技术		
考试内容	（1）专项技术考核（量化标准与技术评定相结合） （2）过程评价；出勤率、参与态度、进步与提高程度、品质与品德方面等 （3）专项素质考核 （4）专项理论考核（闭卷或开卷）		

表 10-7　太极拳

项目	太极拳	学时	
项目简介	太极拳是一项松静自然、正稳细绵的武术运动，是融拳、哲、医三理于一体的一项健身运动，是实现健身、防身、养身、娱身、修身功能的最直接、最重要的手段。长期坚持锻炼，不仅能强身健体、修身养性、防治疾病，更能使人身心健康、延年益寿 在校学生中，有些同学因各种疾病处在恢复期，不适合参加过于激烈的运动项目，选学太极拳运动是非常适宜的		
教学内容	（1）太极拳基本动作　手形、拳法、掌法、步形、步法、腿法、身形、身法、眼法 （2）太极拳综合练习　运动心理、动作力量、动作速度、动作呼吸 （3）简化二十四式太极拳动作组合练习		
课外练习	利用早操和课余时间进行组合练习和套路联系。随着教学进度，利用早操时间进行课上教学内容的复习，以便能熟练地掌握。在动作组合学习之后，课外要反复进行练习，在套路熟悉后，要体会心静用意、气血引导、内外合一、松静自然的感觉		
考试内容	（1）专项技术　较好地掌握各组主要动作组合，并能独立完成套路的连贯动作 （2）专项运动素质　柔韧：扳腿、俯腰、后拉肩；速度：要求在 30 s 内完成一组侧行步 （3）专项理论考核		

表 10-8　散　打

项目		散打	学时	
项目简介	武术是以技击为内容，通过套路、搏斗等运动形式来增强体质、培养意志的民族传统体育项目。散打是武术的重要组成部分，是一项互以对方技击动作为转移的斗智、较技的对抗性竞赛项目，运动是一项较劲、斗智斗勇的激烈项目，基本技术包括实战姿势、步法、进攻技术、防守技术等部分。通过锻炼可全面提高人体素质，有强身益智、陶冶武德、增强体制、健身防身、磨练意志、培养品德、交流技艺、增进友谊、竞技观赏、丰富生活的作用			
教学内容	（1）基本技术　①手形、实战姿势和拳法技术；②散手中的基本步法与腿法技术；③摔法技术；④防守技术 （2）基本战术　①直攻战术；②强攻战术；④佯攻战术			
课外练习	（1）绝对力量的练习 （2）速度力量的练习 （3）力量耐力的训练 （4）柔韧素质的练习			
考试内容	（1）专项素质考核　空击、打沙包 （2）专项实战考核　双人对抗性实战考核 （3）专项理论考核			

表 10-9　跆拳道

项目		跆拳道	学时	
项目简介	跆拳道是一种源自韩国的运动。“跆”（TAE）——脚踢、撞摔；“拳”（KWON）——拳头击打；“道”（DO）——道义，指技艺与方法相结合，这是跆拳道运动追求的最高境界。“以礼始，以礼终”是跆拳道运动的灵魂，跆拳道注重培养人的礼仪、忍耐、谦虚和坚忍不拔的品质，这对青少年具有特殊的教育意义。跆拳道运动是一项强身健体、防身自卫的传统搏击术，集健身、竞技、娱乐为一体的现代时尚的竞技体育运动			
教学内容	（1）太极八章 （2）基本技术　①礼仪：准备姿势　步法　组合步法；②腿法：前踢、横踢、下劈、后踢、后旋踢、侧踢、钩踢、正踢；③拳法：前冲拳 （3）实践部分（教学比赛，裁判员、教练员的练习）			
课外练习	①协调性练习；②灵敏、柔韧性练习；③短距离冲刺练习；④力量练习；⑤耐力练习			
考试内容	（1）太极八章套路组合动作考核 （2）专项素质考核 （3）专项理论考核			

表 10-10　健美操

项目	健美操	学时	
项目简介	健美操是在音乐伴奏下，以身体练习为基本手段，以有氧呼吸为基础，达到增进健康、塑造形体、提高协调性、极富韵律感和娱乐性的一项体育运动		
教学内容	（1）基本动作　基本步伐、常用上肢动作 （2）基本技术　落地技术、弹动技术、半蹲技术 （3）身体控制技术		
课外练习	根据个体情况进行一定运动负荷的练习，保证锻炼的全面性		
考试内容	（1）专项技术考核 （2）身体素质考核 （3）专项理论考核		

参考文献

[1] 王少华. 体育基础理论与实践教程［M］. 北京：北京体育大学出版社，2000.

[2] 潘绍伟，于可红. 学校体育学［M］. 北京：高等教育出版社，2005.

[3] 体育保健学编写组. 体育保健学［M］. 北京：高等教育出版社，1997.

[4] 田径教材编写组. 田径［M］. 北京：高等教育出版社，1999.

[5] 田麦久. 运动训练学［M］. 北京：人民体育出版社，2000.

[6] 武杰，张晓伦. 大学体育［M］. 乌鲁木齐：新疆大学出版社，2005.

[7] 包瑞江. 大学生体育与健康［M］. 北京：中国传媒大学出版社，2008.

[8]《高职体育与健康》编委会. 高职体育与健康［M］. 北京：北京体育大学出版社，2006.

[9] 郑厚成. 体育与健康（北方版）［M］. 北京：高等教育出版社，2009.

[10] 余丽华. 篮球［M］. 北京：北京体育大学出版社，2007.

[11] 杨文轩. 大学体育［M］. 北京：高等教育出版社，2008.

[12] 王崇喜. 球类运动——足球［M］. 北京：高等教育出版社，2005.

[13] 黄汉升. 球类运动——排球［M］. 北京：高等教育出版社，2005.

[14] 刘令姝. 健身房百问［M］. 北京：北京体育大学出版社，2004.

[15] 杨斌，于晓红. 形体训练纲论［M］. 北京：北京体育大学出版社，2009.

参考文献

[illegible]